房地产实战营销丛书

U0737884

FangDiChan

房地产基础知识

房地产入门培训一本通

余源鹏 主编

- 房地产及其产权基础知识
- 房地产开发全过程基础知识
- 房地产交易与营销基础知识
- 房地产规划与建筑工程基础知识

机械工业出版社
CHINA MACHINE PRESS

本书结合最新的房地产政策法规编写，全面讲述了房地产行业最重要、最常用的四部分基础知识，包括房地产及其产权基础知识，房地产开发全过程基础知识，房地产交易与营销基础知识，房地产规划与建筑工程基础知识。本书编写脉络清晰，便于读者快速查阅所要了解的内容。本书是为房地产从业人员快速入门而编写的实效、简练、全面的培训书籍，适合房地产相关企业和单位用于员工专业知识培训，也适合读者自学阅读。

图书在版编目（CIP）数据

房地产基础知识：房地产入门培训一本通/余源鹏主编. —北京：机械工业出版社，2014.10（2022.5 重印）

（房地产实战营销丛书）

ISBN 978-7-111-47317-6

Ⅰ.①房… Ⅱ.①余… Ⅲ.①房地产—基本知识 Ⅳ.①F293.3

中国版本图书馆 CIP 数据核字（2014）第 151985 号

机械工业出版社（北京市百万庄大街 22 号 邮政编码 100037）

策划编辑：赵 荣 责任编辑：赵 荣 宋 燕

版式设计：霍永明 责任校对：张 力

封面设计：张 静 责任印制：张 博

三河市宏达印刷有限公司印刷

2022 年 5 月第 1 版第 22 次印刷

184mm×260mm · 12 印张 · 249 千字

标准书号：ISBN 978-7-111-47317-6

定价：35.00 元

凡购本书，如有缺页、倒页、脱页，由本社发行部调换

电话服务	网络服务
服务咨询热线：010-88361066	机 工 官 网：www. cmpbook. com
读者购书热线：010-68326294	机 工 官 博：weibo. com/cmp1952
010-88379203	金 书 网：www. golden-book. com
封面无防伪标均为盗版	教育服务网：www. cmpedu. com

本书编写人员

主　　编：余源鹏

策划顾问：广州市智南投资咨询有限公司

参编人员：

甘建文	黄志英	张家进	黄　颖	陈秀玲
夏　庆	李惠东	刘俊琼	张　洁	杨逸婷
林达愿	宋明志	陈晓冬	张雄辉	崔美珍
王旭丹	朱嘉蕾	莫润冰	邓祝庆	余鑫泉
罗　艳	林旭生	杜志杰	曾　琳	刘丹霞
唐璟怡	肖文敏	林敏玲	谭玉婵	罗宇玉
胡银辉	李苑茹	叶志兴	蒋祥初	陈思雅
奚　艳	陈友芬	马新芸	刘雁玲	罗慧敏

信息支持：智地网 www.eaky.com

前　　言

房地产是我国的经济支柱产业，其带动上下游产业提供了大量的就业岗位。与房地产开发相关的建筑、制造、设计、管理、服务等行业的从业人员都需要了解房地产的基础知识。

由我们编写的《问鼎房地产》一书自面世以来，即备受广大房地产从业人士的追捧，连年位居房地产类图书的销售前列。《问鼎房地产》一书是一本专业的工具书，篇幅也比较长。为了满足房地产相关从业人员快速入门的学习需求，我们特别从《问鼎房地产》中摘取了最重要、最常用的房地产基础知识，结合最新的房地产政策法规，编写了本书。

本书用4章内容全面讲述了涉及房地产行业最重要、最常用的四大部分基础知识。这四大部分基础知识包括：

第1章，房地产及其产权基础知识，主要讲述房地产概论、地产基础知识、房产基础知识、产权及登记基础知识、商业地产基础知识和其他地产基础知识的相关内容。

第2章，房地产开发全过程基础知识，主要讲述房地产开发经营概论、房地产开发项目的立项和可行性研究、国有土地使用权的取得和国有土地使用权证的办理、"建设用地规划许可证"和"建设工程规划许可证"的办理、施工招标与"建筑工程施工许可证"的获取、商品房预售与"商品房预售许可证"的办理、竣工验收与交付使用、房地产证的办理、物业管理与房屋修缮的相关内容。

第3章，房地产交易与营销基础知识，主要讲述房地产销售、商品房买卖合同、房地产转让、房地产抵押、房地产抵押贷款、房地产交易的相关税费、房地产中介服务、房屋租赁、房地产价格、房地产市场营销的相关内容。

第4章，房地产规划与建筑工程基础知识，主要讲述房地产规划、房屋建筑学、房屋面积计算、建筑材料与建筑设备的相关内容。

本书具有以下七大特性：

第一，实战性。本书一如既往地保持了我们编写书的实战性风格。实战即实用、常用，而不是少见或少数人才会接触到的知识。所以本书摒弃了许多房地产"基础"但不"实用"的知识。

第二，全面性。本书是在实战性的基础上力求做到知识的全面性。可以说，本书所编写的四大部分知识就是房地产行业的核心知识，是所有房地产从业人士都应该了解的知识。

　　第三，基础性。本书所收录的房地产知识，都是房地产行业相关从业人员应该了解的基础知识。根据每个人的工作岗位不同，其所必须熟悉掌握的基础知识也不同。读者可以根据自身的需要，结合我们编写的《问鼎房地产》一书进行深入查阅。

　　第四，工具性。本书编写脉络清晰，而且将各种重点的专业名词作了加粗标志，使读者可以快速查阅所要了解的知识和问题。

　　第五，最新性。由于房地产业起步较晚而发展迅猛，不仅许多名词概念层出不穷，而且法律、法规也在逐步完善中。本书作者本着负责任的态度，编写时力求让所收录的知识都适应最新的实际操作和法律、法规。

　　第六，简明性。由于房地产从业人士大多工作繁忙，简明到位地阐述问题既有助于读者理解该知识点，又可以节省读者的时间和精力。因此，本书编写过程中一直秉持简明性的原则。

　　第七，全国性。本书编写旨在针对全国的房地产从业人士，因此收录的名词、概念、法规也是适合全国读者的。另外需要说明的是，由于我国幅员辽阔，各地行政部门的设置和名称有所差异，各地针对全国统一的法律、法规也相继出台了适合当地执行的细则，特别是在办事流程和税费缴纳额度两方面有所差异，所以具体执行时还请读者们按照当地的实际情况来执行。而本书在办事流程方面尽量做到了适合全国的操作，在税费缴纳额度方面也提供了读者可以参考的幅度，从而增加了本书的实操性。

　　这是一本专门为房地产从业人员快速入门而编写的实效、简练、全面的培训书籍，适合作为房地产相关企业和单位进行职员短期专业知识培训时的首选教材，也适合作为有意进入房地产行业工作的读者自学阅读。

　　在本书的编写过程中，我们得到了房地产综合服务网站智地网、房地产基础知识培训网和广州市智南投资咨询有限公司相关同仁，以及业内部分专业人士的支持和帮助，使得本书能及时与读者见面。有关房地产其他相关实操性知识，请读者们参阅我们陆续编写出版的"房地产实战营销丛书""房地产公司管理制度丛书"和"物业管理实操丛书"，也请广大读者对我们所编写的书籍提出宝贵建议和指正意见。对此，编者们将十分感激。另外，为感谢广大读者的长期支持，请购买过余源鹏主编的房地产图书的读者登录智地网（www. eaky. com），在网页右上角的"客户留言"处留下您的邮箱和联系方式，之后我们将每月为您免费发送《中国房地产情报》一份。

余源鹏

目　录

FangDiChan

第1章

房地产及其产权基础知识

1.1　房地产概论

1.1.1　房地产的相关概念和特征

1. 房地产、物业和不动产三者的概念

（1）**房地产**，具体是指土地、建筑物及其地上的附着物，包括物质实体和依托于物质实体上的权益。房地产由于其固定不可移动性又被称为不动产，是房产与地产的总称，是房屋和土地的社会经济形态，是房屋和土地作为一种财产的总称，英文为 Real Estate。

（2）**物业**，该词译自英语 Property 或 Estate，是指已建成并具有使用功能和经济效用的各类供居住和非居住的屋宇及与之相配套的设备，市政、公用设施，屋宇所在的建筑地块与附属的场地、庭院。物业根据其用途可分为：住宅、写字楼、商场、酒店旅馆、工业厂房等。"物业"一词在国外，特别是在东南亚地区是作为房地产的别称或同义词而使用的。

（3）**不动产**，该词译自英语 Real Estate 或 Real Property。在英语中，Real Estate 具体是指土地及附着在土地上的人工建筑物和房屋；Real Property 具体是指 Real Estate 及其附带的各种权益。房地产由于其位置固定，不可移动，通常又被称为不动产。从广义的房地产概念来说，"房地产"与"不动产"是同一语义的两种表述。房地产的表述倾向于表明这种财产是以房屋和土地作为物质载体的，而不动产的表述侧重于表明这种财产具有不可移动这一独特属性，但两者所指乃同一对象。在英语中，Real Estate 和 Real Property 可以互译互称，两者关系可见一斑。

2. 房地产、物业和不动产三者的区别

（1）称谓领域不同。就一般情况而言，"不动产"是民法惯常使用的词汇，"房地产"则是经济法和行政法及商事实务中较常用的称谓，而"物业"仅仅是房地产领域中单元性的房地产概念的别称。

（2）适用范围不同。"房地产"与"物业"在某些方面可以通用（如基于狭义房地产概念），但"物业"一般多指一个单项的"物业"单位（如单项的房产、地产）或一个独立的房地产公司（也称"物业公司"）；而"房地产"是指一个国家、地区或城市所拥有的房产和地产。因此，从宏观的角度来看，一般只用"房地产"而非"物业"。如"房地产业"不可以用"物业"代替，"房地产体制改革"也不可用"物业体制改革"代替。

（3）概念外延不同。一般而言，"房地产"概念的外延是包括房地产的投资开发、建造、销售、售后管理等整个过程。"物业"有时也可以用来指某项具体的房地产，然而，它只是指房地产的交易、售后服务这一使用阶段或区域。所以，两者有宏观与微观之别，有全体与部分之差。

3. 房地产的特征

房地产的特征具体如下：

（1）资源的有限性。

（2）物业的差异性。

（3）位置固定，不能移动。

（4）开发建造周期长，达数月至数十年。

（5）使用期限更长，达数十年至数百年。

（6）投资数额大，具有保值性和增值性。

（7）价格不仅取决于本身投入，还取决于其所处位置和周围环境。

（8）受政府规划和政策管制，政府有征用权。

1.1.2 房地产业的相关概念和作用

1. 房地产业

房地产业，是以土地和建筑物为经营对象，从事房地产开发、建设、经营、管理以及维修、装饰和服务的集多种经济活动为一体的综合性产业，属于第三产业，是具有先导性、基础性、带动性和风险性的产业。房地产业可以细分为房地产投资开发业和房地产服务业。

2. 房地产投资开发业

房地产投资开发，是指除了取得土地、建造房屋，然后预售或出售新建的房屋这种方式外，还有购买房屋后出租，购买房屋后出租一段时间再转卖，或者购买房屋后等待一段时间再转卖。开发也不仅仅是建造新房屋，还有把土地变为建设熟地之后出售，以及对旧房屋进行装修改造，另外还有接手在建工程后继续开发等。

3. 房地产服务业

房地产服务业又分为房地产咨询、房地产价格评估、房地产经纪和物业管理等。其中，又将房地产咨询、房地产价格评估、房地产经纪归为房地产中介服务业。

（1）房地产中介服务业。

房地产中介服务，是指在房地产投资、建设、交易、消费等各个环节中为当事人提供居间服务的经营活动，是房地产咨询、房地产价格评估、房地产经纪等活动的总称。

房地产咨询，是指为有关房地产活动的当事人提供法律、法规、政策、信息、技术等方面服务的经营活动，如房地产市场调查研究、房地产开发项目可行性研究、房地产开发项目策划等。

房地产价格评估，是指以房地产为对象，由专业估价人员，根据估价目的，遵循估价原则，按照估价程序，选用适宜的估价方法，并在综合分析影响房地产价格因素的基础上，对房地产在估价时点的客观合理价格或者价值进行估算和判定的活动。

房地产经纪，是指向进行房地产投资开发、转让、抵押、租赁的当事人提供房地产居间介绍、代理和经纪的经营活动。目前，房地产经纪主要包括代理新旧房买卖、租赁等业务。

（2）**物业管理**。物业管理，是指业主通过选聘物业服务企业，由业主和物业服务企业按照物业服务合同约定，对房屋及配套的设施设备和相关场地进行维修、养护、管理，维护物业管理区域内的环境卫生和相关秩序的活动。

4. 房地产业的作用

房地产业的作用主要表现在以下几个方面：

（1）房地产是国家财富的重要组成部分，一般占一个国家总财富的30%～70%。

（2）房地产业创造的固定资产在固定资产形成总值中占有很大比例。据联合国统计，各国用于房屋建造的投资占国民经济生产总值的6%～12%，新创造资产占同年固定资产形成总值的一半以上。

（3）房地产业是财政收入的重要来源，一般占政府财政收入的10%～40%。

（4）房地产业能带动相关产业的发展。房地产业产值每增加1元，能使相关产业产值增加1.5～2.0元，同时还可以提供大量就业机会。

（5）房地产业发展，人民的生活、居住条件就可以得到改善，从而有利于劳动力的再生产。

1.1.3 房地产开发的相关概念和分类

1. 房地产开发和房地产开发商的概念

房地产开发，是指在依法取得国有土地使用权的土地上进行基础设施、房屋建设的行为。它包括从房屋定点选址到交付使用的全过程，由征地与拆迁安置、规划设施、供水、排水、供电、通信、通道路、绿化、房屋建设等多项内容组成。房地产开发具有投入资金大、投资风险大、收益高、附加值高、产业关联性强的特点。

房地产开发商，是以房地产开发经营为主体的企业，它们通过实施开发过程而获取利润。根据各企业资本的多少，国家又把开发企业划分为不同的等级资质进行管理。

2. 房地产开发的分类

（1）房地产开发按业务侧重的不同可以分为以下两类：

1）从事城市房地产开发和交易的。所谓房地产开发，是指在依法取得国有土地使用权的土地上进行基础设施、房屋建设的行为；所谓房地产交易，包括房地产转让、房地产抵押和房屋租赁。

2）从事开发经营成片土地的，简称成片开发。它是指在依法取得国有土地使用权后，依照规划对土地进行综合性的开发建设，形成工业用地和其他建设用地条件，然后转让土地使用权或者转让、出租地面建筑物。

（2）房地产开发按项目运作方式的不同可以分为以下三类：

1）通常的运作，即取得土地使用权，进行房屋的建设，而后出售新建房屋的方式。

2）把土地由生地（不具备使用条件的土地）变为建设熟地之后再转让的方式。

3）其他方式。例如，购买房屋后出租；购买房屋后出租一段时间再转让；或者购买房屋后等待一段时间再转让；或者接手在建工程后继续开发等。

（3）房地产开发按物业用途的不同可以分为以下四类：

1）**居住物业**，一般是指供人们生活居住的建筑，包括普通住宅、公寓、别墅等。其购买者大都是以满足自用为目的。

2）**商业物业**，也称收益性物业或投资性物业，包括酒店、写字楼、商场、商住楼等。其购买者大都是以投资为目的，靠物业出租经营的收入来回收投资并赚取投资收益。

3）**工业物业**，通常是为人类的生产活动提供入住空间，包括重工业厂房、轻工业厂房和高新技术产业用房、研究与发展用房、仓储用房等。

4）**特殊物业**，如赛马场、高尔夫球场、汽车加油站、飞机场、车站、码头、高速公路、桥梁、隧道等物业。特殊物业经营的内容通常要得到政府的特殊许可。特殊物业的市场交易很少，因此对这类物业的投资多属于长期投资，投资者靠日常经营活动的收益来回收投资、赚取投资收益。

根据需要，有时还可以进一步按物业的档次或等级细分，如甲级写字楼市场、乙级写字楼市场，豪宅、经济住宅等。

1.1.4 房地产市场的相关概念和分类

1. 市场的概念

市场营销学认为，**市场**是指具有特定需要和欲望，而且愿意并能够通过交换来满足这种需要或欲望的全部潜在顾客。市场的大小取决于上述这些顾客的数量的多少。

在市场营销学者看来，卖主构成行业，而买主则构成市场。

2. 房地产市场的概念

根据营销学的观点，**房地产市场**是指包括土地的出让、转让、抵押、开发，房地产买卖、租赁、转让、互换、抵押、信托，以及一些与房地产有关的开发、建筑、修缮、装饰等劳务活动有各自特定需求并参与其中的全部单位或个人的总和。

3. 房地产市场的分类

房地产市场主要分为以下几类：

（1）**房地产一级市场**。它是指国家土地管理部门按土地供应计划，采用协议、招标、拍卖的方式，以土地使用合同的形式，将土地使用权以一定的年限、规定的用途及一定的价格出让给房地产开发商或其他土地使用者所形成的市场。

房地产一级市场又称国家级市场，其主体（卖家）是代表国家的房地产管理部门。一级市场由国家控制经营，以利于国家对房地产市场的宏观调控。其任务一种是要按照城市规划和土地管理法的有关规定征用土地，将土地使用权出让给承担开发业务的企业；另一种是将国家所有的房产出租或出卖给单位或个人。后一种情况很少见，所以房地产一级市场一般是土地的一级市场。

目前，通常所说的"一级市场"一般是土地的一级市场，是指国家以土地所有者和管理者的身份，将土地使用权出让给房地产经营者与使用者的交易市场，也就是国家通过其指定的政府部门将城镇国有土地或农村集体土地征用为国有土地后出让给使用者的市场，出让的土地，可以是生地，也可以是经过开发达到"几通一平"的熟地。

（2）**房地产二级市场**。它是房地产开发市场，其经营主体为房地产开发公司，其经营内容是按照城市总体规划和小区建设规划，对土地进行初级开发和再次开发，然后将开发出来的房地产出售给用地、用房单位或个人。房地产二级市场一般是指商品房首次进入流通领域进行交易而形成的市场，包括土地二级市场，即土地使用者将达到规定可以转让的土地，进入流通领域进行交易的市场。

房地产二级市场具体对商品房来说就是商品房的一手市场。

（3）**房地产三级市场**。它是指在房地产二级市场的基础上再转让或出租的房地产交易，是单位、个人之间的房地产产权转让、抵押、租赁的市场。它是在二级市场基础上的第二次或多次转让房地产交易活动的市场。

房地产三级市场具有消费性质，此时房地产呈横向流通，即使用者、经营者之间的平等转移，表现为使用者之间的交易行为。其反映的是以效用为价值尺度的市场价格，是调剂需求条件下的市场行为。例如，私房出租、出售等就是三级市场行为。

（4）房地产三种市场的比较，见表1-1。

表1-1　房地产三种市场的比较

市场级别	一级市场	二级市场	三级市场
主体	国家和地方政府	各房地产开发公司	用户
特点	垄断性	竞争性	竞争性
内容	整体规划设计用途，征地、招投标底价	综合开发	房地产转让
方式	拍卖、招标	出卖、出租已开发土地或连同其建筑物	转让或出租地皮或连同其建筑物

1.1.5　房地产开发的相关法律体系

1. 房地产开发法律

房地产开发法律是国家制定或认可的用于调整房地产开发活动中相关关系的法律规范的总称，由全国人民代表大会或常务委员会制定和发布，在整个房地产开发法律体系中居于最高地位，主要包括《中华人民共和国城市房地产管理法》《中华人民共和国土地管理法》等。

2. 房地产开发法规

房地产开发法规包括房地产开发行政法规和房地产开发地方法规。房地产开发法规在整个房地产开发法律体系中仅次于法律。房地产开发行政法规，应由国务院以"条例"的形式制定和颁布，主要用于具体贯彻房地产开发法律。房地产开发行政法规主要包括《城市房地产开发经营管理条例》《国有土地上房屋征收与补偿条例》等。由各省、自治区、直辖市、省会市和国务院批准的较大城市人民代表大会及其常务委员会制定的房地产地方性法规，也是房地产开发法律体系中房地产开发法规这一层次中不可缺少的主要组成部

分，如《广东省房地产开发经营管理条例》《上海市物业管理条例》等。

3. 房地产开发规章

房地产开发规章的制定与房地产开发法规的制定是密切联系的，法规颁布后，就需要有一些规章作"细则"，以便于法规的实施。

房地产开发规章包括房地产开发行政规章和房地产开发地方性规章，在法律效力上次于房地产开发法规。房地产行政规章应由国务院所属的部委以"办法"和"规定"的形式制定和颁布，起实施细则的作用，如《商品房销售管理办法》《房地产开发企业资质管理规定》等。

此外，由各省、自治区、直辖市、省会市和国务院批准的较大城市人民政府制定的地方性规章，如《广东省土地管理实施办法》等，也是房地产开发法律体系中不可缺少的组成部分。

房地产开发法律、房地产开发行政法规和房地产开发规章在中华人民共和国管辖区域内皆具有法律效力，而房地产开发地方性法规和地方性规章只在本行政区域内有效力，不能应用于其他区域。

4. 房地产开发其他相关法规

在房地产开发过程中，会涉及其他相关的法律规范，这对规范房地产开发活动起着重要的补充作用，如《中华人民共和国合同法》《中华人民共和国公司法》等。

以立法层次划分的房地产法律体系，还包括最高人民法院对房地产开发过程中存在问题所作的一些司法解释，如《最高人民法院关于审理物业服务纠纷案件具体应用法律若干问题的解释》《最高人民法院关于审理城镇房屋租赁合同纠纷案件具体应用法律若干问题的解释》等。

1.2 地产基础知识

1.2.1 地产的概念和我国的土地制度

1. 地产的概念

地产，我国房地产业内人士常把房地产简称为地产。因此从广义上来说，地产是房地产的简称，是指土地、建筑物及其他地上定着物，包括物质实体和依托于物质实体上的权益。

上述定义中的地上定着物，是指不能分离或虽能分离但分离后会破坏房地产的功能或完整性的物质实体。地上定着物包括为提高房地产的使用价值而种植在土地上的花草、树木和人工建造的庭院、花园、假山，为提高建筑物的使用功能而安装在建筑物上的水、暖、电、卫生、通风、通信、电梯、消防等设备。

从狭义上来说，地产指土地财产，是土地的经济形态，即一定土地所有制关系下作为财产的土地，或者说是指能够为其权利人带来收益或满足其权利人工作或生活需要的土地资产。

2. 我国的土地制度

（1）我国的土地所有制。土地是一种基本的自然资源，是由气候、地貌、岩石、土壤植物和水文组成的一个独立的自然综合体。从管理和利用的角度来看，土地就是国土，是一个国家所有的地球上的陆地和水域及其向上或向下的空间。土地是一种有限的资源。

我国全部土地实行的是社会主义土地公有制，分为全民所有制（即国家所有）和劳动群众集体制（即集体所有）两种形式。其中，城市市区的土地全部属于国家所有；农村和城市郊区的土地，法律规定属于国家所有的以外，属于集体所有；宅基地和自留地、自留山，属于集体所有；矿物、水流、森林、山岭、草原、荒地、滩涂等自然资源，属于国家所有，但由法律规定属于集体所有的森林、山岭、草原、荒地、滩涂除外。地上建筑物既可以为国家所有，也可以为集体、单位和个人所有。因此，同一宗房地产，其土地与地上建筑物的所有权可以是不一致的。

我国实行土地公有制，土地所有权分为国有土地所有权和农村集体土地所有权。

国有土地所有权包括国有建设用地所有权和国有农用地所有权。**农村集体土地所有权**包括农用地所有权和农村集体建设用地所有权。

依照《中华人民共和国宪法》《中华人民共和国土地管理法》《中华人民共和国土地管理法实施条例》及其他相关法律、法规，国有土地和农民集体土地的范围如下：

国有土地的范围：①城市市区的土地；②农村和城市郊区中已经依法没收、征收、征购为国有的土地；③国家依法征收的土地；④依法不属于集体所有的林地、草地、荒地、滩涂及其他土地；⑤农村集体经济组织全部成员转为城镇居民的，原属于其成员的集体土地；⑥因国家组织移民、自然灾害等原因，农民从建制地集体迁移后不再使用的原属于迁移农民集体所有的土地。

农民集体土地的范围：①农村和城市郊区的土地，除有法律规定属于国家所有的以外，属于农民集体所有；②宅基地和自留地、自留山，属于农民集体所有；③土地改革时，分给农民并颁发了土地所有证的土地，属于农民集体所有。

在两种土地所有权中，只有属于国家所有的土地才能被依法用于房地产的开发经营，属于集体所有的土地是不能被用于房地产开发经营的。当然，集体所有的土地被国家依法征收后，便可以用于开发。

国家所有的土地被用于房地产的开发经营是有条件的，即开发商必须向国家支付土地使用权出让金，才能从国家取得该片土地在一定期限内的使用权。目前，我国从事房地产开发的单位，可以通过两种途径从国家取得土地的使用许可权：一是行政划拨；二是有偿出让。两种途径的主要区别在于，取得土地使用权是有偿的还是无偿的。房地产开发商用于商品房开发的土地都必须是有偿的，即必须是向国家交付了土地使用权出让金的土地。否则，建设单位对在该土地上建造的房屋不能取得所有权，而购房者即使支付了房价款，也不能取得所有权。

另外，国家还实行以下土地制度：

1）国家实行土地登记制度。属于国有土地的，核发"国有土地使用证"；属于集体土地的，核发"集体土地所有证"。

2）国家实行国有土地有偿有期限使用制度。除国家核准的划拨土地以外，凡新增土地和原使用的土地改变用途或使用条件、进行市场交易等，均实行有偿有期限使用制度。

3）国家实行土地用途管制制度。根据土地利用总体规划，将土地用途分为农用地、建设用地和未利用土地。土地用途变更须经有批准权的人民政府核准。

4）国家还实行耕地保护制度。

（2）农村宅基地制度。

1）**宅基地**，是指农民依法取得的用于建造住宅及其生活附属设施的集体建设用地。

2）**一户一宅**，是指农村居民一户只能申请一处符合规定面积标准的宅基地。

根据规定，农村居民一户只能拥有一处宅基地，其宅基地的面积不得超过省、自治区、直辖市规定的标准。农村居民出卖、出租住房后，再申请宅基地的，不予批准。

3）根据2010年《关于进一步完善农村宅基地管理制度切实维护好农民权益的通知》规定，农村住宅用地只能分配给本村村民，城镇居民不得到农村购买宅基地、农民住宅或"小产权房"。

4）根据规定，单位和个人不得非法租用、占用农民集体所有土地搞房地产开发。

1.2.2 土地权利

1. 土地权利的相关概念

（1）**土地所有权**。土地所有权，是指土地所有者在法律规定的范围内，对其拥有的土地享有占有、使用、收益和处分的权利。在我国，土地所有权是国家或集体经济组织对国家土地和集体土地依法享有的占有、使用、收益和处分的权利。

土地所有权含有法律意义上的所有权和经济意义上的所有权双重含义。所谓法律意义上的所有权，表示土地所有者将土地当做自己的财产，对其实行占有、垄断，拥有对土地支配的权力。所谓经济意义上的权利应该表述为土地所有者凭借对土地的垄断获得一定的经济收入。只有具有上述双重意义上的所有权才是完整的所有权概念。

土地所有权可以分为国有土地和集体土地两类。

国有土地，是指属于国家所有即全民所有的土地。国家是国有土地所有权的唯一主体，用地单位或个人对国有土地只有使用权，没有所有权。

集体土地，是指属于农村居民集体经济组织所有的土地。集体土地所有权的主体是农村居民集体经济组织。

（2）**土地使用权**。土地使用权，是指土地使用权拥有者对土地使用的权限，包括开发权、收益权、处置权。政府以拍卖、招标、协议的方式，将国有土地使用权在一定年限内出让给土地使用者。土地使用权期满后，如该土地用途符合当时城市规划要求的，土地使用者可以申请续用，经批准并补清地价后可以继续使用。

对于住宅而言，房屋一经购买并取得产权后，即作为业主个人所有的财产，并无居住年限的限制。但对该房屋所占用范围内的土地来说，因为土地除属于集体所有的外，均属于国家所有，业主所取得的为该土地的一定年限的使用权。住宅用地的土地使用时间为70年，自开发商取得该土地使用证书之日起计算。在该土地使用年限届满后，土地将由国家收回。业主可以在继续交纳土地出让金或使用费的前提下，继续使用该土地。

2. 土地权利的相关问题解答

（1）买房后是否拥有土地所有权？

消费者购买商品房后，对自己所有的房屋所占用的土地，不享有所有权，只拥有土地的使用权。

（2）对集体土地使用权有哪些规定？

根据《中华人民共和国土地管理法》的规定，农民集体所有的土地的使用权不得出让、转让或者出租用于非农业建设。但是，符合土地利用总体规划并依法取得建设用地的企业，因破产、兼并等情形致使土地使用权依法发生转移的除外。

根据相关房地产法律、法规的规定，集体所有的土地，经依法征收转为国有土地后，方能出让其使用权。

同时，擅自与农村集体经济组织或其成员签订有关征收土地协议的，其征收土地协议无效；在非法取得的集体所有的土地上进行开发建设的，以非法转让土地论处。

（3）开发商获取土地的方式有哪些？

土地使用权的获取，是指开发商通过出让、转让或其他合法方式，有偿有期限取得国有土地使用权的行为。

目前，存在着土地配给的双轨制，即政府划拨和市场机制并存。在运用市场机制配置土地时有协议、招标和拍卖几种方式。对于原先已划拨的土地，开发商可以通过补地价的方式获取。

简单地说，现阶段取得国有土地使用权的途径有以下四种方式：①行政划拨方式；②国家出让方式（招标、拍卖、协议出让等）；③房地产转让方式（买卖、赠与等方式）；④土地或房地产租赁方式。

1.2.3 土地储备和土地供应

1. 土地储备的概念

土地储备，是指市、县人民政府国土资源管理部门为实现调控土地市场、促进土地资源合理利用目标，依法取得土地，进行前期开发、储存以备供应土地的行为。

2. 土地储备的相关问题解答

（1）哪些土地可以纳入土地储备的范围？

根据规定，下列土地可以纳入土地储备范围：

1）依法收回的国有土地。

2）收购的土地。

3）行使优先购买权取得的土地。

4）已办理农用地转用、土地征收批准手续的土地。

5）其他依法取得的土地。

（2）对于准备被纳入储备的土地应进行哪些必要的开发？

根据规定，土地储备机构应对储备土地特别是依法征收后纳入储备的土地进行必要的前期开发，前期开发完成后的土地应纳入当地市、县土地供应计划，由市、县人民政府国土资源管理部门组织供地。

前期开发涉及道路、供水、供电、供气、排水、通信、照明、绿化、土地平整等基础设施建设的，要按照有关规定，通过公开招标方式选择工程实施单位。

3. 土地供应的相关问题解答

（1）对于已供应的各类保障性住房用地是否可以改变土地性质和土地用途？

对已供应的各类保障性住房用地，不得改变土地性质和土地用途，不得提高建设标准、增加套型面积。对改变上述内容的保障性住房建设项目，有关主管部门不得办理相关手续，已作为商品住房销售的，要依法没收违法所得并处以罚款。

（2）对于在普通商品住房小区中配套建设廉租住房、经济适用住房，在土地供应时应明确哪些内容？

根据2007年《关于认真贯彻（国务院关于解决城市低收入家庭住房困难的若干意见）进一步加强土地供应调控的通知》规定，对列入年度土地供应计划的廉租住房和经济适用住房建设用地，市、县国土资源管理部门要优先供应。在供地时要将符合规定的套型建筑面积、开竣工时间等土地使用条件在《国有土地划拨决定书》中予以明确。对于在普通商品住房小区中配套建设廉租住房、经济适用住房的，还必须在国有土地使用权出让合同中明确约定廉租住房、经济适用住房的套数、套型建筑面积以及建成后由政府收回或回购的条件等。

（3）商品住宅项目宗地出让面积有何限制？

商品住宅项目宗地出让面积不得超过下列标准：小城市（镇）7hm²（1hm² = 10 000m²），中等城市14hm²，大城市20hm²。

（4）哪些建设项目被禁止土地供应？

根据规定，党政机关（含国有企事业单位）新建、改扩建培训中心（基地）和各类具有住宿、会议、餐饮等接待功能的设施或场所建设项目被禁止土地供应。

（5）哪些项目禁止占用耕地？

根据《关于发布实施＜限制用地项目目录（2006年本）＞和＜禁止用地项目目录（2006年本）＞的通知》规定，下列项目禁止占用耕地，亦不得通过先行办理城市分批次农用地转用等形式变相占用耕地：

1）机动车交易市场、家具城、建材城等大型商业设施项目。

2）大型游乐设施、主题公园（影视城）、仿古城项目。

3）低密度、大套型住宅项目（指住宅小区建筑容积率低于1.0、单套住房建筑面积超过 144m² 的住宅项目）。

4）赛车场项目。

5）公墓项目。

6）机动车训练场项目。

（6）房地产开发企业大量囤积土地造成土地闲置的，将受到什么处罚？

根据 2006 年国务院办公厅《关于调整住房供应结构稳定住房价格意见的通知》规定，对超出合同约定动工开发日期满一年未动工开发的房地产开发用地，依法从高征收土地闲置费，并责令限期开工、竣工；满两年未动工开发的房地产开发用地，无偿收回土地使用权。对虽按照合同约定日期动工建设，但开发建设面积不足 1/3 或已投资额不足 1/4，且未经批准中止开发建设连续满一年的，按闲置土地处置。

（7）在土地供应时，如何实现住宅用地结构优化？

根据 2008 年国务院《关于促进节约集约用地的通知》规定，各地政府要合理安排住宅用地，继续停止别墅类房地产开发项目的土地供应。供应住宅用地要将最低容积率限制、单位土地面积的住房建设套数和住宅建设套型等规划条件写入土地出让合同或划拨决定书，确保不低于 70% 的住宅用地用于廉租住房、经济适用住房、限价房和 90m² 以下中小套型普通商品房的建设，防止大套型商品房多占土地。

（8）对于分期建设的工业项目可以进行分期供地吗？

分期建设的工业项目，市、县国土资源行政主管部门可以通过竞拍单位面积地价的方式确定招标拍卖挂牌竞得人（中标人），一次签订国有土地使用权出让合同，支付土地出让价款，再按照土地使用标准分期供地。自出让合同签订之日起两年内，办理完供地手续。分期建设的工业项目，不得改变土地用途，不得兴建职工住房。改变土地用途用于商业、旅游、娱乐、商品住宅等经营性用途的，一律收回土地使用权重新招标拍卖挂牌出让。

1.2.4　土地开发与土地利用计划

1. 土地开发与土地利用计划相关概念

（1）**生地**。它是指可能为房地产开发与经常活动所利用，但尚未开发的农地和荒地，即待开发的国有土地，是离城镇较远、无市政基础设施、未开发利用的土地。

（2）**毛地**。它主要是指城市中需要拆迁而尚未拆迁的土地，即已有地上建筑物及附属设施的建筑物，将被改建的土地。

（3）**熟地**。它是指已完成市政基础设施建设的土地，达到"三通一平"或"七通一平"施工条件的土地。

（4）**三通一平**。它是指水通、电通、路通和场地平整。

（5）**七通一平**。它是指给水通、排水通、电力通、通信通、燃气通、路通、供热通和场地平整。

（6）**宗地**。它是地籍的最小单元，是指以权属界线组成的封闭地块。城市的土地，以

宗地为基本单位统一编号，叫宗地号，又称地号。它有四层含义：区、带、片、宗，从大范围逐级体现其所在的地理位置。例如，B107-24 这个地号表示 B 区第 1 带 07 片第 24 宗地。

（7）**宗地图**。它是土地使用合同书附图及房地产登记卡附图。它反映了一宗地的基本情况，包括宗地权属界线、界址点位置，宗地内建筑物位置与性质，与相邻宗地的关系等。证书附图即房地产证后面的附图，是房地产证的重要组成部分，主要反映权利人拥有的房地产情况及房地产所在宗地情况。

（8）**项目地段**。它是指根据项目所在地段的土地级别而划分的项目等级。

（9）**土地级别**。它是指根据土地使用价值及所处地段繁华程度的不同而划分的土地等级。目前，各地的标准不一。

（10）**土地一级开发**。它是指由政府或其授权委托的企业，对一定区域范围内的城市国有土地（毛地）或农村集体土地（生地）进行统一的征地、拆迁、安置、补偿，并进行适当的市政配套设施建设，使该区域范围内的土地达到"三通一平""五通一平"或"七通一平"建设条件（熟地），再对熟地进行有偿出让或转让的过程。

（11）**土地利用年度计划**。它是指国家对计划年度内新增建设用地量、土地开发整理补充耕地量和耕地保有量的具体安排。

新增建设用地量包括建设占用农用地和未利用地。土地利用年度计划以每年 1 月 1 日到 12 月 31 日为考核年度。

2. 土地开发的相关问题解答

（1）如何进行土地一级开发？

进行土地一级开发常用的操作程序如下：

1）制订出开发区域的近期、中期和长期发展计划。

2）对开发区域范围内的土地利用状况进行调查，掌握可开发土地资源现状的数量、质量和分布。

3）制订开发区域发展的控制性规划和详细规划。

4）按确定的优先顺序选择启动开发地块或区域。

5）由土地管理部门协助办理土地出让（或划拨）手续。

6）制订拆迁安置补偿方案，并获得政府主管部门批准。

7）进行现场土地开发工作，达到相应的建设条件。

8）核算土地开发成本、厘定土地价格，进行熟地转让（或出让）。

（2）非房地产主业的国有及国有控股企业是否可以参与商业性土地开发和房地产经营业务？

根据 2010 年国务院《关于坚决遏制部分城市房价过快上涨的通知》规定，房地产开发企业在参与土地竞拍和开发建设过程中，其股东不得违规对其提供借款、转贷、担保或其他相关融资便利。严禁非房地产主业的国有及国有控股企业参与商业性土地开发和房地产经营业务。国有资产和金融监管部门要加大查处力度。

3. 土地利用计划的相关问题解答

（1）在土地开发利用过程中，什么情况增加容积率不再增收土地价款？

根据规定，在土地开发利用过程中对现有工业用地，在符合规划、不改变用途的前提下，提高土地利用率和增加容积率的，不再增收土地价款；对新增工业用地，要进一步提高工业用地控制指标，厂房建筑面积高于容积率控制指标的部分，不再增收土地价款。

（2）如何处罚以观光农业、设施农业等名义占用农村集体土地兴建商品住宅的行为？

根据规定，各级地方政府必须严肃查处违反土地管理法律法规新建"小产权房"和高尔夫球场项目用地，严格按照《中华人民共和国土地管理法》和《关于严格执行有关农村集体建设用地法律和政策的通知》（国办发〔2007〕71号）的规定执行。对在建在售的以新农村建设、村庄改造、农民新居建设和设施农业、观光农业等名义占用农村集体土地兴建商品住宅，在地方政府统一组织协调下，必须采取强力措施，坚决叫停管住并予以严肃查处。

（3）各相关部门应如何对待未取得合法用地手续的建设项目？

根据国务院通知，对未取得合法用地手续的建设项目，发展改革部门不得办理项目审批、核准手续，规划部门不得办理"建设工程规划许可证"，建设部门不得发放"建筑工程施工许可证"，电力和市政公用企业不得通电、通水、通气，国土资源管理部门不得受理土地登记申请，房产部门不得办理房屋所有权登记手续，金融机构不得发放贷款。未依法办理农用地转用审批手续占用农用地设立企业的，工商部门不得登记。同时，国土资源部要会同有关部门，根据农村经济社会发展变化的新情况，深入研究，在依照土地利用总体规划、加强用途管制的前提下，完善对乡镇企业、农民住宅等农村集体建设用地管理和流转的政策措施。

1.2.5 国有土地有偿使用费

1. 国有土地有偿使用费的相关概念

（1）**国有土地有偿使用费**。它是指以划拨、出让、租赁、作价出资或入股等方式有偿使用国有土地的单位或个人，按照国家规定的标准和方法，向国家缴纳的土地资源收益。

国有土地有偿使用费不属于行政事业性收费，其范围包括土地出让金、土地租金、土地增值税、新增建设用地有偿使用费、场地使用费等。

（2）**土地使用权出让金**。它是指在土地国有的情况下，国家以土地所有者的身份将土地使用权在一定年限内让与土地使用者，土地使用者一次性或分次支付一定数额的货币款。土地使用权出让金是土地使用权受让人为获得土地使用权而支付给政府的金额。

土地使用权出让金的高低与土地的用途、位置和土地出让年限紧密相关。

土地使用权出让金不完全是土地出让金的全称。

（3）**土地租金**。它是指原通过行政划拨获得土地使用权的使用者，出租土地使用权及

地上建筑物或其他附着物获得收益中所含有土地使用权部分。

（4）**土地增值税**。土地增值税，又称土地收益金，是指土地使用者将其所使用的土地使用权转让（含连同地面建筑物一同转让）给第三者时，就其转让土地交易额按规定比例向财政部门缴纳的价款，或土地使用者（含连同地面建筑物一同出租）给其他土地使用者时，就所获得的租金收入按规定比例向财政部门缴纳的价款。

（5）**场地使用费**。它是指在中国由国家对中外合营企业或外资企业建设用地或使用中方场地所征收的一种费用。

（6）**新增建设用地有偿使用费**。它是指国务院或省级人民政府在批准农用地转用、征收土地时，向取得出让等有偿使用方式的新增建设用地的市、县人民政府收取的平均土地纯收益。

（7）**分税制**。它是指在国家各级政府之间明确划分事权及支出范围的基础上，按照事权和分税制相统一的原则，结合税种的特性，划分中央与地方的税收管理权限和税收收入，并辅之以补助制的预算管理体制模式。新增建设用地有偿使用费实质就是一种分税制。

（8）**土地财政**。它是指一些地方政府依靠出让土地使用权的收入来维护地方财政支出，属于预算外收入，又叫第二财政。

2. 新增建设用地土地有偿使用费的相关问题解答

（1）新增建设用地土地有偿使用费的缴纳标准是怎样的？

从 2007 年 1 月 1 日起，新批准新增建设用地的土地有偿使用费征收标准在原有基础上提高 1 倍，提高后的新增建设用地土地有偿使用费征收标准详见表1-2。

表1-2　新增建设用地土地有偿使用费征收标准表　　（单位：元/m²）

等　别	1	2	3	4	5	6	7	8	9	10	11	12	13	14	15
标　准	140	120	100	80	64	56	48	42	34	28	24	20	16	14	10

（2）新增建设用地土地有偿使用费由谁来缴纳？

根据 2006 年财政部、国土资源部、中国人民银行《关于调整新增建设用地土地有偿使用费政策等问题的通知》规定，新增建设用地土地有偿使用费的缴纳人是市、县人民政府和有关部门。新增建设用地土地有偿使用费不能随意乱用，必须专项用于基本农田建设和保护、土地整理、耕地开发。

（3）中央和地方政府如何分配新增建设用地的土地有偿使用费？

根据规定，新增建设用地土地有偿使用费征收标准提高后，仍实行中央与地方30∶70分成体制。同时，为加强对土地利用的调控，从 2007 年 1 月 1 日起，调整地方分成的新增建设用地土地有偿使用费管理方式。地方分成的70%部分，一律全额缴入省级（含省、自治区、直辖市、计划单列市）国库。

（4）国家对市县人民政府缴纳新增建设用地有偿使用费有何规定？

严禁市、县人民政府和有关部门将新增建设用地土地有偿使用费转嫁由用地单位缴纳。严禁在审批新增建设用地时采取"以租代征"等方式,逃避缴纳新增建设用地土地有偿使用费。市、县人民政府凡不按国家规定的等别和征收标准及时足额缴纳新增建设用地土地有偿使用费的,国土资源部和各省、自治区、直辖市国土资源管理部门一律不得办理用地审批手续和批准文件。任何地区、部门、单位和个人,均不得减免、缓缴、挤占、截留和挪用新增建设用地土地有偿使用费。

1.2.6 土地使用权的出让与转让

1. 土地使用权出让与转让的相关概念

(1) **土地使用权出让**。它是指国家将一定年限内的国有土地使用权出让给土地使用者,由土地使用者向政府支付土地使用权出让金的行为。

通过出让方式获得土地使用权是建立在有偿有限期的基础上的,该土地使用权可以在法律规定的范围内转让、出租或抵押,其合法权益受国家法律保护。

(2) **土地使用权转让**。它是指土地使用权出让后,土地使用权的受让人将土地使用权转移的行为,包括出售、交换和赠与等。

(3) **土地使用权划拨**。它是指有批准权的人民政府依法批准,在用地者缴纳补偿、安置等费用后将该幅土地交其使用,或者将土地使用权无偿交给土地使用者使用的行为。土地使用权的划拨是计划经济的产物,其逐渐地被土地使用权出让或转让所取代。

划拨土地使用权的范围包括国家机关用地和军事用地,城市基础设施和公用事业用地,国家重点扶持的能源、交通、水利等项目用地,经济适用房项目建设用地,法律、行政法规规定的其他用地。

(4) **土地使用权租赁**。它是指国家将国有土地在一定年限内直接出租给土地使用者,由土地使用者向国家按年交付租金的行为。以租赁方式取得的土地使用权不得转让、转租和抵押。

2. 土地使用权的出让年限和出让方式

(1) **土地使用权的出让年限**。它是指土地使用权受让人在出让地块上享有土地使用权的总年限。

凡与国土资源局签订"国有土地使用权出让合同书"的用地,其土地使用年限按国家规定执行,居住用地70年;工业用地50年;教育、科技、文化、卫生、体育用地50年;商业、旅游、娱乐用地40年;综合用地或者其他用地50年。

(2) **协议出让国有土地使用权**。它是指国家以协议方式将国有土地使用权在一定年限内出让给土地使用者,由土地使用者向国家支付土地使用权出让金的行为。

在实践中,这种方式容易产生土地条件相当而出让金差别较大的情况,因此2002年7月执行的《招标拍卖挂牌出让国有土地使用权规定》中已明确规定——用于房地产开发的土地禁止采用此种方式获取土地使用权。也就是说,在房地产一级市场用于房地产开发的建设用地必须通过土地储备中心,以招标、拍卖或者挂牌等方式获取。

2006年试行的《协议出让国有土地使用权规范》规定以下五类情形可以纳入协议出

让国有土地的范围：

1）供应商业、旅游、娱乐和商品住宅等各类经营性用地以外用途的土地，其供地计划公布后同一宗地只有一个意向用地者的。

2）原划拨、承租土地使用权人申请办理协议出让，经依法批准的。

3）划拨土地使用权转让申请办理协议出让，经依法批准的。

4）出让土地使用权人申请续期，经审查批准的。

5）法律、法规规定可以协议出让的其他情形。

（3）**招标出让国有土地使用权**。它是指市、县国土资源管理部门发布招标公告或者投标邀请书，邀请特定或者不特定的法人、自然人和其他组织参加国有土地使用权投标，根据投标结果确定土地使用者的行为。

招标出让的一般程序有招标、投标、定标、签约、履约五个阶段。目前，招标是土地使用权出让方式中最常用的一种，一般由各级土地储备中心负责办理招标的相关事宜。投标人中标后获得其土地使用权。

（4）**拍卖出让国有土地使用权**。它是指市、县国土资源管理部门发布拍卖公告，由竞买人在指定时间、地点进行公开竞价，根据出价结果确定土地使用者的行为。

拍卖的一般程序是：出让人发出拍卖公告，将土地使用权拍卖事宜向社会公布；竞买，即在拍卖场所，竞投人以拍卖方式向拍卖人作出应价；签约，应价高者与出让人签订土地使用权出让合同；履约，受让人交付土地使用权出让金，出让人向受让人交付土地，并领取土地使用权证书，获得其土地使用权。

（5）**挂牌出让国有土地使用权**。它是指市、县国土资源管理部门发布挂牌公告，按公告规定的期限将拟出让宗地的交易条件在指定的土地交易场所挂牌公布，接受竞买人的报价申请并更新挂牌价格，根据挂牌期限截止时的出价结果确定土地使用者的行为。

公告期限届满，按照以下规定确定能否成交：①若在规定期限内只有一个申请人，且报价高于最低交易价，并符合其他交易条件的，则此次交易成交。②在规定期限内有两个以上申请人的，允许多次报价，土地使用权应由出价高者获得；报价相同的，由先报价者获得。③若在规定期限内没有申请人，或者只有一个申请人但报价低于最低交易价或不符合其他交易条件的，委托人可以调整最低交易价，重新委托交易中心交易。

挂牌时间不得少于 10 日。在挂牌期间可以根据竞买人的竞价情况调整增价幅度。

报价以报价单为准。成交后，由委托人与买方签订土地使用权转让合同，并由交易中心鉴证。

交易所公告的最低交易价由委托人决定，但该最低交易价不得低于应补交地价、应缴纳税费及应付交易服务费用之和。

挂牌出让的截止申请时间为挂牌出让结束日前两天。

3. 土地使用权招标拍卖挂牌的相关问题解答

（1）土地使用权出让公告的发布方式和公告内容有哪些？

根据 2006 年试行的《招标拍卖挂牌出让国有土地使用权规范》规定，国有土地使用权招标拍卖挂牌出让公告应当由市、县国土资源管理部门发布。出让公告应当通过报刊或电视台等媒体公开发布，并须同时在中国土地市场网（www.landchina.com）和当地土地有形市场上发布。按照国土资源管理部门规定的规范格式，公告拟出让宗地的位置、面积、用途、套型要求、容积率、出让年限、投标（竞买）保证金、提交申请时间、出让时间等内容。公告不规范的，国土资源管理部门将予以通报批评，限期纠正。

（2）应当在什么时间公布土地出让公告？

出让公告应当至少在招标拍卖挂牌活动开始前20日发布，以媒体首次发布的时间为起始日。

经批准的出让方案已明确招标、拍卖、挂牌具体方式的，应当发布具体的"国有土地使用权招标出让公告""国有土地使用权拍卖出让公告"或"国有土地使用权挂牌出让公告"；经批准的出让方案未明确招标、拍卖、挂牌具体方式的，可以发布"国有土地使用权公开出让公告"。发布"国有土地使用权公开出让公告"的，应当明确根据申请截止时的申请情况确定具体的招标、拍卖或挂牌方式。

出让公告可以是单宗地的公告，也可以是多宗地的联合公告。

（3）招标拍卖挂牌出让的范围有哪些？

2006年试行的《招标拍卖挂牌出让国有土地使用权规范》规定，以下六类情形必须纳入招标拍卖挂牌出让国有土地范围：

1）工业、商业、旅游、娱乐和商品住宅等经营性用地，其中工业用地包括仓储用地，但不包括采矿用地。

2）其他土地供地计划公布后同一宗地有两个或两个以上意向用地者的。

3）划拨土地使用权改变用途，"国有土地划拨决定书"或法律、法规、行政规定等明确应当收回土地使用权，实行招标拍卖挂牌出让的。

4）划拨土地使用权转让，"国有土地划拨决定书"或法律、法规、行政规定等明确应当收回土地使用权，实行招标拍卖挂牌出让的。

5）出让土地使用权改变用途，"国有土地使用权出让合同"约定或法律、法规、行政规定等明确应当收回土地使用权，实行招标拍卖挂牌出让的。

6）依法应当招标拍卖挂牌出让的其他情形。

（4）招标拍卖挂牌出让方案的内容有哪些？

国有土地使用权招标拍卖挂牌出让方案应当包括拟出让地块的具体位置、用途、面积、年限、土地使用条件、供地时间、供地方式等。

属于综合用地的，应明确各类具体用途、所占面积及其各自的出让年期。对于各用途不动产之间可以分割，最终使用者为不同单位、个人的，应当按照综合用地所包含的具体土地用途分别确定出让年限；对于多种用途很难分割、使用者唯一的，可以统一按照综合用地最高出让年限50年确定出让年限。

国有土地使用权招标拍卖挂牌出让方案除明确拟出出让宗地的基本情况、规划指标要求等一般信息外，应当明确因实施城市规划需要请市、县人民政府批准收回出让地块

原国有土地使用权，并对原土地使用权人给予相应补偿，具体补偿安置由受让人按规定对原产权人拆迁安置实施，受让人在缴清土地使用权出让金并完成拆迁补偿安置工作后（原国有土地使用权收回程序完成）方可申请办理土地登记，取得土地使用权等具体内容。

（5）招标拍卖挂牌出让土地使用权文件包括哪些？

出让人应当根据招标拍卖挂牌出让地块的情况，编制招标拍卖挂牌出让文件。

招标拍卖挂牌出让土地使用权文件应当包括出让公告、投标或者竞买须知、土地使用条件、标书或者竞买申请书、报价单、中标通知书或者成交确认书、国有建设用地使用权出让合同文本。

（6）哪些人可以申请招标拍卖挂牌方式出让国有土地使用权？

根据 2006 年试行的《招标拍卖挂牌出让国有土地使用权规范》规定，国有土地使用权招标拍卖挂牌出让的申请人，可以是中华人民共和国境内外的法人、自然人和其他组织，但法律、法规对申请人另有限制的除外。申请人可以单独申请，也可以联合申请。

根据规定，各地要严格审查土地竞买人资格。国土资源主管部门对竞买人参加招标拍卖挂牌出让土地时，除应要求提供有效身份证明文件、缴纳竞买（投标）保证金外，还应提交竞买（投标）保证金不属于银行贷款、股东借款、转贷和募集资金的承诺书及商业金融机构的资信证明。

（7）工业用地项目出让可以先不确定出让地块的具体面积吗？

根据 2007 年国土资源部、监察部《关于落实工业用地招标拍卖挂牌出让制度有关问题的通知》规定，各地应当采取灵活的方式，合理确定工业项目的用地面积。既可以确定出让地块面积后招标拍卖挂牌出让，也可以先不确定出让地块的具体面积，招标拍卖挂牌中通过竞单位面积地价的方式确定土地使用者，然后再根据工业项目的类别、规模、土地使用标准等合理确定出让地块的具体面积。

（8）工业和经营性用地出让必须进过招标拍卖挂牌吗？

根据 2008 年国务院《关于促进节约集约用地的通知》规定，严格落实工业和经营性用地招标拍卖挂牌出让制度。工业用地和商业、旅游、娱乐、商品住宅等经营性用地（包括配套的办公、科研、培训等用地），以及同一宗土地有两个以上意向用地者的，都必须实行招标拍卖挂牌等方式公开出让。国土资源部门要会同发展改革、城市规划、建设、水利、环保等部门制订工业用地招标拍卖挂牌出让计划，拟定出让地块的产业类型、项目建议、规划条件、环保要求等内容，作为工业用地出让的前置条件。工业和经营性用地出让必须以招标拍卖挂牌方式确定土地使用者和土地价格。严禁用地者与农村集体经济组织或个人签订协议圈占土地，通过补办用地手续规避招标拍卖挂牌出让。

（9）土地投标开标应遵循怎样的程序？

根据 2007 年试行的《招标拍卖挂牌出让国有建设用地使用权规定》的相关规定，投标、开标应遵循以下程序进行：

1）投标人在投标截止时间前将标书投入标箱。招标公告允许邮寄标书的，投标人可以邮寄，但出让人在投标截止时间前收到的方为有效。

标书投入标箱后，不可撤回。投标人应当对标书和有关书面承诺承担责任。

2）出让人按照招标公告规定的时间、地点开标，邀请所有投标人参加。由投标人或者其推选的代表检查标箱的密封情况，当众开启标箱，点算标书。投标人少于三人的，出让人应当终止招标活动。投标人不少于三人的，应当逐一宣布投标人名称、投标价格和投标文件的主要内容。

3）评标小组进行评标。评标小组由出让人代表、有关专家组成，成员人数为五人以上的单数。

评标小组可以要求投标人对投标文件作出必要的澄清或者说明，但是澄清或者说明不得超出投标文件的范围或者改变投标文件的实质性内容。

评标小组应当按照招标文件确定的评标标准和方法，对投标文件进行评审。

4）招标人根据评标结果，确定中标人。

按照价高者得的原则确定中标人的，可以不成立评标小组，由招标主持人根据开标结果，确定中标人。

（10）受让人怎样才能领取国有建设用地使用权证书？

根据2007年试行的《招标拍卖挂牌出让国有建设用地使用权规定》的相关规定，受让人依照国有建设用地使用权出让合同的约定付清全部土地出让价款后，方可申请办理土地登记，领取国有建设用地使用权证书。

未按出让合同约定缴清全部土地出让价款的，不得发放国有建设用地使用权证书，也不得按出让价款缴纳比例分割发放国有建设用地使用权证书。

（11）购地是否需要经过招标拍卖挂牌方式出让？

根据2006年试行的《招标拍卖挂牌出让国有土地使用权规范》的相关规定，单位和个人对具体宗地有使用意向的，可以提出购地申请，并承诺愿意支付的土地价格。市、县国土资源管理部门认为其承诺的土地价格和条件可以接受的，应当及时以招标拍卖挂牌方式出让该宗地。提出购地申请的单位和个人应当参加该宗地的招标拍卖挂牌出让活动，且报价不得低于其承诺的土地价格。

（12）国有土地使用权出让方案应该包括什么内容？

市、县国土资源管理部门应当会同城市规划等有关部门，依据国有土地使用权出让计划、城市规划和意向用地者申请的用地类型、规模等，编制国有土地使用权招标拍卖挂牌出让方案。国有土地使用权招标拍卖挂牌出让方案应当包括：拟出让地块的具体位置、四至、用途、面积、年限、土地使用条件、供地时间、供地方式等。

（13）国有综合用地出让的年限如何确定？

属于综合用地的，应明确各类具体用途、所占面积及其各自的出让年期。对于各用途不动产之间可以分割，最终使用者为不同单位、个人的，应当按照综合用地所包含的具体土地用途分别确定出让年期；对于多种用途很难分割、使用者唯一的，可以统一按照综合

用地最高出让年限50年确定出让年期。

（14）尚未完成土地使用权收回和拆迁安置工作的毛地出让应注意些什么？

对于尚未完成土地使用权收回和拆迁安置工作的毛地出让，应当衔接好国有土地使用权收回、补偿安置和出让等方面的法律关系。国有土地使用权招标拍卖挂牌出让方案除明确拟出出让宗地的基本情况、规划指标要求等一般信息外，应当明确因实施城市规划需要请市、县人民政府批准收回出让地块原国有土地使用权，并对原土地使用权人给予相应补偿，具体补偿安置由受让人按规定对原产权人拆迁安置实施，受让人在缴清土地使用权出让金并完成拆迁补偿安置工作后（原国有土地使用权收回程序完成）方可申请办理土地登记，取得土地使用权等具体内容。

4. 土地使用权转让的相关问题解答

（1）如何确定土地使用权转让后受让人的权利义务范围和土地实际使用年限？

根据规定，以出让方式取得土地使用权的转让时，受让人所取得的土地使用权的权利、义务范围应当与转让人原有的权利和义务的范围一致。其实际使用年限为出让合同约定的年限减去原土地使用权已经使用年限后的剩余年限。转让房地产后受让人如需改变原有土地用途的，必须经土地转让方和规划部门的同意，签订土地出让合同变更协议或者重新签订土地使用权出让合同，相应调整土地使用权出让金。

（2）在什么情况下房地产不得转让？

房地产转让最主要的特征是发生权属变化，所以《城市房地产管理法》和《转让管理规定》都明确了房地产转让应当符合的条件，采取排除法规定了下列房地产不得转让：

1）以出让方式取得土地使用权的，不符合《城市房地产管理法》规定的条件的，即以出让方式取得土地使用权的，转让房地产时，应当符合下列条件：①按照出让合同约定已经支付全部土地使用权出让金，并取得土地使用权证书；②按照出让合同约定进行投资开发，属于房屋建设工程的，完成开发投资总额的25%以上，属于成片开发土地的，形成工业用地或者其他建设用地条件；③转让房地产时房屋已经建成的，还应当持有房屋所有权证书。

2）司法机关和行政机关依法裁定决定生效或者以其他方式限制房地产权利的。

3）依法收回土地使用权的。

4）共有房地产，未经其他共有人书面同意的。

5）权属有争议的。

6）未依法登记领取权属证书的。

7）法律、行政法规规定禁止转让的其他情形。

（3）房地产转让时所签订的房地产转让合同包括哪些内容？

根据规定，房地产转让必须签订房地产转让合同。房地产转让合同是指房地产转让当事人之间签订的用于明确各方权利、义务关系的协议。房地产转让时，应当签订书面转让合同。

合同的内容由当事人协商拟订，一般应包括：①双方当事人的姓名或者名称、住所；

②房地产权属证书的名称和编号；③房地产坐落位置、面积、四至界限；④土地宗地号、土地使用权取得的方式及年限；⑤房产的用途或使用性质；⑥成交价格及支付方式；⑦违约责任；⑧双方约定的其他事项。

（4）非法转让、倒卖土地使用权将受到哪些惩罚？

根据规定以牟利为目的，违反土地管理法规，非法转让、倒卖土地使用权，情节严重的，处三年以下有期徒刑或者拘役，并处或者单处非法转让、倒卖土地使用权价额 5% 以上 20% 以下罚金；情节特别严重的，处三年以上七年以下有期徒刑，并处非法转让、倒卖土地使用权价额 5% 以上 20% 以下罚金。

1.2.7　土地价格与土地市场

1. 土地价格的相关概念及问题解答

（1）土地价格。

土地价格实际上是土地经济价值的反映，是为购买获取土地预期收益的权利而支付的代价，即地租的资本化。换言之，土地价格的高低取决于可以获取的预期土地收益的高低。

（2）地价。

地价，即土地使用权受让人获取土地使用权所需的全部费用，也称为土地费用、地价款或土地出让金。

地价包括土地使用权出让金、城市建设配套费、拆迁安置补偿费和土地开发费。

（3）土地出让金。

土地出让金是指各级政府土地管理部门将土地使用权出让给土地使用者，按规定向受让人收取的土地出让的全部价款（指土地出让的交易总额）；或土地使用期满，土地使用者需要续期而向土地管理部门缴纳的续期土地出让价款；或原通过行政划拨获得土地使用权的土地使用者，将土地使用权有偿转让、出租、抵押、作价入股和投资，按规定补交的土地出让价款。

（4）熟地价。

熟地价，是指政府出让已经具备"七通一平""五通一平""三通一平"建设条件的土地（俗称熟地）时所收取的金额，或土地使用权人将已经具备建设条件的熟地转让时收取的金额。

熟地价包括土地使用权出让金、城市建设配套费和土地开发费。

（5）毛地价。

毛地价，是指政府在出让未经拆迁补偿的旧城区土地（俗称毛地）或未进行征地补偿的新区土地（生地）时所收取的金额。毛地价包括土地使用权出让金和城市建设配套费，不包括土地开发费。

（6）地面价与楼面价。

土地出让金又可以分为地面价与楼面价两种计算方法。

地面价，为每平方米土地的单价，即用出让金总额除以土地总面积。

楼面价，为摊到每平方米建筑面积的地价，即用出让金总额除以规划允许建造的总建筑面积。

（7）未交清地价的土地是如何处理的？

根据《土地使用权出让条例》的规定，土地使用者未按出让合同规定的期限付清土地使用权出让金的，从滞纳之日起每日加收土地使用权出让金应缴交部分万分之五的滞纳金。滞纳 60 日后仍未付清的，土地管理部门可以解除出让合同，收回土地使用权。

土地使用权只支付定金或保证金的，不予退还。

土地使用者已将定金或者保证金抵充土地使用权出让金的，不予退还。土地管理部门扣除土地开发与市政配套设施金总额 20% 的违约金，余额予以退还，对已兴建的建筑物、附着物，无偿收归政府所有。

2. 土地市场的相关概念及问题解答

（1）土地市场。

土地市场，是指土地及其地上建筑物和其他附着物作为商品进行交换的总和。土地市场也称地产市场。土地市场中交易的是国有土地使用权而非土地所有权。土地市场中交易的土地使用权具有期限性。我国土地市场包括土地一级市场和土地二级市场。

（2）土地一级市场。

土地一级市场，是指政府代表国家以管理者和土地所有者的身份，将土地使用权有偿、有限期让与使用者的活动。土地一级市场完全由政府所控制。政府不允许未经一级市场获取土地使用权就直接进行交易。通常所讲的土地一级市场即房地产一级市场。

凡国家法律规定可以按规划方式提供土地使用权以外的其他建设用地，用于商业、旅游、娱乐和商品住宅等各类经营性用地，均以招标、拍卖或者挂牌方式出让。出让统一由土地收购储备中心办理。

政府成立土地收购储备中心，由政府对土地一级市场进行调控。该中心隶属于国土资源局，受政府委托负责土地收购、土地整理、土地存储和融资。

（3）土地二级市场。

土地二级市场，是指土地使用者将通过一级市场取得的土地使用权按照市场机制以租赁、买卖、交换、继承、赠与、抵押等方式从事的交易经营活动。土地二级市场属于房地产二级市场。

土地使用权交易时，必须遵循房地一体的原则，即土地使用权转让、出租、抵押时，其地上建筑物、其他附着物的所有权随之转让、出租、抵押；土地使用者转让、出租、抵押地上建筑物、其他附着物所有权时，其使用范围内的土地使用权也随之转让、出租、抵押。

（4）土地使用权在市场上进行交易的条件有哪些？

凡以出让方式获得的土地使用权只要符合以下条件，均可单独或连同地上建筑物一起自行选择交易单位和个人进行转让、出租、抵押：

1）已足额缴纳土地出让金，并取得土地使用权证书的。对特殊原因经市县政府批准给予出让金减缓照顾的，可以按合同约定的出让金欠交数额补交或由交易对方代交。

2）符合出让合同约定的土地用途和城市规划建设要求的。

3）完成开发建设投资总额25%以上的。

4）成片开发的土地，形成工业用地或者其他建设用地条件的。

（5）哪些土地交易应在土地交易中心通过招标、拍卖和挂牌交易方式公开进行？

根据《土地交易市场管理规定》的规定，下列土地交易（包括分割转让）应在交易中心通过招标、拍卖和挂牌交易方式公开进行：①经营性项目用地（包括市政府收回闲置的行政划拨用地和历史用地等）的土地使用权出让；②以协议地价方式取得土地使用权，申请改变用地性质、功能，转让土地使用权的，依法收回土地使用权，通过招标、拍卖方式重新出让；③依出让方式取得土地使用权，已签订出让合同，交清市场地价后进行的土地使用权转让；④减免地价或交纳协议地价的土地使用权转让；⑤合作建房，但农村征地返还用地。

1.2.8　国有土地使用权出让收入

1. 国有土地使用权出让收入的概念

国有土地使用权出让收入，是指政府以出让等方式配置国有土地使用权取得的全部土地价款，包括受让人支付的征地和拆迁补偿费用、土地前期开发费用和土地出让收益等。

2. 国有土地使用权出让收入的相关问题解答

（1）国有土地使用权出让收支的管理方法的主要内容是什么？

根据2006年国务院办公厅《关于规范国有土地使用权出让收支管理的通知》规定，从2007年1月1日起，国有土地使用权出让收支全额纳入地方基金预算管理。国有土地使用权出让收入全部缴入地方国库，国有土地使用权出让支出一律通过地方基金预算从土地出让收入中予以安排，实行彻底的"收支两条线"。在地方国库中设立专账，专门核算国有土地使用权出让收入和支出情况。

土地出让总价款必须首先按规定足额安排支付土地补偿费、安置补助费、地上附着物和青苗补偿费、拆迁补偿费以及补助被征地农民社会保障所需资金的不足，其余资金应逐步提高用于农业土地开发和农村基础设施建设的比重，以及用于廉租住房建设和完善国有土地使用功能的配套设施建设。

（2）国有土地使用权收入的使用范围包括哪些？

根据规定，土地出让收入使用范围包括：

1）征地和拆迁补偿支出，包括土地补偿费、安置补助费、地上附着物和青苗补偿费、拆迁补偿费。

2）土地开发支出，包括前期土地开发性支出以及按照财政部门规定与前期土地开发相关的费用等。

3）支农支出，包括计提农业土地开发资金、补助被征地农民社会保障支出、保持被征地农民原有生活水平补贴支出以及农村基础设施建设支出。

4）城市建设支出，包括完善国有土地使用功能的配套设施建设支出以及城市基础设施建设支出。

5）其他支出，包括土地出让业务费、缴纳新增建设用地土地有偿使用费、计提国有土地收益基金、城镇廉租住房保障支出、支付破产或改制国有企业职工安置费支出等。

（3）国有土地使用权收入可减免吗？

不可以。根据 2006 年国务院办公厅《关于规范国有土地使用权出让收支管理的通知》规定，任何地区、部门和单位都不得以"招商引资""旧城改造""国有企业改制"等各种名义减免土地出让收入，实行"零地价"，甚至"负地价"，或者以土地换项目、先征后返、补贴等形式变相减免土地出让收入。

1.2.9　土地征用与征收

1. 土地征用与征收的相关概念

（1）土地征用的概念及特点。

土地征用，是指国家依据公共利益的需要强制取得民事主体土地使用权的行为。这里的民事主体主要是指农村集体经济组织，如村委会或村民小组等。土地征用具有以下特点：

1）土地征用具有强制性，任何单位、个人都必须服从。

2）只有国家才是土地征用的主体，任何单位、个人不得向农村征用土地。

3）土地征用不改变土地所有权，只改变土地使用权。

4）征用时必须妥善安置被征用土地的老百姓的生活。

5）被征用土地使用完后，应当归还土地所有人，并根据规定给予适当的补偿。

（2）土地征收的概念及其主客体。

土地征收，是指国家为了社会公共利益的需要，依照法律规定的程序和批准权限，并依法给予农村集体经济组织及农民补偿后，将农村集体土地变为国有土地的行为。

由上述土地土地征收含义可以看出，土地征收是一种国家行为，除了国家可以依法对农民集体土地实行征收外，任何单位和个人都无权征收土地。只有国家才能充当土地征收行为的主体。而土地征收的结果是农村集体土地变为国有土地，因此，土地征收的客体是农村集体土地。

（3）土地征用与征收的区别。

2004 年，在第十届全国人大二次会议对宪法修正时，明确了征用和征收的概念。这是我国宪法首次明确征用与征收的区别。在同年修改的《中华人民共和国土地管理法》中，也对征用和征收这两种情况作出了明确规定。

征收一般是指在城市发展和工业建设中，为了公共利益的需要，国家征收农民集体土地；或是在城市建设过程中，将国有土地上房屋征收为国家所有。

征用的适用范围一般是国家在紧急状态，将个人财产临时、短期征为国家使用；使用之后，要根据使用情况，以及对财产的损害程度，给予适当的补偿。

征收和征用都是为了公共利益，并都要依法给予补偿，但两者是有实质性区别的。征收改变所有权，如将集体土地变为国有土地；或将国有土地上房屋征收后，房屋就不再是个人财产。而征用不改变所有权，征用之后要归还给所有权人，是国家短期使用。

（4）以租代征的含义。

以租代征，是指通过租用农民集体土地进行非农业建设，擅自扩大建设用地规模的行为。其实质是规避法定的农用地转用和土地征收审批，在规划计划之外扩大建设用地规模，同时逃避了缴纳有关税费，履行占补平衡法定的义务。

2. 土地征用与征收批准权限的相关问题解答

（1）征用土地批准权限有什么规定？

1）征用耕地 1 000 亩（1 亩＝666.7m²）以上、其他土地 2 000 亩以上的，由国务院批准。

2）征用耕地 3 亩以上 1 000 亩以下、其他土地 10 亩以上 2 000 亩以下的，由省级人民政府批准。

3）征用耕地 3 亩以下、其他土地 10 亩以下的，由县级人民政府批准。

（2）哪些土地的征收须由国务院批准？

根据规定，下列土地的征收应当由国务院批准：

1）基本农田。

2）基本农田以外的耕地超过 35hm² 的。

3）其他土地超过 70hm² 的。

征收上述规定以外的土地的，由省、自治区、直辖市人民政府批准，并报国务院备案。征收农用地的，应当依照 2004 年《中华人民共和国土地管理法》第四十四条的规定先行办理农用地转用审批。其中，经国务院批准农用地转用的，同时办理征地审批手续，不再另行办理征地审批。经省、自治区、直辖市人民政府在征地批准权限内批准农用地转用的，同时办理征地审批手续，不再另行办理征地审批，超过征地批准权限的，应当依照规定另行办理征地审批。

3. 土地征用与征收补偿费用的相关问题解答

（1）征收土地的补偿费用是如何确定的？

征收土地时，征收人应按照被征收土地的原用途给予被征收人补偿。

1）征收耕地的补偿费用包括土地补偿费、安置补助费以及地上附着物和青苗的补偿费。征收耕地的土地补偿费，为该耕地被征收前三年平均年产值的 6～10 倍。征收耕地的安置补助费，按照需要安置的农业人口数计算。需要安置的农业人口数，按照被征收的耕地数量除以征地前被征收单位平均每人占有耕地的数量计算。每一个需要安置的农业人口的安置补助费标准，为该耕地被征收前三年平均年产值的 4～6 倍。但是，每公顷被征收耕地的安置补助费，最高不得超过被征收前三年平均年产值的 15 倍。

2）征收其他土地的土地补偿费和安置补助费标准，由省、自治区、直辖市参照征收耕地的土地补偿费和安置补助费的标准规定。被征收土地上的附着物和青苗的补偿标准，由省、自治区、直辖市规定。

3）征收城市郊区的菜地，用地单位应当按照国家有关规定缴纳新菜地开发建设基金。

4）依照规定支付的土地补偿费和安置补助费，尚不能使需要安置的农民保持原有生活水平的，经省、自治区、直辖市人民政府批准，可以增加安置补助费。但是，土地补偿费和安置补助费的总和不得超过土地被征收前三年平均年产值的 30 倍。

5）国务院根据社会、经济发展水平，在特殊情况下，可以提高征收耕地的土地补偿费和安置补助费的标准。

（2）土地征收补偿的各项费用如何分配？

根据 2011 年《中华人民共和国土地管理法实施条例》规定，土地补偿费归农村集体经济组织所有；地上附着物及青苗补偿费归地上附着物及青苗的所有者所有。征收土地的安置补助费必须专款专用，不得挪作他用。需要安置的人员由农村集体经济组织安置的，安置补助费支付给农村集体经济组织，由农村集体经济组织管理和使用；由其他单位安置的，安置补助费支付给安置单位；不需要统一安置的，安置补助费发放给被安置人员个人或者征得被安置人员同意后用于支付被安置人员的保险费用。

征收土地的各项费用应当自征地补偿、安置方案批准之日起三个月内全额支付。

4. 土地征用与征收涉及农户用房的相关问题解答

（1）是否可以强制征收集体土地及拆迁农户用房？

不可以。根据 2010 年《关于进一步严格征地拆迁管理工作切实维护群众合法权益的紧急通知》规定，征收集体土地，必须在政府的统一组织和领导下依法规范有序开展。征地前要及时进行公告，征求群众意见；对于群众提出的合理要求，必须妥善予以解决，不得强行实施征地。

根据 2011 年国土资源部办公厅《关于切实做好征地拆迁管理工作的紧急通知》规定，政府要严格履行规定程序，征地前及时组织征地公告，并就征地补偿安置标准和政策征求群众意见。群众有意见的，要认真反复做好政策宣传解释和群众思想疏导工作，得到群众的理解和支持，不得强行实施征地拆迁；对于群众提出的合理要求，必须妥善予以解决。征地经依法批准后，要依法规范实施，确保征地补偿费用及时足额支付到位，防止出现拖欠、截留、挪用问题。

（2）在农村集体土地征收过程中拆迁农民房屋有几种补偿方式？

根据 2011 年国土资源部办公厅《关于切实做好征地拆迁管理工作的紧急通知》规定，实施征地拆迁，必须在政府的统一组织领导下依法规范进行。征地中拆迁农民房屋要给予合理补偿，并因地制宜采取迁建安置、货币安置或实物补偿等多种安置方式，妥善解决好农户生产生活用房问题。

1.3　房产基础知识

1.3.1　房屋产权类型的相关名词

房屋，一般是指上有屋顶，周围有墙，能防风避雨，御寒保温，供人们在其中工作、生活、学习、娱乐和储藏物资，并具有固定基础，层高一般在 2.2m 以上的永久性场所。但根据某些地方的生活习惯，可供人们常年居住的窑洞、竹楼等也应包括在内。

共同共有房，是指两个或两个以上的人，对全部共有房产不分份额地享有平等的所有权。

共有房产，是指两个或两个以上的人对某一项房产共同享有所有权。

有限产权房，是房屋所有人在购买公房中按照房改政策以标准价购买的住房或建房过程中得到了政府或企业补贴，房屋所有人享有完全的占有权、使用权和有限的处分权、收益权。

使用权房，是指由国家以及国有企业、事业单位投资兴建的住宅，政府以规定的租金标准出租给居民的公有住房。

货币分房，就是把原来单位以实物形式分配给职工的那部分住房转变为货币工资形式纳入职工工资，成为居民的住房消费基金，变实物分配为工资分配，由职工自己买房或租房。

私房，也称私有住宅、私产住宅。它是由个人或家庭购买、建造的住宅。在农村，农民的住宅基本上是自建私有住宅。公有住房通过住宅消费市场出售给个人和家庭，也就转为私有住宅。

公房，也称**公有住房**或国有住宅。它是指由国家以及国有企业、事业单位投资兴建、销售的住宅，在住宅未出售之前，住宅的产权（拥有权、占有权、处分权、收益权）归国家所有。目前居民租用的公有住房，按房改政策分为两大类：一类是可售公有住房；另一类是不可售公有住房。这两类房均为使用权房。其中，归房管局管理的称**直管公房**；归各单位管理的称**自管公房**。

不可售公房，是指根据现行房改政策还不能出售给承租居民的公有住房。它主要包括旧式里弄、新式里弄、职工住房等厨房、卫生合用的不成套房屋，也包括部分公寓、花园住宅等成套房屋。

公房的出售价格，是指以成本价向工薪阶层出售公有住房所实行的价格。它是按房屋建造成本制定的售房价格，包括征地和拆迁补偿费、勘察设计及前期工程费、建筑安装工程费、小区基础设施配套费、管理费、贷款利息和税金七项因素。

房改房，又称为已购公有房，是指城镇职工根据国家和县级以上地方人民政府有关城镇住房制度改革政策规定，按照成本价或者标准价购买的已建公有住房。按照成本价购买的，房屋所有权归职工个人所有，按照标准价购买的，职工拥有部分房屋所有权，一般在

五年后归职工个人所有。这类房屋来源一般是单位购买的商品房、自建房屋、集资建房等。

房改房产权分为三个级别：成本价产权和标准价产权以及标准价优惠产权。

单位产权房，是指产权属于单位所有的房屋，也称系统产权房、系统房。

再上市房，是指职工按照房改政策购买的公有住房或经济适用房首次上市出售的房屋。

存量房，是指已被购买或自建并取得所有权证书的房屋。

增量房，是指房屋开发一级市场所开发出的新房，是相对于存量房而言的房屋，包括商品房和经济适用房的预售房和现房。

1.3.2 房屋开发类型的相关名词

商品房，是指由房地产开发企业开发建设并出售、出租的房屋。

外销房，是指房地产开发企业按政府外资工作主管部门的规定，通过实行土地批租形式，报政府计划主管部门列入正式项目计划，建成后用于向境内境外出售的住宅、商业用房及其他建筑物。

内销房，是指房地产开发企业通过实行土地使用权出让形式，经过政府主管部门审批，建成后用于在国内范围（目前不包括香港特别行政区、澳门和台湾）出售的住宅、商业用房及其他建筑物。

实有房屋，是指已建成并达到入住或使用条件的、含自有（私有）房屋在内的各类房屋。

实有住宅，是指已建成并达到入住及使用条件的、含自有（私有）住宅在内的住宅。

住宅套数，是指按照设计要求已建成并达到入住、使用条件的成套住宅的套数。

成套住宅，是指由若干卧室、起居室、厨房、卫生间、室内走道或客厅等组成的供一户使用的住宅。

现房，是指开发商已办妥房地产权证（大产证）的商品房，消费者在这一阶段购买商品房时应签出售合同。通常意义上的现房是指项目已经竣工可以入住的房屋。

准现房，是指房屋主体已基本封顶完工但未竣工验收的房屋，小区内的楼宇及设施的大致轮廓已初现，房型、楼间距等重要因素已经一目了然，工程正处在内外墙装修和进行配套施工阶段的房屋。

期房，是指开发商从取得商品房预售许可证开始至取得房地产权证大产证止，在这一期间的商品房称为期房，消费者在这一阶段购买商品房时应签预售合同。期房销售在港澳地区称为卖"楼花"，这是当前房地产开发商普遍采用的一种房屋销售方式。购买期房也就是购房者购买尚处于建造之中的房地产项目。

二手房，即旧房。新建的商品房进行第一次交易时为"一手"，第二次交易则为"二手"。一些无房的人，可以买一套别人多余的房；另一些手里有些积蓄又有小房子居住的，可以卖掉旧房买新房；而那些住房富余户，也能卖掉自己的多余住房换取收益。

　　尾房，又称扫尾房。它是房地产业进入散户零售时代的产物，是空置房中的一种。一般情况下，当商品房屋的销售量达到 90% 以后，一般就进入房地产项目的清盘销售阶段，此时所销售的房产，一般称为尾房。开发商经过正常的销售后剩下了少量没有竞争力的房子，这些房子或朝向不好、采光不足，或是楼层不佳、位处两级等。

　　烂尾房，是指那些由于开发商资金不足、盲目上马，或者错误判断供求形势，开发总量供大于求，导致大面积空置，无法回收前期投资，更无力进行后续建设，甚至全盘停滞的积压楼宇。"烂尾"的情况一般不会发生在房产刚推出销售的时候，而是随着项目的不断推进，一步步显现。

　　空置商品房，是指房地产开发企业投资建设，取得房地产权证（大产证）已超过一年的商品房。购买者购买该类房产可以免交契税。

　　毛坯房，是指商品房交付使用时只有门框没有门或只有外门，墙面地面仅做基础处理而未做表面处理的房。

　　成品房，是指对墙面、顶棚、门套、地板实行装修的商品房。

　　装修房，是指在成品房装修的基础上，对卫生间和厨房进行整体厨卫装修的商品房。

　　楼花，在香港早期是指未完工的物业（即在建物业），现在一般指未正式交付之前的商品房。

1.3.3　房屋产品类型的相关名词

　　住宅，是专供人们居住用的房屋。它主要包括普通居住用房、别墅、公寓、宿舍用房等，职工单身宿舍和学生宿舍等也包括在内。

　　非住宅，是指除了住宅以外的非居住用房屋，包括办公用房、商业用房和厂房仓库等。

　　普通住宅，是指按所在地一般民用住宅建筑标准建造的居住用房屋。目前，它多为多层住宅和高层住宅。多层住宅是指 2～6 层（含 6 层）的楼房；高层住宅是指 6 层以上的楼房，高层住宅多安装电梯。由于各地对多层和高层的定义不一致，划分标准各地可根据实际情况酌情确定。

　　豪华住宅，是指按超出一般民用住宅建筑标准建造的高标准住宅，通常包括别墅和高档公寓。

　　别墅，是指在郊区或风景区建造的舒适式园林住宅，一般拥有私家车库、花园、草坪、院落等。

　　高档公寓，是指其单位建筑面积造价通常高于当地一般民用住宅造价一倍以上的公寓，通常为跃层式住宅、顶层有花园的或多层住宅配有电梯的，并拥有较好的绿化、商服、物业管理等配套设施。

　　酒店式服务公寓，是指提供酒店式管理服务的公寓，始于 1994 年，意为"酒店式的服务，公寓式的管理"，市场定位很高。它是集住宅、酒店、会所多功能于一体的，具有"自用"和"投资"两大功效，除了提供传统酒店的各项服务外，更重要的是向住客提供

家庭式的居住布局、家居式的服务，让人有宾至如归的感觉。

花园式住宅，也叫西式洋房、小洋楼、花园别墅或花园洋房，是带有花园草坪和车库的独院式平房或二三层小楼，建筑密度很低，内部居住功能完备，装修豪华，并富有变化，一般为高收入者购买。

公寓式住宅，是相对于独院独户的西式别墅住宅而言的。一般建在大城市，大多数是高层，标准较高，每一层内有若干单户独用的套房，包括卧室、起居室、客厅、浴室、厕所、厨房、阳台等，供一些常常往来的中外客商及其家眷中短期租用。

单元式住宅，又叫梯间式住宅，是以一个楼梯为几户服务的单元组合体，一般为多层、高层住宅所采用。居住单元是指一个楼梯里有几户，俗称一梯两户、一梯四户等。单元式住宅的基本特点：①每层以楼梯为中心，每层安排户数较少，一般为2～4户，大进深的每层可服务于5～8户，住户由楼梯平台进入分户门，各户自成一体；②户内生活设施完善，即减少了住户之间的相互干扰，又能适应多种气候条件；③建筑面积较小，可以标准化生产，造价经济合理；④仍保留一定的公共使用面积，如楼梯、走道、垃圾道，保持一定的邻里交往，有助于改善人际关系。单元式住宅一经建造使用，便被社会所接受，并推广到世界绝大多数国家和地区。

商住楼，是指既能办公又能住宿的楼宇。在现代，不少大楼将办公、住宿、商务活动等功能综合在一起，又称为综合性多功能写字楼。

商务楼，是指提供各种商务活动的楼宇，除了办公室以外一般还有展示厅、会议厅、洽谈室等，但主要部分仍然是办公室。

办公楼也即写字楼，是指企业、事业、机关、团体、学校、医院等单位的办公用房屋。其中，档次较高的、设备较齐全的为高标准写字楼，条件一般的为普通办公用房。

工业厂房，是指直接用于生产或为生产配套的各种房屋，包括主要车间、辅助用房及附属设施用房。凡工业、交通运输、商业、建筑业以及科研、学校等单位中的厂房都应包括在内。

仓库，是指工业、交通运输、商业、供销、外贸、物资及其他企事业单位建造的成品库、半成品库、原材料库、货物仓库、物资储备库以及冷藏库、粮油库等。

商场，是指规划为对外公开进行经营的建筑物。

综合楼，是指兼有住家、办公甚至商场的大楼。

店面又称门面或门市房，用做商铺，多为一楼、沿街。

SOHO 是 Small Office Home Office 的缩写，意思是小型的家庭办公室。

LOFT，英语的意思是指工厂或仓库的楼层，现指没有内墙隔断的开敞式平面布置住宅。LOFT 发源于20世纪六七十年代美国纽约的建筑，现逐渐演化成为一种时尚的居住与生活方式。

LOFT 是同时支持商住两用的楼型，所以主要消费群体包括个性上的和功能上的。作为功能上的考虑，一些比较需要空间高度的，如电视台演播厅、公司产品展示厅等；作为个性上的考虑，许多年轻人以及艺术家都是 LOFT 的消费群体，甚至包括一些 IT

企业。

SHOPPING MALL，直译为"步行街购物广场"，是目前国际上最流行、经营效果最佳的零售百货模式。它具有四大特征：开放性的公共休闲广场，强烈吸引人气；开放性的对外交通设计，广纳周边人气；相对闭合的内部通道回路，充分利用有效人流；购物与休闲良性互动，形成惊人的商业效应。

会所，就是以所在物业业主为主要服务对象的综合性康体娱乐服务设施。会所具备的软硬件条件：康体设施包括泳池（最好是室内）、网球或羽毛球场、高尔夫练习馆、保龄球馆、健身房等娱乐健身场所；中西餐厅、酒吧、咖啡厅等餐饮与待客的社交场所；还可具有网吧、阅览室等其他服务设施。

会所的功能和建设档次可分为基础型和超级型。基础型的会所提供给业主最基本的健康生活需求，可让人免费使用。超级会所则适当对其中部分设施的使用收取一定的费用。会所原则上只对社区业主服务，不对外开放，保证了业主活动的私密性和安全性。作为休闲健身的场所，会所也给业主提供了良好的社交场所。

1.3.4 房屋建筑类型的相关名词

双拼住宅，即每单元层中有两户住宅，又称一梯两户。

三拼住宅，即每单元层中有三户住宅，又称一梯三户。

独栋别墅，就是独立别墅，简称独栋，即独立一栋存在的别墅。

双拼别墅，即两栋连在一起的别墅。

连栋别墅，即多栋连在一起的别墅。

联排别墅，英文为 Townhouse，其原始概念是"联排住宅，有天有地，独立的院子和车库"。它是第二次世界大战以后西方国家发展新城镇时出现的住宅形态，楼体高度不超过4层。其特点集中表现为：离城很近，方便上班及工作，环境优美，成为城市发展过程中住宅郊区化的一种代表形态。联排别墅包括了双联排别墅和多联排别墅。

叠拼别墅，即多栋连在一起，每栋楼中存在两个以上跃层式住宅的别墅。

板楼，是指由多个住宅单元组合而成，每单元均设有楼梯或楼梯、电梯皆有的住宅；每个单元用自己单独的楼梯、电梯。板楼又称排楼，是并排兴建而成的建筑体，一般为多层或小高层。

塔楼，主要是指以共用楼梯、电梯为核心布置多套住房的高层住宅。通俗地说，塔楼以电梯、楼梯为布局核心，上到楼层之后，向四面走可以直接进入户内。塔楼的基本形式：传统的塔楼形式有十字形、井字形和方形塔楼，改良后的塔楼形式为蝶形塔楼。板楼的售价明显高于塔楼，传统塔楼对采光通风活动空间采取了牺牲，对于没有明显板楼、塔楼偏好的消费者而言，蝶形塔楼帮助实现了成本与户型的平衡。

错层住宅，每套住宅的平面，其不同使用功能不在同一平面层上，形成多个不同标高平面的使用空间和变化的视觉效果。住宅室内环境错落有致，极富韵律感。错层住宅利用平面上的错落，使静与动、食与寝、会客与餐厅的功能分区，避免相互干扰，有利于形成

具有个性的室内环境。

跃层式住宅，是近年来推广的一种新颖住宅建筑形式。这类住宅的特点是，住宅占有上下两层楼面，卧室、起居室、客厅、卫生间、厨房及其他辅助用房可以分层布置，上、下层之间的交通不通过公共楼梯而采用户内独用小楼梯连接。跃层式住宅的优点是每户都有两层或两层合一的采光面，即使朝向不好，也可以通过增大采光面积弥补，通风较好，户内居住面积和辅助面积较大，布局紧凑，功能明确，相互干扰较小。不足之处是安全出口相对狭小。

复式住宅，是受跃层式住宅启发而创造设计的一种经济型住宅。这类住宅在建造上仍每户占有上下两层，实际是在层高较高的一层楼中增建一个 1.2m 的夹层，两层合计的层高要大大低于跃层式住宅（复式为 3.3m，而一般跃层为 5.6m），复式住宅的下层供起居用、炊事、进餐、洗浴等，上层供休息睡眠和储藏用，户内设多处入墙式壁柜和楼梯，中间楼板也即上层的地板。复式住宅在设计施工和使用上有一些不足：①复式住宅的面宽大，进深小，如采用内廊式平面组合必然导致一部分户型朝向不佳，自然采光较差；②层高过低，如厨房只有 2m 高度，长期使用易产生局促憋气的不适感，储藏间较大，但层高只有 1.2m，很难充分利用。

1.3.5 保障性住房

1. 保障性住房的相关概念

（1）**保障性住房**。它是指政府提供优惠政策，限定建设标准、供应对象、承租或销售价格，具有保障性质的政策性住房。经济适用住房、廉租住房、公共租赁住房、单位集资建房等属于保障性住房的范畴。

（2）**保障性住房土地储备**。它是指政府保障性住房土地储备机构为落实保障性住房建设计划，按照土地利用总体规划和城乡规划的要求，采取征收、收回、收购等方式，依法取得土地，进行前期开发、储存，以备供应用于建设保障性住房的行为。

（3）**保障性住房土地储备资金**，即储备土地的综合开发费用。它是指住房保障部门根据国家规定用于收回、收购、优先购买、征收保障性住房土地以及前期开发整理和保护管理等所需要的资金。

（4）**城市低收入家庭**。它是指家庭成员人均收入和家庭财产状况符合当地人民政府规定的低收入标准的城市居民家庭。家庭成员，是指具有法定赡养、抚养或扶养关系并共同生活的人员。

（5）**经济适用住房**，简称经济适用房。它是指政府提供政策优惠，限定套型面积和销售价格，按照合理标准建设，面向城市低收入住房困难家庭供应，具有保障性质的政策性住房。

经济适用住房制度是解决城市低收入家庭住房困难政策体系的组成部分。经济适用住房供应对象与廉租住房保障对象相衔接。

（6）**单位集资建房**，简称集资房。根据 2007 年《经济适用住房管理办法》规定，距离城区较远的独立工矿企业和住房困难户较多的企业，在符合土地利用总体规划、城市规划、住房建设规划的前提下，经市、县人民政府批准，可以利用单位自用土地进行集资合作建房。参加单位集资合作建房的对象，必须限定在本单位符合市、县人民政府规定的低收入住房困难家庭。单位集资建房是经济适用住房的组成部分，其建设标准、优惠政策、供应对象、产权关系等均按照经济适用住房有关规定严格执行。

集资房是改变住房建设由国家和单位统包的制度，实行政府、单位、单位职工个人三方面共同承担，通过筹集资金，建造的房屋。职工个人可按房价全额或部分出资、信贷、建材供应、税费等方面给予部分减免。集资所建住房的权属，按出资比例确定。个人按房价全额出资的，拥有全部产权，个人部分出资的，拥有部分产权。

（7）**廉租住房**，简称**廉租房**。它是指政府以租金补贴或实物配租的方式，向符合城镇居民最低生活保障标准且住房困难的家庭提供社会保障性质的住房。廉租房只租不售，向城市低收入困难家庭出租，只收取象征性的房租。廉租房的分配形式以租金补贴为主，实物配租和租金减免为辅。

（8）**公共租赁住房**。它是指政府提供政策优惠，限定套型面积和出租价格，按照合理标准筹集，主要面向低收入住房困难家庭出租的具有保障性质的住房。

（9）**单位租赁住房**。它是指企业、产业园区开发管理主体、高校、部队及其他单位利用自用土地建设或者以旧建筑改建，提供给本单位职工短期租住的职工宿舍，包括本市农村集体经济组织利用农村集体建设用地建设，主要定向提供给产业园区、产业集聚区内员工租住的市场化租赁宿舍。

（10）**限价房**。它是指通过多种形式筹集，限定套型和销售价格，实行定向销售，用于解决城镇中低收入家庭和特殊群体住房困难的政策性住房。限价房，又称限房价、限地价的两限商品房，是一种限价格、限套型（面积）的商品房，主要解决中低收入家庭的住房困难，是目前限制高房价的一种临时性举措，并不是经济适用房。限价商品房按照"以房价定地价"的思路，采用政府组织监管、市场化运作的模式。与一般商品房不同的是，限价房在土地挂牌出让时就已被限定房屋价格、建设标准和销售对象，政府对开发商的开发成本和合理利润进行测算后，设定土地出让的价格范围，从源头上对房价进行调控。限价房主要针对两部分人群：一是具备一定房产消费的人群；二是定向购买的拆迁户。

（11）**安居型商品房**。它是指政府提供政策优惠，限定套型面积、销售价格和转让年限，按照规定标准，主要采取市场化运作方式筹集、建设，面向符合条件的家庭、单身居民配售的具有保障性质的住房。

（12）**配套商品房**，简称**配套房**。它是指政府提供优惠政策，限定建设标准，供应城市重大工程、重点旧区改造等建设项目被拆迁居民的政策性商品住房。

（13）**中低价普通商品房**，简称**中低价房**。它是指政府提供优惠政策，限定建设标准，供应本市中低收入家庭的政策性商品住房。

（14）**棚户区**。它是指旧城区内国有土地上由破旧简易平房构成，混杂大量违章搭建，没有公共排水设施，居民生活环境恶劣的危旧房集中片区。

棚户区改造建设资金通过市场运作、多渠道筹集的方式解决，如棚户区腾空土地处置收益、政府提供资金、棚户较集中的企业出资补贴、收益居民个人出资、社会捐赠等。

（15）**旧住宅区**。它主要是指已经建成并交付使用的、配套设施不齐全、环境质量较差的住宅小区或住宅组团。

2. 经济适用房的相关问题解答

（1）房地产企业开发建设经济适用房有什么优惠政策？

根据2007年《经济适用住房管理办法》规定，房地产企业开发建设经济适用房可享以下优惠政策：

1）经济适用房建设用地以划拨方式供应。经济适用房建设用地应纳入当地年度土地供应计划，在申报年度用地指标时单独列出，确保优先供应。

2）经济适用房建设项目免收城市基础设施配套费等各种行政事业性收费和政府性基金。

3）经济适用房项目外基础设施建设费用，由政府负担。

4）经济适用房建设单位可以以在建项目作抵押向商业银行申请住房开发贷款。

（2）经济适用房建设面积有什么规定？

经济适用房单套建筑面积标准控制在 $60m^2$ 左右。住房供需矛盾突出的城市，可适当减小套型建筑面积，以增加供应套数。委托房地产开发企业建设的经济适用房项目，住房保障部门要明确套型面积等控制性要求，作为项目法人招标的前置条件。

（3）经济适用房的价格如何确定？

根据2007年《经济适用住房管理办法》规定，经济适用房的价格应当以保本微利为原则，其销售基准价格及浮动幅度，由有定价权的价格主管部门会同经济适用房主管部门，依据经济适用房价格管理的有关规定，在综合考虑建设、管理成本和利润的基础上确定并向社会公布。房地产开发企业实施的经济适用房项目利润率按不高于3%核定；市、县人民政府直接组织建设的经济适用房只能按成本价销售，不得有利润。

符合条件的家庭，可以持核准通知购买一套与核准面积相对应的经济适用房。购买面积原则上不得超过核准面积。购买面积在核准面积以内的，按核准的价格购买；超过核准面积的部分，不得享受政府优惠，由购房人按照同地段同类普通商品住房的价格补交差价。

（4）如何规范经济适用房的价格？

1）经济适用房销售应当实行明码标价。

2）销售价格不得高于基准价格及上浮幅度。

3）不得在标价之外收取任何未予标明的费用。

4）经济适用房价格确定后应当向社会公布。

5）价格主管部门应依法进行监督管理。

（5）城市低收入家庭购买经济适用房有哪些条件？

城市低收入家庭申请购买经济适用房应同时符合下列条件：

1）具有当地城镇户口。

2）家庭收入符合市、县人民政府划定的低收入家庭收入标准。

3）无房或现住房面积低于市、县人民政府规定的住房困难标准。

经济适用房资格申请采取街道办事处（镇人民政府），市（区）、县人民政府逐级审核并公示的方式认定。审核单位应当通过入户调查、邻里访问以及信函索证等方式对申请人的家庭收入和住房状况等情况进行核实。申请人及有关单位、组织或者个人应当予以配合，如实提供有关情况。

经审核公示通过的家庭，由市、县人民政府经济适用房主管部门发放准予购买经济适用房的核准通知，注明可以购买的面积标准，然后按照收入水平、住房困难程度和申请顺序等因素进行轮候。

（6）经济适用房办理房地产权属登记时，与普通商品房相比，有什么不同？

居民个人购买经济适用房后，应当按照规定办理权属登记。房屋、土地登记部门在办理权属登记时，应当分别注明经济适用房、划拨土地。

（7）哪类城市低收入家庭不能购买经济适用房？

1）已参加福利分房的家庭在退回所分房屋前不得购买经济适用房。

2）已购买经济适用房的家庭不得再购买经济适用房。

（8）经济适用房能否用于出租？

在取得完全产权前，经济适用房购房人只能用于自住，不得出售、出租、闲置、出借，也不得擅自改变住房用途。

（9）对已购公有住房、经济适用房上市出售应缴纳多少土地出让金？

根据规定，符合上市交易条件的已购公有住房、经济适用房上市交易，不再办理审批手续。已购公有住房、经济适用房上市交易后，新的购房者直接办理出让手续，按不低于所购买的已购公有住房或经济适用房坐落位置标定地价的10％缴纳土地出让金或相当于土地出让金的价款。

（10）经济适用房上市交易有哪些注意事项？

经济适用房上市交易需要注意以下事项：

1）经济适用房上市交易，必须符合有关政策规定并取得完全产权。住房保障部门应当对个人是否已缴纳相应土地收益等价款取得完全产权、成交价格是否符合正常交易、政府是否行使优先购买权等情况出具书面意见。房屋登记、租赁管理机构办理房屋权属登记、租赁备案登记时，要比对住房保障部门提供的有关信息。对已购经济适用房的家庭，不能提供住房保障部门出具的书面意见的，任何中介机构不得代理买卖、出租其经济适用房；房屋租赁备案管理机构应当暂停办理其经济适用房的租赁备案，房屋登记机构应当暂停办理该家庭购买其他房屋的权属登记，并及时通报住房保障部门。

2）购买经济适用房不满5年，不得直接上市交易，购房人因特殊原因确需转让经济适用房的，由政府按照原价格并考虑折旧和物价水平等因素进行回购。

3）购买经济适用房满5年，购房人上市转让经济适用房的，应按照届时同地段普通

商品房与经济适用房差价的一定比例向政府交纳土地收益等相关价款,具体交纳比例由市、县人民政府确定,政府可优先回购;购房人也可以按照政府所定的标准向政府交纳土地收益等相关价款后,取得完全产权。

3. 廉租房的相关问题解答

(1)廉租房实行什么样的保障方式?

廉租住房保障方式实行货币补贴和实物配租等相结合。货币补贴是指县级以上地方人民政府向申请廉租住房保障的城市低收入住房困难家庭发放租赁住房补贴,由其自行承租住房。实物配租是指县级以上地方人民政府向申请廉租住房保障的城市低收入住房困难家庭提供住房,并按照规定标准收取租金。

实施廉租住房保障,主要通过发放租赁补贴,增强城市低收入住房困难家庭承租住房的能力。廉租房紧缺的城市,应当通过新建和收购等方式,增加廉租房实物配租的房源。

(2)城市低收入家庭能否将廉租房转租?

城市低收入住房困难家庭不得将所承租的廉租房转借、转租或者改变用途。

4. 公共租赁住房的相关问题解答

(1)新建公共租赁住房项目建设有什么要求?

新建公共租赁住房主要满足基本居住需求,应符合安全卫生标准和节能环保要求,确保工程质量安全。以集体宿舍形式建设的公共租赁住房,应认真落实宿舍建筑设计规范的有关规定。

(2)成套建设的公共租赁住房面积有什么规定?

成套建设的公共租赁住房,单套建筑面积要严格控制在 $60m^2$ 以下。例如,深圳规定,新建公共租赁住房的单套建筑面积不超过 $50m^2$,户型包括单间、一室一厅和两室一厅。

(3)公共租赁住房的租金如何确定?

公共租赁住房租金水平,由市、县人民政府统筹考虑住房市场租金水平和供应对象的支付能力等因素合理确定,并按年度实行动态调整。符合廉租住房保障条件的家庭承租公共租赁住房的,可以申请廉租房租赁补贴。

公共租赁住房租金标准以保本微利为原则,按同区域同类住房市场指导租金标准的一定比例下浮,由市住房保障管理部门适时调整,报市房屋委员会批准后公布执行。

(4)公共租赁住房承租人能否将公共租赁住房转租?

公共租赁住房只能用于承租人自住,不得出借、转租或闲置,也不得用于从事其他经营活动。承租人违反规定使用公共租赁住房的,应当责令退出。承租人购买、受赠、继承或者租赁其他住房的,应当退出。对承租人拖欠租金和其他费用的,可以通报其所在单位,从其工资收入中直接划扣。

1.3.6 国有土地房屋征收与拆迁

1. 国有土地房屋征收与拆迁的相关概念

(1)**房屋征收**。它是指在城市化和工业化的过程中,为了公共利益的需要,国家把国有土地上的房屋征收为国家所有的行为。

（2）**拆迁**。它是指经城市规划、土地管理机关批准，将原土地合法使用者及房屋合法使用者迁到其他地方安置，并拆除清理原有建筑或其他妨碍项目实施的地上物，为新的建设项目施工创造条件的行为。拆迁可简单理解为人的搬迁和建筑物的拆除。

根据国土资源部第 11 号令，房地产开发经营性用地均由土地储备中心以招标、拍卖、挂牌等方式出让，出让的地块均为熟地，不需要土地受让方进行征地拆迁。若因特殊原因，必须进行征地拆迁的，该工作原则上是在国土资源局取得建设拆迁临时用地许可证或土地使用权证即可提出申请。实际操作中只要与土地出让方达成协议，即可进行拆迁。征地、拆迁都是项目开工前的重要工作。征地、拆迁工作的完成是申请项目开工的必备条件之一。

（3）**拆迁人**。它是指依法取得拆迁资格证书，自行或接受拆迁人委托对被拆迁人进行拆迁动员，组织签订和实施补偿、安置协议，组织拆除房屋及其附属物的单位。

（4）**被拆迁人**。它是指被拆迁房屋的所有人。

（5）**强制拆迁**。它是指被拆迁人或者房屋承租人在裁决规定的搬迁期限内未搬迁的，由市人民政府责成有关部门实施强制拆迁，或者由房屋拆迁主管部门依法申请人民法院强制拆迁。实施强制拆迁之前，拆迁人应当就被拆除房屋的有关事项，向公证机关办理证据保全。

（6）**房屋拆迁补偿**。它是指拆迁人对被拆除房屋的所有人，依照《城市房屋拆迁管理条例》的规定给予的补偿。拆迁补偿的方式，可以实行货币补偿，也可以实行房屋产权调换（即回迁或搬迁）。

（7）**拆迁房屋承租人**。它是指与被拆迁人具有租赁关系的单位或个人。

（8）**拆迁许可证**。它是拆迁人在实施前，由行政机关根据其提交的文件资料批准的一种附有明确期限的行政强制许可行为。没有获得该许可，拆迁人不得进行拆迁程序。

（9）**拆迁纠纷裁决**。它是指拆迁人与被拆迁人或者拆迁人、被拆迁人与房屋承租人在拆迁公告规定的搬迁期限内达不成拆迁补偿安置协议的，经当事人申请，由房屋拆迁主管部门裁决。房屋拆迁主管部门是被拆迁人的，由同级人民政府裁决。裁决应当自受理申请之日起 30 日内作出。

（10）**产权调换**。它是指拆迁人提供价值相当的房源对被拆迁人进行异地或同地安置，被拆迁人有权要求拆迁人提供不小于被拆迁房屋建筑面积的安置用房。实行产权调换的，拆迁人与被拆迁人应当结算被拆迁房屋和安置用房的差价。

2. 国有土地房屋征收的相关问题解答

（1）国有土地上房屋征收与补偿的主体是谁，由谁负责具体的工作？

根据 2011 年国务院《国有土地上房屋征收与补偿条例》规定，市、县级人民政府确定的房屋征收部门组织实施本行政区域的房屋征收与补偿工作。市、县级人民政府有关部门应当依照该条例的规定和本级人民政府规定的职责分工，互相配合，保障房屋征收与补偿工作的顺利进行。另外，房屋征收部门也可以委托房屋征收实施单位，承担房屋征收与

补偿的具体工作。但房屋征收实施单位不得以营利为目的。

房屋征收部门对房屋征收实施单位在委托范围内实施的房屋征收与补偿行为负责监督，并对其行为后果承担法律责任。

由此可以看出，国有土地上房屋征收与补偿的主体是市、县人民政府确定的房屋征收部门，而具体的征收补偿工作既可以由房屋征收部门承担，也可以委托房屋征收实施单位承担。

（2）哪些情形下，市、县级人民政府可以作出国有土地上房屋征收的决定？

根据规定，为了保障国家安全、促进国民经济和社会发展等公共利益的需要，有下列情形之一，确需征收房屋的，由市、县级人民政府作出房屋征收决定：

1）国防和外交的需要。

2）由政府组织实施的能源、交通、水利等基础设施建设的需要。

3）由政府组织实施的科技、教育、文化、卫生、体育、环境和资源保护、防灾减灾、文物保护、社会福利、市政公用等公共事业的需要。

4）由政府组织实施的保障性安居工程建设的需要。

5）由政府依照《城乡规划法》有关规定组织实施的对危房集中、基础设施落后等地段进行旧城区改建的需要。

6）法律、行政法规规定的其他公共利益的需要。

（3）被征收人可以采取哪些合法行动表达其对房屋征收决定的不服？

根据规定被征收人对市、县级人民政府作出的房屋征收决定不服的，可以依法申请行政复议，也可以依法提起行政诉讼。

（4）被征收房屋价值的含义是什么？

被征收房屋价值，是指被征收房屋及其占用范围内的土地使用权在正常交易情况下，由熟悉情况的交易双方以公平交易方式在评估时点自愿进行交易的金额，但不考虑被征收房屋租赁、抵押、查封等因素的影响。

含义中讲的不考虑租赁因素的影响，是指评估被征收房屋无租约限制的价值；不考虑抵押、查封因素的影响，是指评估价值中不扣除被征收房屋已抵押担保的债权数额、拖欠的建设工程价款和其他法定优先受偿款。

（5）国有土地上被征房屋价值评估考虑的范围有哪些？

根据规定，国有土地上被征收房屋价值评估应当考虑被征收房屋的区位、用途、建筑结构、新旧程度、建筑面积以及占地面积、土地使用权等影响被征收房屋价值的因素。

被征收房屋室内装饰装修价值，机器设备、物资等搬迁费用，以及停产停业损失等补偿，由征收当事人协商确定；协商不成的，可以委托房地产价格评估机构通过评估确定。

（6）房地产价格评估机构由谁选定和委托？

房地产价格评估机构由被征收人在规定时间内协商选定；在规定时间内协商不成的，由房屋征收部门通过组织被征收人按照少数服从多数的原则投票决定，或者采取摇号、抽签等随机方式确定。具体办法由省、自治区、直辖市制定。

房地产价格评估机构不得采取迎合征收当事人不当要求、虚假宣传、恶意低收费等不正当手段承揽房屋征收评估业务。

房地产价格评估机构选定或者确定后，一般由房屋征收部门作为委托人，向房地产价格评估机构出具"房屋征收评估委托书"，并与其签订房屋征收评估委托合同。

（7）房屋征收价值评估的评估时点是什么时候？

根据2011年《国有土地上房屋征收评估办法》规定，被征收房屋价值评估时点为房屋征收决定公告之日。用于产权调换房屋价值评估时点应当与被征收房屋价值评估时点一致。

（8）房屋登记内容不一致时应如何确定？

根据2011年国务院《国有土地上房屋征收与补偿条例》规定，在对国有土地上房屋征收补偿时，对于已经登记的房屋，其性质、用途和建筑面积，一般以房屋权属证书和房屋登记簿的记载为准；房屋权属证书与房屋登记簿的记载不一致的，除有证据证明房屋登记簿确有错误外，以房屋登记簿为准。对于未经登记的建筑，应当按照市、县级人民政府的认定、处理结果进行评估。

（9）被征收人或房屋征收部门对房屋评估结果有异议该怎么办？

1）被征收人或者房屋征收部门对评估结果有异议的，应当自收到评估报告之日起10日内，向房地产价格评估机构申请复核评估。申请复核评估的，应当向原房地产价格评估机构提出书面复核评估申请，并指出评估报告存在的问题。

2）原房地产价格评估机构应当自收到书面复核评估申请之日起10日内对评估结果进行复核。复核后，改变原评估结果的，应当重新出具评估报告；评估结果没有改变的，应当书面告知复核评估申请人。

3）被征收人或者房屋征收部门对原房地产价格评估机构的复核结果有异议的，应当自收到复核结果之日起10日内，向被征收房屋所在地评估专家委员会申请鉴定。房地产价格评估机构应当按照评估专家委员会要求，就鉴定涉及的评估相关事宜进行说明。需要对被征收房屋进行实地查勘和调查的，有关单位和个人应当协助。

（10）作出国有土地上房屋征收决定的市、县人民政府应当给予被征收人哪些补偿？

根据规定，作出房屋征收决定的市、县级人民政府对被征收人给予的补偿包括：

1）被征收房屋价值的补偿。

2）因征收房屋造成的搬迁、临时安置的补偿。

3）因征收房屋造成的停产停业损失的补偿。

因征收房屋造成搬迁的，房屋征收部门应当向被征收人支付搬迁费；选择房屋产权调换的，产权调换房屋交付前，房屋征收部门应当向被征收人支付临时安置费或者提供周转用房。对因征收房屋造成停产停业损失的补偿，根据房屋被征收前的效益、停产停业期限等因素确定。具体办法由省、自治区、直辖市制定。

（11）常用的国有土地上房屋征收补偿方式有哪些？

根据规定，国有土地上房屋征收补偿方式包括货币补偿和房屋产权调换两种方式。被

收人选择房屋产权调换的，市、县级人民政府应当提供用于产权调换的房屋，并与被征收人计算、结清被征收房屋价值与用于产权调换房屋价值的差价。

因旧城区改建征收个人住宅，被征收人选择在改建地段进行房屋产权调换的，作出房屋征收决定的市、县级人民政府应当提供改建地段或者就近地段的房屋。

（12）房屋征收补偿方案征求公众意见的期限是多长？

根据规定，房屋征收部门拟定征收补偿方案，报市、县级人民政府。市、县级人民政府应当组织有关部门对征收补偿方案进行论证并予以公布，征求公众意见。征求意见期限不得少于 30 日。

（13）如何确保房屋征收部门与被征收人的权利与义务？

根据规定，房屋征收部门与被征收人就补偿方式、补偿金额和支付期限、用于产权调换房屋的地点和面积、搬迁费、临时安置费或者周转用房、停产停业损失、搬迁期限、过渡方式和过渡期限等事项，订立补偿协议。补偿协议订立后，一方当事人不履行补偿协议约定的义务的，另一方当事人可以依法提起诉讼。

（14）被征收人对房屋征收补偿决定不服的可以采取哪些行动？

根据 2011 年国务院《国有土地上房屋征收与补偿条例》规定，房屋征收部门与被征收人在征收补偿方案确定的签约期限内达不成补偿协议，或者被征收房屋所有权人不明确的，由房屋征收部门报请作出房屋征收决定的市、县级人民政府依照本条例的规定，按照征收补偿方案作出补偿决定，并在房屋征收范围内予以公告。被征收人对补偿决定不服的，可以依法申请行政复议，也可以依法提起行政诉讼。

（15）房屋征收补偿费用应当什么时候足额到位？

市、县级人民政府作出房屋征收决定前，应当按照有关规定进行社会稳定风险评估；房屋征收决定涉及被征收人数量较多的，应当经政府常务会议讨论决定。作出房屋征收决定前，征收补偿费用应当足额到位、专户存储、专款专用。

（16）非法挪用、贪污房屋征收补偿费用的相关单位和个人将受到什么处罚？

根据 2011 年国务院《国有土地上房屋征收与补偿条例》规定，贪污、挪用、私分、截留、拖欠征收补偿费用的，责令改正，追回有关款项，限期退还违法所得，对有关责任单位通报批评、给予警告；造成损失的，依法承担赔偿责任；对直接负责的主管人员和其他直接责任人员，构成犯罪的，依法追究刑事责任；尚不构成犯罪的，依法给予处分。

3. 国有土地房屋拆迁的相关问题解答

（1）房地产开发项目拆迁安置阶段的相关税费有哪些？

房地产开发项目拆迁安置阶段的相关税费包括：房屋拆迁补偿费、搬家补助费、提前搬家奖励费、临时安置补助费（周转费）、清理费、停产停业综合补助费、对从城区位置较好的地区迁往位置较差的地区或远郊区县的居民的补助费、一次性异地安置补助费、房屋拆迁管理费、房屋拆迁服务费。

（2）在房屋征收过程中，可要求被征收人先搬迁后补偿吗？

不可以。2011 年国务院《国有土地上房屋征收与补偿条例》明确规定，实施房屋征收应当先补偿、后搬迁。

作出房屋征收决定的市、县级人民政府对被征收人给予补偿后，被征收人应当在补偿协议约定或者补偿决定确定的搬迁期限内完成搬迁。

任何单位和个人不得采取暴力、威胁或者违反规定中断供水、供热、供气、供电和道路通行等非法方式迫使被征收人搬迁。禁止建设单位参与搬迁活动。

（3）采取暴力、威胁等非法方式迫使被征人搬迁的将产生什么法律后果？

根据 2011 年国务院《国有土地上房屋征收与补偿条例》规定，采取暴力、威胁或者违反规定中断供水、供热、供气、供电和道路通行等非法方式迫使被征收人搬迁，造成损失的，依法承担赔偿责任；对直接负责的主管人员和其他直接责任人员，构成犯罪的，依法追究刑事责任；尚不构成犯罪的，依法给予处分；构成违反治安管理行为的，依法给予治安管理处罚。

（4）拆迁单位或个人违法强制拆迁的行为应受到什么处罚？

根据 2011 年国务院办公厅《关于进一步严格征地拆迁管理工作切实维护群众合法权益的紧急通知》规定，对采取停水、停电、阻断交通等野蛮手段逼迫搬迁，以及采取"株连式拆迁"和"突击拆迁"等方式违法强制拆迁的，要严格追究有关责任单位和责任人的责任。因暴力拆迁和征地造成人员伤亡或严重财产损失的，公安机关要加大办案力度，尽快查清事实，依法严厉惩处犯罪分子。对因工作不力引发征地拆迁恶性事件、大规模群体性上访事件，以及存在官商勾结、权钱交易的，要追究有关领导和直接责任人的责任，构成犯罪的，要依法严厉追究刑事责任。对随意动用公安民警参与强制征地拆迁造成严重后果的，要严肃追究有关党政领导的责任。

（5）在什么情况下，市、县人民政府可以向人民法院申请强制执行被征收人搬迁？

根据 2011 年国务院《国有土地上房屋征收与补偿条例》规定，被征收人对房屋征收补偿决定不服，但在法定期限内不申请行政复议或者不提起行政诉讼的，在补偿决定规定的期限内又不搬迁的，由作出房屋征收决定的市、县级人民政府依法申请人民法院强制执行。市、县级人民政府提交的强制执行申请书应当附具补偿金额和专户存储账号、产权调换房屋和周转用房的地点和面积等材料。

1.4　产权及登记基础知识

1.4.1　房地产产权及登记

1. 房地产产权及登记的相关概念

（1）**房地产产权**。它是指产权人对房屋的所有权（房屋产权）和对该房屋所占用土地的使用权，具体内容是指产权人在法律规定的范围内对其房地产的占有、使用、收益和处分的权利。简单地说，就是拥有使用该房屋，或出租该房屋获取租金收入，或出售该房屋获取增值，或将该房屋抵押给银行及其他组织或个人进行融资或贷款等权利。房屋作为

不动产，与土地是不可分割的一个整体，房屋在发生转让等产权变更时，必然是房地一体进行的，不可能将房屋与土地分割开来处分。

（2）**房地产产权登记即房地产登记。**它是国家为健全法制，加强城镇房地产管理，依法确认房地产产权的法定手续。城市房地产权属都必须向房地产所在地的房地产管理机关申请登记。经审查确认产权后，由房地产管理机关发给房地产产权证。

房地产登记时要对权利人、权利性质、权属来源、取得时间、产权变化情况和房地产面积、结构、用途、价值、等级、坐落、坐标、形状等进行记载。

房地产权登记有三个方面的作用：①产权确认，即确认房地产的权属状态；②保障权利人的合法权益；③加强房地产管理，即通过房地产权登记对房地产交易状况进行管理和监督。

2. 房地产产权登记的相关问题解答

（1）房地产产权登记有何法律效力？

依法登记的房地产权利受法律保护。房地产权利经登记后，产权即得到法律上的承认。产权人可以依法对其房地产行使占有、使用、处分和收益权利，任何其他人无权干涉或妨碍，否则产权人可依法请求法律上的保护。

（2）什么是房地产权属档案？

房地产权属档案，是指房地产行政主管部门在房地产权属登记、调查、测绘、权属转移、变更等房地产权属管理工作中直接形成的有价值的文字、图表、声像等。

房地产权属档案管理，是指房地产行政主管部门对归档的房地产权属文件材料进行登记、整理、分类编目、划分密级、编制检索工具等的管理。

（3）房地产登记费是如何收取的？

按各省《房地产登记条例》规定，一般情况下，申请房地产登记，权利人应按下列规定交纳登记费：

1）初始登记的，按登记价值1‰交纳。但登记价值超过3 000万元的，超过部分按万分之五交纳。

2）转移登记的，按登记零售价值的1‰交纳。但登记价值超过1 000万元的，超过部分按万分之五交纳。

3）抵押登记的，按抵押价值万分之一交纳，但每项最低为100元。

4）变更登记及其他登记的，每次交纳20元。

（4）有哪些情形的房地产不予或暂缓登记？

有下列情形之一的，登记机关可作出暂缓登记的决定：①产权纠纷尚未解决的；②涉及违法用地、违章建筑事项，未经处理或正在处理之中的；③受理申请后发现申请文件需要修正或补正的；④房地产权利受到司法机关或市政府没收、查封等限制的；⑤法律、法规、市政府规章规定应暂缓登记的其他事由。

（5）如何办理房地产交换，需缴纳哪些费用？

房地产交换，是指当事人将各自拥有的房地产相互转移给对方的法律行为。

产权置换，是指居民之间以自身原有产权房进行置换的一种业务，一般是在中介的撮合下进行的，并可由中介代办置换手续。

当事人双方签订换房协议公证书（福利房需原产权单位和房改审批部门的同意），并提交房地产转移登记申请书、身份证明、原产权证书；对商品房交换的房屋有差价的，应当就差价部分按三级市场转让交纳税费。

（6）什么叫房地产赠与，如何办理过户手续？

房地产赠与，是指当事人一方将自己拥有的房地产无偿地转让给他人的法律行为。

按规定，赠与应在房地产所在地公证处办理赠与合同公证，并提交经公证的亲属关系证明书、房地产转移登记申请书、身份证明及原产权证书办理过户手续。境外当事人提交的证明材料按规定需经司法部认可的律师认证或我国驻当地大使馆（领使馆）公证。

（7）如何办理继承的房地产登记，需缴纳哪些费用？

办理继承的房地产登记需提交下列资料：①房地产转移登记申请书；②房地产所在地公证处出具的继承权公证书；③身份证明；④房地产证或其他产权证书。

需交纳的税费有印花税（税率为0.05%，双方交），另每证另贴5元，登记费（个人50元，单位80元）。

（8）什么是房地产典当？

房地产典当，是房地产权利特有的一种流通方式，是指房地产权利人（出典人）在一定期限内，将其所有的房地产，以一定典价将权利过渡给他人（承典人）的行为。房地产设典的权利为房屋所有权。

设典时，承典人可以占有、使用房屋；也可以行为上不占有、使用该房屋，但有权将出典的房屋出租或将房屋典权转让。设典时，一般应明确典期，出典人应在典期届满时交还典价和相应利息（从约定）而赎回出典的房屋，也可以双方约定，由承典人补足典房的差额而实际取得房屋的所有权。

（9）什么是房地产抵押？

房地产抵押，是指债务人或第三人（抵押人）以其合法拥有的房地产作为担保物向债权人（抵押权人）提供债务履行担保的行为。房地产按揭属于房地产抵押的一种形式，一般特指用所购房屋作为担保贷款购房的行为。

（10）地下室、停车场及车位可否销售、抵押？

地下室、地下停车场如果属于分摊的公共面积，其产权应属建筑物内参与分摊该公共面积的所有业主共同拥有，由房屋物业管理部门统一管理，不允许销售、抵押。

在建筑报建和预售审批时已批准可以单独销售的地下室、停车场及车位可以销售、抵押。

（11）什么叫抵押备案登记？

抵押备案登记，是指根据我国《民法通则》和《合同法》的有关规则，业主向银行贷款购房，必须提供一定的财产作为担保债务履行的抵押物，业主不履行还贷义务的，银行依照法律的规定有权以抵押物折价抵偿或者以变卖抵押物价款优先得到偿还。业主称为

抵押人，银行称为抵押权人，预购的商品房作为抵押物。要证明银行与业主之间的债权债务关系及抵押关系就必须到国土房管局办理抵押备案登记的手续，并领取他项权利证。该他项权利证是登记业主与银行抵押关系的证明，在按揭期间该证由银行保管。业主在此期间不享有该抵押物的处分权。

（12）什么是涂销抵押备案登记？

涂销抵押备案登记，是指业主把贷款的本息还清给银行后由银行出具还清贷款的证明，业主须到国土房管局办理涂销抵押备案登记的手续，届时他项权利证亦被涂销，银行所享有的抵押权就灭失了。业主必须办理涂销抵押备案登记后才享有完全的所有权。涂销抵押备案登记的手续由业主或委托律师事务所代办，并交取涂销抵押备案费每宗约200元。

1.4.2 土地登记

1. 土地登记的相关概念

（1）**土地登记**。它是指将国有土地使用权、集体土地所有权、集体土地使用权和土地抵押权、地役权以及依照法律、法规规定需要登记的其他土地权利记载于土地登记簿公示的行为。

（2）**国有土地使用权**。它包括国有建设用地使用权和国有农用地使用权。

（3）**集体土地使用权**。它包括集体建设用地使用权、宅基地使用权和集体农用地使用权（不含土地承包经营权）。

申请人应当依照《土地登记办法》向土地所在地的县级以上人民政府国土资源行政主管部门提出土地登记申请，依法报县级以上人民政府登记造册，核发土地权利证书。但土地抵押权、地役权由县级以上人民政府国土资源行政主管部门登记，核发土地他项权利证明书。

（4）**地籍调查**。它是依照法律程序和技术规程，对申请登记的宗地现场核实其权属、位置、界线、数量、用途等基本情况的行政行为。地籍调查是土地登记前必须进行的一项调查工作。

（5）**土地证**。土地证是政府颁发的载明所有者或使用者的姓名、土地的方位、地级、面积、四至、用途、使用日期和权源等，以备查考的证书。经过登记和持有土地证的土地所有权或使用权受国家法律保护，变更土地所有权和使用权以及用途发生变化的，均应重新向土地管理机关申请，办理变更手续，经过批准，更新证书。

2. 土地登记的相关问题解答

（1）土地登记簿记载了什么内容？

土地登记簿是土地权利归属和内容的根据。

土地登记簿应当载明下列内容：

1）土地权利人的姓名或者名称、地址。

2）土地的权属性质、使用权类型、取得时间和使用期限、权利以及内容变化情况。

3）土地的坐落、界址、面积、宗地号、用途和取得价格。

4）地上附着物情况。

土地登记簿应当加盖人民政府印章。

（2）土地权利证书有哪些类型?

土地权利证书是土地权利人享有土地权利的证明。

土地权利证书包括以下内容:

1）国有土地使用证。

2）集体土地所有证。

3）集体土地使用证。

4）土地他项权利证明书。

国有建设用地使用权和国有农用地使用权在国有土地使用证上载明；集体建设用地使用权、宅基地使用权和集体农用地使用权在集体土地使用证上载明；土地抵押权和地役权可以在土地他项权利证明书上载明。

（3）土地登记的分类有哪些?

土地总登记，是指在一定时间内对辖区内全部土地或者特定区域内土地进行的全面登记。

初始登记，是指土地总登记之外对设立的土地权利进行的登记。

变更登记，是指因土地权利人发生改变，或者因土地权利人姓名或者名称、地址和土地用途等内容发生变更而进行的登记。

注销登记，是指因土地权利的消灭等而进行的登记。

其他登记，包括更正登记、异议登记、预告登记和查封登记。

（4）土地登记中，土地的使用年期是怎样确定的?

1988 年 1 月 3 日之前政府无偿划拨用地仍按原规定执行：①住宅 50 年；②教育、科技、医疗卫生、市政、公共建筑、交通、特殊用地 50 年；③工业、仓储 30 年；④商业、金融业用地 20 年；⑤种植、畜牧、养殖业用地 20 年。

1988 年 1 月 3 日之后，凡通过有偿方式与国土局签订了《土地使用权出让合同书》的土地，其土地使用最高年期按国家规定执行：①居住用地 70 年；②工业用地 50 年；③教育、科技、文化、卫生、体育用地 50 年；④商业、旅游、娱乐用地 40 年；⑤综合或者其他用地 50 年。

（5）什么情况下，主管部门可不予登记?

有下列情形之一的，主管部门不予登记:

1）土地权属有争议的。

2）土地违法违规行为尚未处理或者正在处理的。

3）未依法足额缴纳土地有偿使用费和其他税费的。

4）申请登记的土地权利超过规定期限的。

5）其他依法不予登记的。

（6）哪些情形下土地交易中心不予办理产权手续？

根据《土地交易市场管理规定》的规定，凡有下列情形之一的，土地交易中心将不予办理产权手续：①违反该规定，须公开交易的土地使用权不实行公开交易的；②须公开交易的土地使用权不按该规定的规范要求和方式进行公开交易的；③投标人或竞买人互相串通压价的；④法律、法规规定属于交易无效的其他情形。属于前款第①、②项情形的，由监察部门依法对有关单位负责人和责任人给予行政处分。构成犯罪的，由司法机关依法追究刑事责任。

（7）哪些情况应申请土地初始登记？

以下情形应当申请土地初始登记：①通过行政划拨或出让手续取得土地的，应在完成用地手续后 30 日内申请土地使用权初始登记；②在取得土地使用权的土地上建造房地产和建筑物、附着物的，自取得建筑物、附着物竣工证明之日起 60 日内应申请房地产初始登记。已办理初始登记的房地产增加面积的，增加部分应在竣工后 60 日申请初始登记。

1.4.3 房屋产权及登记

1. 房屋产权及登记的相关概念

（1）**房屋的所有权**。它是指房屋的占有权、管理权、享用权、排他权、处置权（包括出售、出租、抵押、赠与、继承）的总和。拥有了房屋的所有权就等于拥有了在法律允许范围内的一切权利。

（2）**房屋占有权**。它是指房屋所有人对房屋实际控制的权利。它可以与所有权分离，故非所有权人也可能享有房屋占有权。

（3）**房屋的使用权**。它是指对房屋拥有的享用权。房屋租赁活动成交的是房屋的使用权。房屋的使用权不能出售、抵押、赠与、继承等，它包含在房屋的所有权之中。

（4）**房屋的收益权**。它是指房主收取房屋财产所产生的各种收益。例如，出租房屋，房主从房客处收取租金。

（5）**房屋处分权**。它是指房屋所有权人在法律许可范围内对其房屋拥有的处置权利。房屋的处分权是所有权中一项最基本的权能。房屋的处分权由房主行使。有时房屋处分权也会受到一定的限制，如房主作为债务人以住房作抵押向债权人借债，若到期不能清偿债务，债权人可以处分房屋并优先受偿。处分有事实处分和法律处分两种情况。

（6）**房屋的他项权利**。它是指由房屋的所有权衍生出来的典权、租赁权、抵押权、继承权等权利。

（7）**典权**。它是指房屋所有权拥有者有将其房屋典当给他人以获得利益的权利。**房屋典当**，是指承典人用价款从房屋所有人手中取得使用房屋的权利的行为。

承典人与出典人（房屋所有人）要订典契，约定回赎期限（即存续期），一般期限是 3～10 年。到期由出典人还清典价，赎回房屋。

典价无利息，房屋无租金。典契中一般规定，到期不赎的，由承典人改典为买，也可经双方协商，续期再典。承典人除占有房屋供自己使用外，在典权存续期内，还可以将房屋转典，或出租给他人，并且可以典权作为抵押权的标的物。

（8）**租赁权**。它是指房屋所有权人有将其房屋租赁给他人的权利。**房屋租赁**，是指房屋的所有人作为出租人将其房屋出租给承租人使用，由承租人支付租金的行为。承租人取得房屋使用权后，未经出租人同意不得随便处置所承租的房屋，除非租赁合同另有规定，否则就是违法行为。

（9）**抵押权**。它是指房屋所有权人有将其房屋抵押给他人的权利。**房屋抵押**，是指抵押人以其合法的房屋以不转移占有的方式提供债务履行担保的行为。债务人不履行债务时，抵押权人有权依法以抵押的房屋拍卖所得的价款优先受偿。

（10）**房屋继承权**。它是指被继承人死亡后，继承人可以依法继承被继承人的合法房产并归为其所有的权利。

（11）**房屋登记**。它是指房屋登记机构依法将房屋权利和其他应当记载的事项在房屋登记簿上予以记载的行为。在 2008 年《房屋登记办法》出台以前"房屋登记"被称为"房屋权属登记"。

（12）**房屋登记簿**（简称"登记簿"）。它是房屋权利归属和内容的根据，是房屋登记机构制作和管理的，用于记载房屋基本状况、房屋权利状况以及其他依法应当登记事项的特定簿册。

（13）**房屋权属证书**。它是权利人享有房屋权利的证明，包括房屋所有权证、房屋他项权证等。申请登记房屋为共有房屋的，房屋登记机构应当在房屋所有权证上注明"共有"字样。预告登记、在建工程抵押权登记以及法律、法规规定的其他事项在房屋登记簿上予以记载后，由房屋登记机构发放登记证明。

（14）**所有权证**。它是指由县级以上房产管理部门向房屋所有人核发的对房屋拥有合法所有权的证书。

（15）**共有权证**。它是指由县级以上房产管理部门对共有的房屋向共有权人核发，每个共有权人各持一份的权利证书。

（16）**他项权利**。它是指在他项权利登记后，由房管部门核发、由抵押权人持有的权利证书。

（17）**宅基地证**。它是指农村村民在集体土地上因建房需要，向集体组织申请建房用地，经集体报送县（市）人民政府批准后，向县（市）土地行政主管部门申请办理集体土地使用权登记并由县（市）人民政府颁发的集体土地使用证。宅基地证是当前农村村民合法拥有房屋和用地的权利凭证，可以在集体内部成员之间转让，但不得向非集体组织成员转让。

（18）**房地产权证**。它是指"房屋所有权证"和"土地使用权证"的合二为一，是房地产权的法律凭证。房屋产权证书包括产权类别、产权比例、房产坐落地址、产权来源、房屋结构、间数、建筑面积、使用面积、共有数纪要、他项权利纪要和附记，并配有房地产测量部门的分户房屋平面图。

（19）**房屋产权证件**。它是指能直接或间接证明房屋所有权归属的一切文件（狭义的房屋产权证件仅指房屋所有权证，即契证）。能证明房屋所有权的文件有建筑许可证、契约（合同）和契证。

（20）**房屋权利人**。它是指依法享有房屋所有权和该房屋占用范围内的土地使用权、房地产他项权利的法人、其他组织和自然人。

（21）**房屋权利申请人**。它是指已获得了房屋并提出房屋登记申请，但尚未取得房屋所有权证书的法人、其他组织和自然人。

（22）**总登记**。它是指县级以上人民政府根据需要，在一定期限内对本行政区域内的房屋进行统一的权属登记。

（23）**初始登记**。它是指新建房屋（竣工）或集体土地上的房屋转为国有土地上的房屋所进行的房屋所有权登记。

（24）**转移登记**。它是指因房屋买卖、交换、赠与、继承、划拨、转让、分割、合并、裁决等原因致使其权属发生转移后所进行的房屋所有权登记。

（25）**变更登记**。它是指权利人名称变更和房屋现状发生下列情形之一所进行的房屋所有权登记：①房屋坐落的街道、门牌号或者房屋名称发生变更的；②房屋面积增加或者减少的；③房屋翻建的；④法律、法规规定的其他情形。

（26）**他项权利登记**。它是指设定房屋抵押权、典权等他项权利所进行的房屋所有权登记。

（27）**注销登记**。它是指因房屋灭失、土地使用年限届满、他项权利终止等进行的房屋权属登记。

2. 房屋产权及登记的相关问题解答

（1）新开发的房屋，建筑区内的公共场所的房屋是否也要申请登记？

房地产开发企业申请房屋所有权初始登记时，应当对建筑区划内依法属于全体业主共有的公共场所、公用设施和物业服务用房等房屋一并申请登记，由房屋登记机构在房屋登记簿上予以记载，不颁发房屋权属证书。

（2）什么情况下，当事人可以申请预告登记？

有下列情形之一的，当事人可以申请预告登记：

1）预购商品房。

2）以预购商品房设定抵押。

3）房屋所有权转让、抵押。

4）法律、法规规定的其他情形。

（3）为什么要办理商品房预售、预购登记手续？

办理商品房预售、预购登记手续，可以通过房地产管理部门对房屋买卖交易的合法性和唯一性进行确认，有效保证买卖双方的合法权益。对买方来说，预购的商品房是一种期得利益，通过办理预售、预购登记手续，可以减少因不了解政策或其他情况而造成投资风险；对卖方来说也可以减少因不必要的纠纷造成的损失。

（4）办理预告登记后，权利人的权益被如何保护？

预告登记后，未经预告登记的权利人书面同意，处分该房屋申请登记的，房屋登记机构应当不予办理。预告登记后，债权消灭或者自能够进行相应的房屋登记之日起三个月内，当事人申请房屋登记的，房屋登记机构应当按照预告登记事项办理相应的登记。

（5）如何办理房屋产权过户登记手续？

根据规定：预售商品房的购买人应当自商品房交付使用之日起 90 日内，办理土地使用权变更和房屋所有权登记手续；现售商品房的购买人应当自销售合同签订之日起 90 日内，办理土地使用权变更和房屋所有权登记手续。房地产开发企业应当协助商品房购买人办理土地使用权变更和房屋所有权登记手续，并提供必要的证明文件。

房屋买卖的所有权过户和转移登记，一般在购房者购房后，由买卖双方或售房单位代理到住房所在地房产和土地管理部门办理过户与产权转移登记手续。

房屋产权证是对进行了房屋产权登记后所发证件的统称。根据登记的产权情况又可分为房屋所有权证、房屋共有权证和房屋他项权证三种。

房屋所有权证发给拥有房屋所有权人。房屋共有权证发给房屋共有人。房屋他项权证发给与房屋所有权有关的其他财产权人，如典权人、抵押权人等。

（6）一手商品房如何办理产权？

每套商品房产权证的办理必须在开发商取得该套房屋所在整幢楼的大房屋产权证后才能进行分割。买卖双方必须持房屋买卖合同、购房发票、身份证明、企业相关资料文件等先到房屋交易部门办理契税手续后，再办理过户手续。一般委托中介机构或由开发商统一办理，购房者也可以自行到产权登记部门办理。

（7）什么情形属于房地产变更登记？

下列情形属于房地产变更登记：①房地产使用用途改变的；②权利人姓名或名称发生变化的；③房地产坐落名称或房地产名称发生变化的；④建筑物、附着物倒塌、拆除的。

（8）哪些情况下需办理二级市场房屋转移登记？

下列情况需办理二级市场房屋转移登记：①向开发商购买的商品房（包括合法的合作建房、集资建房、拆迁赔偿房）；②企事业单位房改出售给本单位职工的福利房、微利房；③政府出售的福利房、微利房。

1.5　商业地产基础知识

1.5.1　商业地产的开发及经营

1. 商业地产的相关概念

（1）**商业地产**，即**商业房地产**，又称**商业物业**。它是指用于商业用途或具备商业功能的地产。商业地产区别于以居住功能为主的住宅房地产，以工业生产功能为主的工业地

产。商业地产有广义和狭义之分。以酒店、办公为主要用途的地产，属于广义商业地产范畴，也可以单列。

商业地产的物业类型主要包括商业街、购物中心、商场、专业市场、住宅底商、商铺、写字楼、酒店。

（2）**专业市场**。它是指在一定区域里形成的，由市场所有者或投资者提供销售场地和服务，有众多经营者销售具有互补和替代关系的商品，商品销售以批发为主兼顾零售的商品交易场所。

（3）**城市综合体**。它是指将城市中的商业、办公、居住、旅店、展览、餐饮、会议、文娱和交通等城市空间的各项功能进行组合，并在各部分之间建立一种相互依存、相互助益的能动关系，从而形成一个多功能、高效率、复杂而又统一的建筑综合体，并将这些功能空间进行优化组合，共存于一个有机系统中。

2. 商业地产的类型

商业地产的功能多样化，既有能满足市民购物、饮食、娱乐、休闲等需求的社会功能，又有能满足商家经营、商务活动、市民投资等需要的经济功能。商业地产的类型见表1-3。

表1-3 商业地产的类型

分类方法	种　类
按物业用途分类	购物中心、百货商场
	小区配套商铺
	专业市场
	批发及商贸中心
	餐饮及美食广场
按建筑特征分类	商业大厦
	住宅区商铺
	临街商铺
	步行街露天商铺
	地下商城
按物业区位分类	商业区物业
	住宅区物业
	近郊物业
按经营方式分类	统一经营物业
	分散经营物业

（续）

分类方法	种　类
按经营类别分类	综合经营物业
	单一经营物业
按销售方式分类	销售物业
	租售物业
	出租物业
按物业产权分类	产权物业
	非产权物业

3. 商业地产的经营模式

（1）只租不售模式。这种模式通常把物业建成以后形成独立的产权，只出租不出售，通过招商合作，以租金作为主要的收入来源。

（2）出售模式。这种模式是商业地产最原始的模式，通常是把物业建成以后形成独立的产权进行出售，实现短期投资资金回笼。

（3）租售结合模式。这种模式是投资商和开发商把其中的部分物业出租，以便后期的资本融资；同时另一部分物业进行出售，实现部分资金回笼，减轻资金压力。

4. 商业地产的开发原则

（1）项目选址要注重地段的商业价值。

1）选址宜在城市中心商圈，以最大限度地充分利用和整合现有资源。

2）选址要分析街道与客流规模的关系。

3）在追求最大货物销售范围的原则下，选址应该使消费者的交通费用最少。

4）选址的基础是对消费人群的分析，商业面积、经营业态应主要由核心消费圈里的消费人群决定。

5）选址应考虑人的认知便利，宜选择在能见度高的地方，方便消费者找到项目所在地。

（2）项目市场调查要细致且全面。

1）市场调查要注重地段的商业价值。

2）调查消费人口、消费群体、消费模式、购买力、消费偏好的现状和发展状况。

3）调查目标地块所处的商圈。

4）调查竞争者分布、经营状况、租金状况现状和发展趋势。

5）调查目标城市近、远期城市规划和商业规划。

6）调查目标地块的商业价值和机会点。

7）调查商铺置业者投资购买力、投资心理。

（3）项目定位要有差异性。

1）项目定位的差异性影响建筑规模上的差异性。

2）项目定位的差异性与主题的创新相辅相成。

3）项目定位的差异性与品牌店组合差异性密切相关。

4）项目定位的差异性与业态组合比例相匹配。

（4）规划设计要追求高质量的商业空间。

1）布局规划应符合城市总体规划。

城市总体规划对街道、交通、市政、公共设施、居民住宅以及其他建设和改造规划，将影响拟建商业地产的近远期的优劣势，甚至成败。

2）交通规划应符合易达性要求。

商业项目必须具有易达性。商业项目需要有合理组织和足够的停车位，使购物者在交通上花费的时间和精力最小。根据交通工具的不同，应有不同的交通组织和停车方式。

3）景观规划应做到绿色舒适。

丰富的绿化能创造舒适休闲的购物空间和温馨气氛，给购物者购物赏景的感觉。如同其他设计一样，景观绿化设计在项目开始时就要拿出方案来。

4）要做统一的商业规划。

商业物业内的经营户较多，购物中心必须将承租户经营业态、业种进行统一商业规划。建筑、结构、水电、暖通、装修等方面的设计要与经营户的要求相配套。

5. 商业地产的管理理念

对于商业物业开发商来说，开发商铺是前提，但只有开发是不够的，还必须成立专门的商业管理公司对商业物业进行管理，才能长久发展。

商业物业的商铺是有计划的聚集，对商场进行"统一管理，分散经营"是商业物业区别于其他房地产的核心特点。统一管理，要求商场必须由代表业主权利的、受业主委托的管理公司统一管理，没有统一管理的商业物业则难以经受激烈的零售业市场竞争。商业物业的统一管理理念在于统一招商管理、统一营销、统一服务监督、统一物管。分散经营，是商场消费者和经营者间的交易提供场所，但商场的管理者不能直接进行商业经营，只是在消费者和经营者之间搭建桥梁。

6. 商业地产设计的相关名词

店面，是指商店建筑物本身的整体物质面貌，包括商店招牌、入口处、橱窗、商店规模及高度、建筑材料等内容，是商家通过门面向消费者呈现最基本的形象。

功能规划设计，是指根据商业企业的整体规模、市场现状、开发目标，进行项目的功能定位、功能布局以及各功能项目的关联性控制。

商业业态定位，是指根据当地的市场条件和商业项目的规模、面积、物业现状，进行业态定位及市场定位，科学地确定项目的经营形态和目标市场。

楼层定位，是指根据商业项目的面积、形状、层数，合理确定各楼层的商品经营类别、面积、区位，确定各楼层服务设施的配套及分布。

动线设计，是指对商业企业的客流动线、物流动线、人流（员工）动线、车流交通进行平面和立体的设计。

环境设计，是指对商业企业的室内共享空间、灯光效果、商业氛围、购物环境以及外立面、外广场、橱窗、广告位进行设计和咨询。

一次商装，是指商场为其所经营的各种业态提供基础的物业基础、条件及硬件环境，主要涉及顶棚、地面、柱、墙、水、电气、空调、消防、安防、广播设备、通道、照明、促销设施等方面。

二次商装，是指以一次商装为基础，为展示品牌和商品形象，按照商场要求的标准，进行的二次装饰装修，主要涉及壁柜、柜台、货架、陈列、形象、灯光、色彩等方面。

一次装修咨询，是指对商业项目一次装修中的顶棚、地面、柱、墙、暖通、给水排水、强电、弱电、消防、安防、广播、配套设施方面的设计、建设进行顾问咨询。

二次商装指导管理，是指对二次商装过程中的柜台、货架、壁柜、标志（Logo）、灯光、道具等进行标准设计、专业指导和规范管理。

水平交通，是指同一水平面或楼层内的通道。

垂直交通，是指不同标高空间或楼层的垂直联系，如楼梯、电梯和自动扶梯。

划分防火分区，是指在建筑中采用耐火性能较好的分隔物将建筑物空间分隔成若干区域的防火技术措施。

划分防烟分区，是指通过设置挡烟设施将烟气控制在一定范围内，以便用排烟设施将其排出，保证人员安全疏散，消防扑救工作顺利进行。

购物空间，是指在整个空间中，由货柜和货架作为空间限定的元素划分出的，直接进行销售活动的现场。

交通空间，是指包括商场内的通道、楼梯、自动扶梯及电梯，其位置、数量、布置及宽度等既能使急需型购物者迅速到达购物场所，又能使顾客轻松完成浏览观赏的行为。

商品展示空间，是指从常规的柜架到地台、墙面及空中挂件，展示的商品从只能观赏到可触摸、可试听、可试用，创造出视觉焦点。

服务空间，是指商品销售的辅助空间，如试衣间、听音室、问讯处、寄存处等。

休闲空间，是指为顾客提供餐饮、休息、娱乐、文化等场所，点缀以绿化小品，既满足了顾客的需求，也促进了消费。

柜台，是指供营业员展示、计量、包装出售商品及顾客参观挑选商品所用的设备，柜台或全部用于展示商品，或上部展示商品，下部用于储藏。

货架，是指营业员工作现场中分类分区地陈列商品并少量储存商品的设施。

租赁商铺，是指产权人将一定时间内的商铺使用权与承租人交易，取得或分时段取得现金收益。对承租人而言，承租人用现金或分时段的租金付出取得一定时间内的商铺使用权利。

转租商铺，是指商铺最终使用人并非与商铺权利人直接建立租赁关系，而是通过转租人取得使用商铺的权利。商铺最终使用人与转租人发生权利、义务关系。

1.5.2 商圈及商圈分析

1. 商圈的概念

商圈，是指商店以其所在地点为中心，沿着一定的方向和距离扩展，吸引顾客的辐射范围，简单地说，也就是来店顾客所居住的区域范围。无论大商场还是小商店，它们的销售总是有一定的地理范围。这个地理范围就是以商场为中心，向四周辐射至可能来店购买的消费者所居住的地点。

2. 商圈的组成

（1）主圈。主圈即**主要商圈**，也称第一商圈或核心商圈，是指最接近商店的区域。在主要商圈内，消费者去商店购物最为方便。一般情况下，百货商店 65% 左右的顾客来自主要商圈。在主要商圈内，顾客在人口中的密度较高，每个顾客的平均购货额也较高，这一商圈很少与其他类型商店的商圈发生重叠，否则就易出现过度竞争。一般来说，小型商店的核心商圈在 0.8km 之内，顾客步行来店在 10min 以内；大型商场的核心商圈在 5km 以内，无论使用何种交通工具来店，不超过 20min。

（2）次圈。次圈即**次要商圈**，也称第二商圈，是指位于主要商圈外围的次要区域。在这一区域内，顾客较为分散，但消费者来店购买商品也较为方便，在次要商圈内聚集着百货商店 25% 左右的顾客。一般来说，小型商店的次要商圈在 1.5km 之内，顾客步行来店在 20min 以内；大型商场的次要商圈在 8km 以内，无论使用何种交通工具来店，平均不超过 40min。

（3）边圈。边圈即**边缘商圈**，也称第三商圈，是指位于次要商圈以外的区域。在边缘商圈内，散居着百货商店 10% 左右的顾客，在该区域的消费者来商店购买商品不太方便。一般来说，小型商店的边缘商圈在 1.5km 以外，顾客步行来店在 20min 以上；大型商场的边缘商圈在 8km 以外，无论使用何种交通工具来店平均在 40min 以上。

商圈受各种因素的影响，其范围和形态是会经常变化的。一般情况下，商圈形态表现多为各种不规则的多角形，为便于研究分析，一般将商圈抽象地视为以商店为中心向外辐射的圆心圈形。

3. 商圈分析的概念

商圈分析是指对商圈的构成、特点和影响商圈规模变化的各种因素进行综合性的研究。对商场来说，商圈分析有重要意义。

4. 商圈分析考虑的因素

（1）人口数量及特点。它应考虑的因素包括居住人口数量、工作人口数量、过往人口数量、居民户数和企事业单位数，及相应人口年龄、性别、职业和收入水平构成等。

（2）建设状况。它应考虑的因素包括公共交通、供电状况、通信设备、金融机构等对于百货商店营销的方便程度。

（3）社会因素。它应考虑的因素包括地区建设规划、公共设施（公园、公共体育场所、影剧院、展览馆），以及本地区的人文等，是否有利于商店的发展。

（4）商业发展潜力。它应考虑的因素包括购买潜力和现有商场的经营状况。这两个因素是对百货商店有最直接影响的因素。在对商业发展潜力进行分析时，应计算该地区的商圈饱和度，以了解这个地区内同行业是过多还是不足。在商圈饱和度低的地区建店，其成功的可能性必然超过商圈饱和度高的地区。

1.5.3　零售业态

1. 零售业态的概念

从事零售活动的基本单位和具体场所是商店，而商店依据销售形式不同又区分出不同的经营形态，即零售业态。业态是零售店向确定的顾客群提供确定的商品和服务的具体形态，是零售活动的具体形式。通俗地讲，业态是指零售店卖给谁、卖什么和如何卖的具体经营形式。

2. 零售业态的分类和特点

（1）**百货商店**。它是指在一个建筑物内，集中了若干专业的商品部并向顾客提供多种类、多品种商品及服务的综合性零售形态。它的基本特征是：

1）商品结构以经营服装、纺织品、家庭用品、食品和娱乐品为主，种类齐全。

2）以柜台销售为主，结合自选销售，明码标价。

3）注重店堂装修及橱窗展示。

4）选址在城市繁华区、交通要道。

5）以流动人口为目标顾客。

（2）**超级市场**。它是指采取自选销售方式，以销售大众化生活用品为主，满足顾客一次性购买多种商品及服务的综合性零售形态。它的基本特征是：

1）商品结构以经营食品、副食品、日用生活品、服装衣料、文具、家用电器等购买频率较高的日常必需商品为主。

2）采取自选销售方式，明码标价。

3）结算设在出口处统一进行。

4）选址在居民区、交通要道、商业区。

5）以居民为目标顾客。

（3）**专业店或专卖店**。它是指专门经营某类商品或某种品牌的系列商品，满足消费者对某类（种）商品多样性需求的零售形态。它的基本特征是：

1）商品结构专业性较强，各种不同的规格、品种及品牌汇集，选择余地大。

2）销售人员有较强的专业知识，能为消费者提供充分服务。

3）采取定价销售和开架面售方式。

4）选址在繁华商业区、商店街或者百货店、购物中心内。

5）以流动人口为目标顾客。

（4）**便利店**。它是指以满足顾客便利性需求为主要目的的零售业态。它的基本特征是：

1）以开架自选为主，结算在进口（或出口）处的收银机处统一进行，可采取连锁经营方式。

2）商品结构特点明显，有即时消费性、小容量、应急性等。

3）营业时间长，一般在 16h 以上，甚至 24h，终年无休日。

4）选址在居民住宅区、主干线公路边以及车站、医院、娱乐场所、机关、团体、企事业所在地。

5）商圈范围窄小，一般设定在居民徒步购物 5 ~ 7min 到达的范围内。

6）商店营业面积在 100m² 左右，营业面积利用率高。

7）店堂明快、清洁、货架丰富。

8）目标顾客主要为居民、单身者、年轻人，80% 的顾客为有目的的购买。

9）经营实行信息系统化，开展单品管理。

10）便利店的商品价格略高于一般零售业态的商品价格。

（5）**大型综合超市**是采取自选销售方式，以销售大众化实用品为主，并将超级市场和折扣商店的经营优势合为一体的、满足顾客一次性购全的零售业态。它的基本特征是：

1）采取自选销售方式和连锁经营方式。

2）商品构成以衣、食、日用品为主，重视本企业的品牌开发。

3）设有与商店营业面积相适应的停车场。

4）目标顾客为购物频率高的居民。

5）商圈范围较大。

6）商店营业面积一般在 2 500m² 以上。

7）选址在城乡结合部、住宅区、交通要道。

（6）**仓储商店**。它是指在大型综合超市经营的商品基础上，筛选大众化实用品销售，并实行储销一体、以提供有限服务和低价格商品为主要特征的、采取自选方式销售的零售业态。它的基本特征是：

1）选址在公路边、交通要道和利用闲置设施。

2）主要的商圈人口为 5 万 ~ 7 万人。

3）商店营业面积大，一般在 4 000m² 以上。部分商品部门采取租赁制，把无店名的专业连锁卖场和供应商引进店内经营。

4）商品构成以新开发上市的商品为主力商品，自有品牌占相当部分，主要是面向广大的工薪阶层服务。

5）作为价格策略，每天都以较低价格销售全部商品。

6）作为商品策略，经营同其他零售业态能进行价格比较的、知名度、普及率都较高的商标商品或价格一般被众所周知的商品。

7）商店设施简单化。

8）将超市开发的销售技术和管理理论、仓储商店的价格影响力、大型综合超市商品供应计划的方法及选址理论等融为一体，灵活运用。

9）可实行连锁经营。

10）设有一定规模的停车场。

（7）**家居中心**。它是指以与改善、建设家庭居住环境有关的装饰、装修等用品、日用杂品、技术及服务为主的，采取自选方式销售的零售业态。它的基本特征是：

1）选址在城乡结合部、公路边、交通要道或消费者自有房产比率较高的地区。

2）商品构成主要以房屋修缮和室内装修、装饰品、园艺品、宠物食品、室内外用品、洗涤剂及杂品等。

3）作为经营策略，发挥了廉价商店的低价格销售和超级市场的开架自选销售等优势。

4）提供一站式购足和一条龙服务。

5）可采取连锁经营方式。

6）有一定的停车场。

1.5.4 购物中心

1. 购物中心的概念及特点

（1）概念。**购物中心**，是指企业有计划地开发、拥有、管理运营的各类零售业态、服务设施的集合体。

（2）特点。

1）由发起者有计划地开设，实行商业型公司管理，中心内设商店管理委员会，开展广告宣传等共同活动，实行统一管理。

2）内部结构由百货店或超级市场作为核心店，以及各类专业店、专卖店等零售业态和餐饮、娱乐设施构成。

3）服务功能齐全，集零售、餐饮、娱乐为一体。

4）根据销售面积设相应规模的停车场。

5）选址为中心商业区或城乡结合部的交通要道。

6）商圈根据不同经营规模、经营商品而定。

7）设施豪华、店堂典雅、宽敞明亮，实行卖场租赁制。

8）目标顾客以流动顾客为主。

9）根据选址和商圈不同，购物中心可分为近邻型、社区型、区域型、超区域型。

2. 购物中心的分类

（1）按商场面积规模分类。

1）超级购物中心面积在24万 m^2 以上。

2）大型购物中心面积在12万~24万 m^2。

3）中型购物中心面积在6万~12万 m^2。购物广场一般也是中型购物中心。

4）小型购物中心面积在2万~6万 m^2。生活购物中心、社区购物中心也是小型购物中心。

（2）按定位档次分类。真正的SHOPPING MALL由于面积巨大，故定位于家庭（全

家/全客层）的一站式购物消费和一站式休闲享受。商品高、中、低档必须齐备，以保证商品品种齐全；理想的高、中、低档的比例为3∶5∶2。当然由于所处商圈不同，各购物中心的高、中、低档比例可以有所调整。

1）以高档商品为主：如果70%以上比例经营高档商品，则这个购物中心一般最大只能做到10万 m²。

2）以中高档商品为主：即高、中、低档比例协调（高、中、低档的比例大概为3∶5∶2）。

3）以中低档商品为主：一般低档商品不能超过60%，否则就成为大型跳蚤市场、小商品市场或批发市场，称不上步行街购物广场了。

1.5.5 社区商铺

1. 社区商铺的概念

社区商铺，是指位于住宅社区内的商用铺位，其经营对象主要是住宅社区的居民。

社区商铺的表现形式主要是 1~3 层商业楼或建筑底层，或者商业用途裙房。现在的社区商铺已经打破了原来以铺位形式为主要形式的特点，铺面形式逐渐成为社区商铺的主流。

2. 社区商铺的类型

按照消费者的消费行为，将商业房地产分为物品业态、服务业态和体验业态，结合社区商铺的特点，社区商铺可以按照商铺的投资形式分类，分为零售型社区商铺和服务型社区商铺两类。

3. 社区商铺的特点

（1）零售型社区商铺的特点。

1）规模特点。零售型社区商铺的规模有大有小。其中，用作便利店、中小型超市的社区商铺规模较大，面积大的约有 1 000m²，小的约有 100m²；药店一般面积在 100m² 左右；小卖部面积甚至仅有七八平方米；书报厅面积可能更小；一般的社区很少有服装店，有的话，面积也会比较小，通常在 20~30m²。

2）规划设计特点。零售型社区商铺的规划设计通常没有特殊的要求，3.5m 的层高是基本要求。如果是做中型超市，规划设计时应考虑合理的柱距，避免柱网太密，影响使用效率。

3）经营特点。

① 社区商铺的主要形式为铺面形式。

② 社区商铺的投资回收方式包括出租和出售两种。从市场发展趋势来看，出售方式越来越吸引市场的关注，而且社区商铺的买家将逐渐从散户时代向商业投资机构转化。

（2）服务型社区商铺的特点。

1）规模特点。服务型社区商铺随着人们生活水平的提高，规模有逐渐增大的趋势。过去，社区商铺比较多的是小型餐厅、小型美容美发店、彩扩店、花店等。可是现在，餐厅的规模越来越大，大型专业美容美发院成为大型社区的重要配套，健身设施从无到有，并不断有知名品牌健身机构进入市场，包括幼儿园在内的其他服务设施都对商铺的规模有较高要求，1 000m² 左右的商铺具有良好的市场空间。

2）规划设计特点。服务型社区商铺的层高也不能低于 3.5m，柱网设计过程中要在设计安全可靠的前提下，最大限度地实现柱子数量最少化。因为餐厅、美容美发、健身等设施对水、电、暖、天然气、排污、消防等有相关要求，规划设计过程中要对以上内容加以考虑。商铺投资者在做商铺投资时需要对此加以考虑，上述设施越完善，今后越容易出租。

3）经营特点。

① 商铺的形式主要有铺面商铺和铺位商铺两种。

② 投资回收形式。目前，不少从事服务类商铺经营的经营商，已经逐渐在改变租用商铺的方式，其原因是：一方面，过去的餐饮业经营商、美容美发店经营商等财力不足，所以只能租用商铺，但现在就不同了，很多从事服务类经营的企业、个人已经具备了投资购买商铺的实力；另一方面，这些经营商不得不面对商铺房东一再涨租金的现实，所以这些经营商会转而选择购买商铺。

服务型社区商铺会逐渐成为商铺销售市场的重要品种。

4. 住宅底商的概念和特点

（1）住宅底商的概念。

住宅底商，即住宅底层商铺，是指位于住宅等建筑物底层（可能包括地下 1 层和 2 层及地上 1~3 层，或其中部分楼层）的商用铺位。

按照服务区间划分，可以将住宅底商分为服务于内部和服务于外部两种。服务于内部的住宅底商的客户对象是住在社区里面的居民，而服务于外部的住宅底商还包括住宅社区外面的居民。

（2）住宅底商的特点。

1）建筑形式特点。住宅底商在建筑形式上表现为依附于住宅楼的特点，整个楼的 1 层、2 层或 3 层和地下层的用途为商业，楼上建筑的用途为居住。

2）经营形态特点。

住宅底商作为社区商铺的一大类，也主要用于与人们生活密切相关的生活用品销售和生活服务设施。其中，零售型住宅底商的商业形态为：便利店、中小型超市、药店、小卖部、书报厅及少量服装店等，服务型住宅底商的商业形态主要为：餐厅、健身设施、美容美发店、银行、干洗店、彩扩店、花店、咖啡店、酒吧、房屋中介公司、装饰公司、幼儿园等。

3）投资回收形态。目前，越来越多的住宅底商的投资回收形态主要为底商出售形式，主要的投资者包括散户投资者和机构投资者。从长期来看，机构商铺投资者会逐渐成为商铺购买的主力，这会影响国内商铺开发模式及投资模式。

1.5.6　写字楼

1. 写字楼的概念

写字楼也叫办公楼，是指企业、事业机关、团体等单位的商务办公用楼宇。

2. 写字楼的等级划分

目前较流行的评定方式是"5A"标准，但"5A"的概念有狭义和广义之分。狭义的"5A"针对的是智能化硬件方面，包括办公智能化（OA）、楼宇自动化（BA）、通信传输智能化（CA）、消防智能化（FA）、安保智能化（SA）。

广义的"5A"标准则包括：

（1）楼宇品牌标准。写字楼是一个城市创造文化与财富的特定空间，写字楼的品牌形成，需要产品的差异化特征、商务文化特征、服务经营理念、地域标志性物业和城市历史记忆。从一定意义上说，处于生产链条最高级的写字楼的发展脉络，折射出了一个城市的发展历程和特性。因此，成为城市商务区地标性建筑的写字楼，其品牌要与城市有极大的关联性，对城市的未来发展具备重要价值。因此，具备较大的区域影响力、能与城市品牌和谐统一的写字楼品牌将评定为楼宇品牌标准 A 级。

（2）地理位置标准。只有区位在城市现有或潜在商务区、地段良好、具有较高投资价值的写字楼才能获得地理位置标准 A 级。

（3）客户层次标准。客户层次指的是入驻写字楼的业主或租户层次。大多数写字楼客户都有择邻而居的心理，因此一个写字楼的客户层次通常是趋同的。同时，客户层次的高低也直接影响了新的业主或租户的投资决策，因为较高的客户层次对它们的公司形象有较好的提升作用。

（4）服务品质标准。服务品质一方面体现在高效的物业管理上；另一方面体现在对入住企业的专业化商务服务上。

（5）硬件设施标准。硬件设施主要考核建筑设计和建筑功能的创新，以及其所用的建筑技术等。

3. 写字楼的营销知识

（1）写字楼的客户特征。

1）客户特性。客户一般理性、稳重，表现为需求性购买。

2）关注重点。客户比较关注产品是否符合公司的需求以及所处的商务氛围带来的利益。

3）购买行为。客户购买行为是公司行为，时间较长，考虑的因素较多。

4）喜欢的销售类型。客户通常喜欢理智、知识型的销售人员，希望能得到购买建议。

（2）写字楼的营销人员所要了解的情况。

1）楼盘的硬件情况。

① 建筑规模及建筑形象，应关注体量、高度、立面材质、整体效果及独特性。

② 空间尺度，应关注大堂的高度、面积，电梯厅走廊高度、宽度，以及层高、净高、柱距。

③ 建筑结构，应关注户型平面布局、面积分割、特殊设计。

④ 电梯，应关注品牌、数量、速度、等候时间、稳定性、轿厢尺度、内饰。

⑤ 空调，应关注品牌、运行原理、控制方式、收费标准。

⑥ 电力、通信、消防。

⑦ 楼宇公共空间的装修，应关注装修设计公司、设计风格、材料、报价。

⑧ 物业管理，应关注物业公司品牌、历史、管理方式、收费、服务种类。

2）楼盘的软件情况。

① 商务配置，应关注配套设施、档次、服务客户群、服务种类。

② 其他软件方面，如楼盘的工程、质量、各楼层的角度、位置等。

3）竞争对手的情况。

① 同区域不同档次产品的情况。

② 不同区域内同档次产品的情况。

4）了解环境情况。

① 周边环境，应关注楼宇周边配套的规划、工程进度、发展预期。

② 区域环境，应关注区域定位、政策利好、软硬件环境。

③ 地域环境，应关注对本城市进行纵向比较和对各同类城市进行横向比较。

④ 社会经济环境，应关注宏观调控措施、经济信息政策、行业现状、未来发展前景。

1.6　其他地产基础知识

1.6.1　工业地产基础知识

1. 工业地产的含义

工业地产，是指工业类土地使用性质的所有毛地、熟地，以及该类土地上的建筑物和附属物，是有别于住宅、商业和综合类用地以外的第四种性质用地。工业类土地上的可建建筑物用途有较大的范围，其中包括工业制造厂房、物流仓库及工业研发楼宇等。在我国，工业房地产的土地批租年限为 50 年。

2. 工业地产的类型

工业地产可以分为重工业房地产、轻工业房地产、仓储房地产（物流地产）和自由贸易区房地产（指带有特殊政策的贸易加工型通用型工业地产）。

自由贸易区房地产，是指带有特殊政策的贸易加工型通用型工业地产。

3. 工业地产的特性

工业地产主要有投资规模大、快速启动、提供增值服务、追求长期稳定回报四大特性。

4. 工业地产策划的含义

工业地产策划是对工业园区或仓储物流、厂房进行前期考察立项，园区规划、建设、招商推广、进驻后物业管理的统筹。工业地产策划是区别于房地产、商业地产策划等的另一新兴地产策划。

工业地产策划包括对工业地产开发项目进行战略规划、开发运营、投资融资、招商推广和管理咨询服务。

5. 工业地产的开发模式

（1）工业园区开发模式。目前，我国各级地方政府最常使用的工业地产开发模式，也是我国目前工业地产市场的主要载体，其运作主体一般是开发区或工业园区管委会下设的开发公司。开发公司不熟悉工业地产的运作方法，工业园区地产开发公司项目前期缺乏科学合理的定位与策划，导致工业园在整体运作中不够专业化，致使大部分工业园区闲置与搁荒。

（2）工业地产商模式。它是指房地产投资开发企业在工业园区内或其他地方获取工业土地项目，进行项目的道路、绿化等基础设施建设乃至厂房、仓库、研发等房产项目的营建，然后以租赁、转让或合资、合作经营的方式进行项目相关设施的经营、管理，最后获取合理的利润。

（3）主体企业引导模式。它是指在某个产业领域具有强大的综合实力的企业，为实现企业自身更好地发展与获取更大的利益价值，通过获取大量的工业土地，以营建一个相对独立的工业园区；在自身企业入驻且占主导的前提下，借助企业在产业中的强大凝聚力与号召力，通过土地出让、项目租售等方式引进其他同类企业的聚集，实现整个产业链的打造及完善。

（4）综合运作模式。它是指对上述的工业园区开发模式、主体企业引导模式和工业地产商模式进行混合运用的工业地产开发模式。

1.6.2 旅游地产基础知识

1. 旅游地产的概念

旅游地产，即旅游房地产，就是以旅游、休闲、度假人群为目标、为最终消费者的物业形式，包括休闲度假村、旅游景区主题休闲公园、旅游休闲培训基地、会议中心、运动村、产权酒店、分时度假酒店、高尔夫度假村、风景名胜度假村、景区住宅、民俗度假村旅游置业项目。

2. 旅游地产的主要经营模式

（1）**景区住宅**。它是指开发商利用旅游开发区、旅游景区、休闲度假区的优越自然条件、地理位置开发的具有投资回报和多种功能的住宅项目，如景区住宅、海景住宅、风景名胜度假村、民俗度假村等。这类住宅多为本地置业者提供第一居所为主要目的，多建在旅游资源突出的大中型城市市内或市郊。通过依靠旅游资源（自然的、人文的或二者兼有的）条件，如优美的自然风光、主题突出的人文内涵和多种休闲娱乐设施，直接提升住宅的环境品质，增加休闲功能，提高居民生活质量。

（2）**旅游休闲培训基地和国际休闲度假中心**。它是指具有旅游、观光、休闲、度假、运动健身、会议、培训等多功能的房地产开发项目。

（3）**自营式酒店**。它紧紧围绕旅游六要素中的"住"做文章，以为游客提供住宿为主要功能，后来增加了娱乐、会议等功能，多建在旅游、商务发达或会议较多的大中型城市。由于旅游酒（饭）店不出售物业，主要通过经营来收回投资，而酒店自营的回收期相当长，与房地产商通过出售物业快速回笼资金的经营理念不符，因此旅游酒（饭）店虽然是最早出现的旅游房地产形式，却不是旅游房地产当前的开发热点。

（4）**产权酒店**。它是分时度假的一种特殊模式，是指投资者购买酒店部分设施（客房），除部分时间自己使用外，统一将其余时间的住宿权委托酒店管理方经营，自己获取红利的经营模式。

（5）**时值度假型酒店**。它是指消费者购买一定数量的"分数"，这些"分数"就成为他们选购产品的货币。他们可以使用这些"分数"在不同时间、地点、档次的度假村灵活选择其"分数"所能负担的住宿设施，消费者不拥有使用权或产权。

1.6.3　文化地产基础知识

1. 文化地产的概念

文化地产是以文化软实力为核心竞争力的房地产开发模式，是用文化引领规划、建筑设计、园林景观、营销体系、物业服务的系统工程。房地产传统开发模式是以"建筑"为核心，文化和概念仅作为营销手段；而文化地产是以"文化和生活方式、居住理想"为核心，用文化提升固化建筑价值。

2. 文化地产的四大标准

文化地产的四大标准如下：

（1）文化不再是营销的概念和手段，而是建筑精神和价值的核心。

（2）建筑硬实力和文化软实力是共生关系，而非从属关系。文化软实力成为提升建筑价值的核心。

（3）用文化软实力统合房地产核心价值体系。用文化引领建筑设计、园林景观、营销体系、物业服务的全过程。

（4）在文化地产系统中，文化必须是可落实、可体验、可感触、可实现的浑然整体。

3. 文化地产的模式

（1）博物馆模式。其典型案例为北京 798。博物馆模式以展览和旅游开发为主，艺术家和文化机构进驻后，成规模地租用和改造空置厂房，逐渐发展成为画廊、艺术中心、艺术家工作室、设计公司、餐饮酒吧等各种空间的聚合。

（2）公共游憩空间模式。其典型案例为后工业景观设计代表作——德国北杜伊斯堡景观公园。公共游憩空间模式将公园设计与其原用途紧密结合，将工业遗产与生态绿地交织在一起。

（3）商旅文联合开发模式。其典型案例为上海城隍庙。商旅文联合开发模式将历史文化、特色建筑、特色餐饮结合，融入旅游。

（4）开辟创意新区模式。其重点为一站式体验、创意元素吸引、产业链延伸。

1.6.4　养老地产基础知识

1. 养老地产的概念

养老地产，是一种以适合老龄人居住为创新核心，从建筑设计、园林规划和装饰标准

都接近于高端住宅产品开发规律的建筑产品。

2. 养老地产的主要产品形态

养老地产通过增加设施设备和精心打造专业管理团队来实现品质地产和优良健康管家服务相结合。养老地产的主要产品形态包括：①保险资金推出的升级版的养老机构。例如养老院，把养老地产看做是商业地产项目长期经营。②开发商推出的养老地产项目。

3. 养老地产的主要运营模式

养老地产运营模式中的市场定位、销售方式、服务体系的建立直接影响养老地产的经营成败，因此养老地产的运营模式的构建十分关键，其运营模式的构建主要有以下形式："养老文化"概念营销模式；产业链延伸模式，包括老年服务业、老年房地产业、老年医疗保健业、老年用品业、老年旅游业、老年娱乐文化产业、老年咨询服务业、老年金融投资业；租售、反按揭组合入住模式。

FangDiChan

第2章

房地产开发全过程基础知识

2.1　房地产开发经营概论

2.1.1　房地产开发经营的相关概念

（1）**房地产开发经营**。它是指房地产开发企业在城市规划区内国有土地上进行基础设施建设、房屋建设，并转让房地产开发项目或者销售、出租商品房的行为。

（2）**房地产经营**。它是指房地产企业根据经营目标，在分析自身条件和市场需求的前提下，对房地产开发经营的全过程作出科学的决策，并组织有效的实施。

（3）**房地产经营管理**。它是指房地产经营和对房地产经营进行管理的双重含义。

（4）**房地产开发投资**。它是指房地产开发公司、商品房建设公司及其他房地产开发法人单位和附属于其他法人单位实际从事房地产开发或经营活动单位统一开发的包括统建代建、拆迁还建的住宅、厂房、仓库、饭店、宾馆、度假村、写字楼、办公楼等房屋建筑物和配套服务设施以及开发工程（如道路、给水排水、供电、供热、通信、平整场地等基础设施工程）的投资，也包括单纯的土地交易活动。

（5）**基础设施建设**。它是指给水排水、供电、供热、供气、通信和道路等设施建设和土地的平整，即"七通一平"建设。

（6）**房屋建设**。它是指在完成基础设施建设的土地上建设房屋等建筑物，包括住宅楼、工业厂房、商业楼宇、写字楼以及其他专用房屋。

2.1.2　房地产开发公司的设立

1. 设立房地产开发公司的条件

设立房地产开发企业，须具备下列条件：

（1）注册资本金不得少于人民币 100 万元。

（2）有四名以上持有专业证书的房地产、建筑工程专业的专职技术人员，两名以上持有专业证书的专职会计人员。

（3）有按市场价格取得的土地使用权。

（4）有自己的名称、组织机构和固定的经营场所。

（5）法律、法规规定的其他条件。

增加房地产开发和经营业务范围的，须具备前款（1）、（2）、（3）、（5）项规定的条件。

2. 内资房地产开发公司的设立程序

内资房地产开发公司的设立程序为：公司设立准备——申请资质等级审批——申请办理企业名称预先核准——办理工商注册登记——办理税务登记。

3. 外资房地产开发公司的设立程序

外资房地产开发公司的设立程序为：申请批准项目建议书——办理企业名称登记——

送审合资或合作合同、章程——申领外商投资企业批准证书——办理企业登记。

4. 申请领取"房地产开发企业资质证书"

房地产开发企业应在取得营业执照后 30 日内到主管部门备案，并申请领取"房地产开发企业资质证书"，主管部门应在 15 日内依照法律、法规的规定核发"房地产开发企业资质证书"。

房地产开发企业办理房地产开发和经营业务时，应当出示"房地产开发企业资质证书"。

主管部门对"房地产开发企业资质证书"实行年度审核制度。

5. 房地产开发企业资质管理

（1）资质初审结合当前土地实行拍卖（招标、挂牌）的特点，新申报房地产开发资质应首先通过拍卖取得土地开发使用权，然后按下列要求申报资质：①营业执照复印件；②企业章程证书和劳动合同；③企业法定代表人的身份证明；④验资证明；⑤专业技术人员的资格；⑥拍卖土地确定文件；⑦房地产开发主管部门认为需要出示的其他文件。

（2）资质年检。房地产开发企业资质年检应提供下列资料：①资质年检申报表；②资质证书正、副本；③营业执照副本复印件；④上年度财务报表；⑤上年度验资报告或审计报告；⑥开发项目有关证明材料；⑦上年度开发年报基层表；⑧"一册、两书"执行情况。

（3）资质备案。

2.1.3 房地产开发经营基本财务名词

1. 房地产开发经营财务分析的常见名词

（1）**商品房成本**。商品房成本 = 土地征用（出让）及拆迁补偿费 + 前期工程费 + 房屋建筑安装工程费（含材料差价）+ 附属公共配套设施费 + 公共基础设施费 + 管理费用 + 销售费用 + 财务费用 + 代收费用（共九项成本构成）

（2）**项目直接成本**。它包括土地及大配套、建安成本、前期成本、基础设施费、公共配套设施费、资金成本。

（3）**项目完全成本**。它除项目直接成本外，还包括销售费用、管理费用、营业税。

（4）**销售回款**。它是指实际到账金额。

（5）**销售收入**。它是以当月销售回款、利润指标作为依据。

（6）**资金缺口**。资金缺口 = 回款 − 土地款 − 工程款 − 费用 − 税金 + 贷款净增

（7）**项目毛利率**。项目毛利率 = 1 − 直接成本/销售收入

（8）**项目利润率**。项目利润率 = 1 − 总成本/销售收入

（9）**项目现金净流量**。项目现金净流量 = 回款 − 支付的工程及土地款 − 销售费用 − 管理费用 − 营业税

2. 房地产开发项目的简单成本费用构成

（1）**土地费用**。土地费用包括土地使用权出让金、城市建设配套费、拆迁安置补偿费、其他土地开发费。

（2）前期工程费用。前期工程费用包括可行性研究费、勘测设计费、七通一平费。

（3）房屋开发费用。

1）建筑安装工程（包括设备）费。

建筑工程费包括桩机工程费、土建工程费、构筑物工程费。

设备及安装工程费包括机械设备及安装费、给水排水工程费、电气照明及电气设备安装费、通风设备及安装工程费、电梯安装工程费及其他费用。

2）室内装饰家具费。

3）附属工程费（含煤气调压站、热力站、变电室、锅炉房、电站费）。

4）室外工程费（自来水、雨水、污水、煤气、热力、供电、电信、道路）。

5）其他费用。它包括临时用地费和临时建设费、施工图预算和标底编制费、工程合同预算或标底审查费、招标管理费、总承包管理费、合同公证费、施工执照费、开发管理费、工程质量监督费、工程监理费、竣工图编制费、保险费、绿化费用等杂项费用。

（4）**管理费用**。管理费用，是指企业行政管理部门为管理和组织经营活动而发生的各种费用。

（5）**销售费用**。销售费用，是指开发建设项目在销售其产品过程中发生的各项费用以及专设销售机构或委托销售代理的各项费用。

（6）**财务费用**。财务费用，是指企业为筹集资金而发生的各项费用。

（7）不可预见费用。根据项目的复杂程度和前述各项费用估算的准确程度，以上述各项费用的3%～7%估算。

（8）税费（见下文中所列）。

3. 房地产开发项目的经营收入构成

经营收入总计，是企业对外转让、销售、结算和出租开发产品所取得的经营收入的总和。具体包括以下四种收入。

（1）土地转让收入。它是指房地产开发企业（单位）按国家规定转让经开发的土地和未经开发的土地所得到的收入。

（2）商品房屋销售收入。它是指房地产开发企业（单位）在报告期售出商品房屋的收入，一次收清的，一次全部计入销售收入，按合同规定分期收款的，可按合同规定的时间分次计入收入。

（3）房屋出租收入。它是指房地产开发企业（单位）在报告期内，在不改变现有财产所有权关系的条件下，将企业的全部或部分房屋出租给其他单位或个人使用所得到的租金收入。

（4）其他收入。它是指房地产开发企业（单位）在报告期内从事除以上收入外的收入，包括配套设施销售收入、代建工程结算收入、出租产品租金收入等。

（5）投资收益及营业外收入。它是指企业对外投资所取得的收益，包括股利、利息收入和利润及收回投资时发生的收益等，以及企业经营业务以外的收入。此项一般不计入项目经营收入。

（6）利润总额。它是指企业在一定时期内实现的盈亏总额，反映企业最终的财务成果。根据会计"损益表"中的"利润总额"项的本年累计数填列。

（7）其他业务利润。它是指企业除主营业务以外的其他业务收入扣除其他业务成本、费用、税金后的净收入。

4. 房地产开发项目的经营支出构成

（1）经营成本。它是指企业从事主要业务活动而发生的成本。房地产开发企业成本包括土地转让成本、商品房销售成本、配套设施销售成本、代建工程结算成本、出租产品经营成本等。

（2）销售费用。它是指企业在从事主要经营业务过程中所发生的各项销售费用，这些经营业务包括转让、销售、结算和出租开发产品等。

（3）经营税金及附加。它是指企业因从事生产经营活动按税法规定交纳的应从经营收入中抵扣的税金和附加，包括营业税、城市维护建设税和教育费附加等。

（4）营业外支出。它是指企业经营业务外的支出。此项一般不计入项目经营支出。

2.2 房地产开发项目的立项和可行性研究

2.2.1 房地产开发项目建议书

1. 项目建议书的概念

项目建议书是房地产开发企业根据国民经济和社会发展的长远规划、行业规划、地区规划的要求，结合各项自然资源、市场预测与分析，在基本条件成熟后向国家、地区项目主管部门推荐的建设性材料。建议书的形成，是基本建设程序中最初的阶段，是工程项目准备阶段的开始，项目建议书不仅是确定项目建设的依据，也是具体设计的依据。

2. 房地产开发建设项目建议书的内容

（1）项目名称、建设单位、主管部门。

（2）项目提出的必要性的依据，主要写明建设单位的现状。拟建项目的名称、拟建的性质、拟建成地点及建设的必要性和依据。

（3）项目建设方案，主要是指项目的初步建设方案、建设规模、主要内容和功能分布。

（4）建设条件，是指项目建设的各项内容的进度和建设周期。

（5）初步建设计划，是指项目建设和各项内容的进度安排和建设周期。

（6）项目建设后的经济效益和社会效益。

（7）项目建设投资概算及资金来源，是指项目投资总额及主要建设的资金安排情况、筹措资金的办法和计划。

2.2.2 房地产开发项目立项

1. 项目立项的概念

根据国家政策，房地产开发项目应纳入固定资产计划，应根据城市规划、年度建设用

地计划和市场需求，经计划管理部门批准立项。立项时要提交项目可行性研究报告和项目建议书。

项目立项是房地产项目开发的第一步，即取得的政府主管部门（计划发展委员会）对项目的批准文件。

对于房地产商来说，在本阶段的主要工作是：起草并向发改委或房地产开发管理办公室报送项目建议书，取得批准项目建议书的批复；依据项目建议书批复，编制可行性研究报告报发改委审批获准，并列入本年度固定资产投资计划。

2. 项目立项申报材料

（1）项目立项申请报告书（原件一份）。

（2）项目建议书或项目可行性研究报告（一份）。

（3）建设用地的权属文件或建设项目用地预审意见书（一份）。

（4）项目建设投资概算（一份）。

（5）银信部门出示的资金证明（原件一份）。

（6）企业法人营业执照副本（复印件一份），房地产项目需提供资质证明一份。

（7）项目地形图（一份）。

（8）有关职能部门的意见。

2.2.3　房地产开发项目可行性研究

1. 项目可行性研究的概念

项目可行性研究，是指对工程项目建设投资决策前进行的技术经济分析和论证。它可保证项目建设以最小的投资耗费取得最佳的经济效果，是实现项目在技术上先进、经济上合理和建设上可行的科学方法。

2. 项目可行性研究的内容

按照目前国家有关规定，民用建设项目可行性研究内容如下。

（1）总论。它具体是指项目建设背景及其必要性。

（2）建设条件及项目选址。它具体是指：拟建项目选址规划的合理程度，建设区地理位置、地质、水文、气象状况，水、电、气保障情况；土地征用、拆迁及居民安居方案；费用估算，环境影响情况。

（3）工程设计方案。它具体是指：拟建项目总体规划方案，主体与单项工程布置方案；项目设计的外部选型及使用功能合理程度；建设技术的保证程度。

（4）项目实施计划与组织。它具体是指：项目建设组织管理方式的论证；工程建设总工期及各阶段进度安排。

（5）投资计划与资金来源。它具体是指：项目建设总体投资概算及各阶段、各单项投资概算；建设总费用估算，资金来源及保证程度，筹措资金的方式及可行性。

（6）项目经济效果。它具体是指：项目投资效果，贷款偿还期；经营、财务成本计算；社会效益评价。

（7）结论。它是指在多项论证基地上，提出可行性结论。

3. 可行性研究报告的模式

（1）封面。封面应包括的内容有：项目编号；项目名称；承担单位；主持人；主管部门；年、月、日。

（2）大纲。

1）项目简介。

2）项目目标、任务、主要内容及课题分解情况（技术路线及指标）。

3）工作基础。

4）主要负责人及队伍。

5）项目经费情况：申请国家拨款（贷款）、配套资金落实情况、主要支出年度预算（包括培训计划）。

6）项目管理体制及运行机制。

7）成果及效益分析。

8）推广及应用前景。

9）专家论证意见。

10）主管部门意见。

2.2.4 房地产开发项目选址意见书

建设项目选址意见书的主要内容应包括建设项目的基本情况和建设项目规划选址的主要依据。

城市规划行政主管部门根据全市经济社会发展策略、城市总体规划、分区规划、控制性详细规划等各级规划，按照《中华人民共和国城市规划法》（以下简称《城市规划法》）、《建设项目选址规划管理办法》等，考虑建设项目的要求，在规定期限内提出规划方面的初审意见和选址意见。此后，由城市规划行政主管部门会同土地管理部门并征求项目所涉及的有关部门的意见，对初审意见及其选址提出复审意见，对于同意的项目报政府审批后，在规定的审批期限内核发项目选址意见书。

2.3 国有土地使用权的取得和国有土地使用权证的办理

2.3.1 国有土地使用权获取的相关概念和主要方式

1. 国有土地使用权获取的相关概念

（1）**土地使用权出让方式**。它是指政府作为国有土地的代表以什么形式或程序将国有土地使用权让与土地使用者。

按照《中华人民共和国城镇国有土地使用权出让和转让暂行条例》国有土地使用权的出让方式有三种：协议、招标、拍卖。

（2）**协议出让**。它是指土地使用权的有意受让人直接向国有土地的代表提出有偿使用土地的愿望，由国有土地的代表与有意受让人进行一对一的谈判和切磋、协商出让土地使用权的有关事宜的一种出让方式。

（3）**招标出让**。它是指在指定的期限内，由符合条件的单位或者个人以书面投标形式，竞投某地段土地使用权，由招标人根据一定的要求择优确定土地使用者（即土地使用权受让人）的出让方式。以招标方式出让土地使用权，不仅要明确合同双方当事人的权利和义务，而且要明确投标的效力及招标人在招标期限内应负的责任等。

（4）**拍卖出让**，又称竞投，有些地方也叫"拍让"。它是指由土地所有者代表在指定的时间、地点，组织符合条件的土地使用权有意受让人到场，就所出让使用权的土地公开叫价竞投，按"价高者得"的原则确定土地使用权受让人的一种出让方式。

（5）**挂牌出让**。它是指出让人发布挂牌公告，按公告规定的期限（不少于 30 天）将拟出让宗地的交易条件在指定的土地交易场所挂牌公布，接受竞买人的报价申请并更新挂牌的价格，根据挂牌期限截止时的出价结果确定土地使用者的行为。

（6）**红线图**，又称宗地图。它是指按一定比例尺制作的用以标示一宗地的用地位置、界线和面积的地形平面图。它由政府土地管理部门颁发给土地使用权受让人，受让人只能在红线范围内施工建房。

（7）**房屋用地面积**以丘（地表上一块有界空间的地块）为单位进行测算。下列土地不计入用地面积：①无明确使用权属的冷巷、巷道或间隙地；②市政管辖的道路、街道、巷道等公共用地；③已征用、划拨或者属于原房地产证记载范围，经规划部门核定需要作为市政建设的用地；④其他按规定不计入用地的面积。

（8）**土地交易价格**。它是指房地产开发商或其他建设单位在进行商品房开发之前，为取得土地使用权而实际支付的价格，不包括土地的后续开发费用、税费、各种手续费和拆迁费等。土地交易方式一般包括出让、转让、租赁等。

（9）**综合评标**。它是指在国有建设用地使用权招标出让过程中，按照"综合条件最佳者得"这一原则确定竞得人。综合评标时，并非价高者得。

（10）**一次竞价**。它是指由土地招标拍卖挂牌主持人进行现场竞价，每位竞价人只能进行一次书面报价，报价后不允许进行修改，然后以"价高者得"的原则来确定竞价人的方式。

（11）**双向竞价**。它是指在土地出让竞价中，向下竞房价，向上竞地价，综合报价最佳者胜出。这种方式一般用于限价商品房用地的出让。

2. 国有土地使用权获取的主要方式

在现阶段根据《中华人民共和国城市房地产管理法》的有关规定，房地产开发用地的取得方式有三种：一是通过国家出让方式获得（即通过土地一级市场取得）；二是通过转让方式获得（即通过土地二级市场取得）；三是通过与当前的土地的使用者合作等方式（即通过土地三级市场取得）。

国土资源部第 11 号令规定：凡各类经营性用地（含房地产开发建设），均必须以招

标、拍卖或者挂牌方式出让。

2.3.2 国有土地使用权出让程序及相关问题解答

1. 国有土地使用权出让的一般程序

（1）招标、开标依照下列程序进行。

1）投标人在投标截止时间前将标书投入标箱。招标公告允许邮寄标书的，投标人可以邮寄，但出让人在投标截止时间前收到的方为有效。标书投入标箱后，不可撤回。投标人应当对标书和有关书面承诺承担责任。

2）出让人按照招标公告规定的时间、地点开标，邀请所有投标人参加。由投标人或者其推选的代表检查标箱的密封情况，当众开启标箱，点算标书。投标人少于三人的，出让人应当终止招标活动。投标人不少于三人的，应当逐一宣布投标人名称、投标价格和投标文件的主要内容。

3）评标小组进行评标。评标小组由出让人代表、有关专家组成，成员人数为五人以上的单数。评标小组可以要求投标人对投标文件作出必要的澄清或者说明，但是澄清或者说明不得超出投标文件的范围或者改变投标文件的实质性内容。

4）招标人根据评标结果，确定中标人。按照"价高者得"的原则确定中标人的，可以不成立评标小组，由招标主持人根据开标结果，确定中标人。

（2）拍卖会依照下列程序进行。

1）主持人点算竞买人。

2）主持人介绍拍卖宗地的面积、界址、空间范围、现状、用途、使用年期、规划指标要求、开工和竣工时间以及其他有关事项。

3）主持人宣布起叫价和增价规则及增价幅度。没有底价的，应当明确提示。

4）主持人报出起叫价。

5）竞买人举牌应价或者报价。

6）主持人确认该应价或者报价后继续竞价。

7）主持人连续三次宣布同一应价或者报价而没有再应价或者报价的，主持人落槌表示拍卖成交。

8）主持人宣布最高应价或者报价者为竞得人。

（3）挂牌出让国有土地使用权的程序。

1）在挂牌公告规定的挂牌起始日，出让人将挂牌宗地的面积、界址、空间范围、现状、用途、使用年期、规划指标要求、开工时间和竣工时间、起始价、增价规则及增价幅度等，在挂牌公告规定的土地交易场所挂牌公布。

2）符合条件的竞买人填写报价单报价。

3）挂牌主持人确认该报价后，更新显示挂牌价格。

4）挂牌主持人在挂牌公告规定的挂牌截止时间确定竞得人。

2. 国有土地使用权出让程序的相关问题解答

（1）以挂牌方式出让国有土地使用权，挂牌时间至少多长？

根据 2007 年《招标拍卖挂牌出让国有建设用地使用权规定》，挂牌时间不得少于 10 日。挂牌期间可根据竞买人竞价情况调整增价幅度。

（2）挂牌期限满，如何确定挂牌是否成交？

根据 2007 年《招标拍卖挂牌出让国有建设用地使用权规定》，挂牌截止应当由挂牌主持人主持确定。挂牌期限届满，挂牌主持人现场宣布最高报价及其报价者，并询问竞买人是否愿意继续竞价。有竞买人表示愿意继续竞价的，挂牌出让转入现场竞价，通过现场竞价确定竞得人。挂牌主持人连续三次报出最高挂牌价格，没有竞买人表示愿意继续竞价的，则按照下列规定确定是否成交：

1）在挂牌期限内只有一个竞买人报价，且报价不低于底价，并符合其他条件的，挂牌成交。

2）在挂牌期限内有两个或者两个以上的竞买人报价的，出价最高者为竞得人；报价相同的，先提交报价单者为竞得人，但报价低于底价者除外。

3）在挂牌期限内无应价者或者竞买人的报价均低于底价或者均不符合其他条件的，挂牌不成交。

（3）中标人、竞得人有什么行为时，中标、竞得结果无效？

根据 2007 年《招标拍卖挂牌出让国有建设用地使用权规定》，中标人、竞得人有下列行为之一的，中标、竞得结果无效；造成损失的，应当依法承担赔偿责任：

1）提供虚假文件隐瞒事实的。

2）采取行贿、恶意串通等非法手段中标或者竞得的。

2.3.3 "国有土地使用权出让合同"的相关问题解答

（1）土地出让成交后多长时间内出让人和受让人应签订"国有土地使用权出让合同"，出让价款的支付时间有什么限制？

根据 2010 年国土资源部《关于加强房地产用地供应和监管有关问题的通知》规定，土地出让成交后，出让人和受让人必须在十个工作日内签订出让合同，合同签订后一个月内受让人必须缴纳出让价款 50% 的首付款，余款要按合同约定及时缴纳，最迟付款时间不得超过一年。出让合同必须明确约定土地面积、用途、容积率、建筑密度、套型面积及比例、定金、交地时间及方式、价款缴纳时间及方式、开竣工时间及具体认定标准、违约责任处理。上述条款约定不完备的，不得签订合同，违规签订合同的，必须追究出让人责任。受让人逾期不签订合同的，则终止供地且不得退还定金。已签合同但不缴纳出让价款的，必须收回土地。

（2）出让地块的哪些内容必须作为规划条件列入"国有土地使用权出让合同"？

根据规定，市、县规划主管部门应当会同国土资源主管部门，严格依据经批准的控制性详细规划和节约集约用地要求，确定拟出让地块的位置、使用性质、开发强度、住宅建筑套数、套型建筑面积等套型结构比例条件，并作为土地出让的规划条件，列入出让合同；对于中小套型普通商品住房建设项目，要明确提出平均套型建筑面积的控制标准，并

制定相应的套型结构比例条件；要严格限制低密度大户型住宅项目的开发建设，住宅用地的容积率指标必须大于1。

（3）如何处理未将规划条件纳入"国有土地使用权出让合同"的情况？

根据规定，规划条件未纳入"国有土地使用权出让合同"的，该"国有土地使用权出让合同"无效；对未取得"建设用地规划许可证"的建设单位批准用地的，由县级以上人民政府撤销有关批准文件；占用土地的，应当及时退回；给当事人造成损失的，应当依法给予赔偿。

（4）各类住房建设项目应当在什么时候开工建设，多长时间内竣工？

根据2010年国土资源部、住房和城乡建设部《关于进一步加强房地产用地和建设管理调控的通知》规定，各类住房建设项目应当在划拨决定书和出让合同中约定土地交付之日起一年内开工建设，自开工之日起三年内竣工。综合用地的，必须在合同中分别载明商业、住房等规划、建设及各相关条件。

（5）超出土地使用权出让合同约定开工时间未动工开发的开发商将受到怎样的处罚？

根据规定，对超出合同约定动工开发日期满一年未动工开发的，要依法征收土地闲置费，并要责令有关企业限期动工和竣工。土地闲置费原则上按出让或划拨土地价款的20%征收。满两年未动工开发的，要坚决无偿收回。对虽按合同约定日期动工开发，但开发建设面积不足1/3或已投资额不足1/4，且未经批准中止开发建设满一年的，要严格按闲置土地依法进行处理。对收回的闲置土地，要优先安排用于廉租房、经济适用房建设。

（6）对于限价商品住房建设项目中配有保障性住房的项目用地在土地出让时应明确哪些内容作为土地出让的依据纳入土地出让合同？

根据规定，市、县住房城乡建设（房地产、住房保障）主管部门要提出限价商品住房的控制性销售价位，商品住房建设项目中保障性住房的配建比例、配建套数、套型面积、设施条件和项目开竣工时间及建设周期等建设条件，作为土地出让的依据，并纳入出让合同。

（7）不按时缴纳土地出让收入的土地使用者将会受到怎样的处罚？

根据2006年国务院办公厅《关于规范国有土地使用权出让收支管理的通知》规定，土地出让合同、征地协议等应约定对土地使用者不按时足额缴纳土地出让收入的，按日加收违约金额1‰的违约金。违约金随同土地出让收入一并缴入地方国库。

（8）如何处理"国有土地使用权出让合同"约定使用年限届满的土地？

根据2007年《中华人民共和国城市房地产管理法》规定，土地使用权出让合同约定的使用年限届满，土地使用者需要继续使用土地的，应当至迟于届满前一年申请续期，除根据社会公共利益需要收回该幅土地的，应当予以批准。经批准准予续期的，应当重新签订"国有土地使用权出让合同"，依照规定支付土地使用权出让金。"国有土地使用权出让合同"约定的使用年限届满，土地使用者未申请续期或者虽申请续期但依照前款规定未获批准的，土地使用权由国家无偿收回。

2.3.4　国有土地使用权证的办理及登记

1. 国有土地使用权证的办理

根据 2007 年试行的《招标拍卖挂牌出让国有建设用地使用权规定》，受让人依照国有建设用地使用权出让合同的约定付清全部土地出让价款后，就可向国土管理部门申请办理土地登记，领取国有建设用地使用权证书。未按出让合同约定缴清全部土地出让价款的，不得发放国有建设用地使用权证书，也不得按出让价款缴纳比例分割发放国有建设用地使用权证书。

2. 国有土地使用权登记

（1）承办部门：土地管理部门。

（2）土地登记需要申报的资料：①计划立项批文；②"建设用地规划许可证"和建设用地选址规划意见书；③土地登记申请书；④地籍调查表（含土地登记法人代表身份证明书、土地登记法人代表委托书、四邻指界签名单、宗底座落图）；⑤土地登记审批表；⑥土地登记卡。

（3）土地转让登记需要申报的资料：①国有土地使用权转让申请审批表；②出让人土地使用权证书；③土地使用权评估报告；④土地转让协议；⑤转让双方法人证明；⑥出让人原出让批文；⑦出让方土地登记申请。

（4）申办程序。

1）申请：开发商持所需材料提出土地登记申请，有关人员对申请材料进行审查，并给予答复。

2）地籍调查：土地管理部门对受理的宗地进行权属调查和地籍测量，本宗地及邻宗地法人或其委托人在确认的地籍调查上签字。县和市区局填写初步意见后报市局审批。

3）审核：市级土地管理部门对土地登记申请人、宗地自然状况、土地权属状况进行全面审核。

4）注册登记颁发证书：市级土地管理部门对批准的土地登记进行登记卡装簿，土地权利人领取证书。

（5）办结时限：对符合登记条件的，七个工作日以内完成审核和登记发证。

2.4　"建设用地规划许可证"和"建设工程规划许可证"的办理

2.4.1　"建设用地规划许可证"的办理及相关问题解答

1. 建设用地规划管理与"建设用地规划许可证"

建设用地规划管理的基本是依据城市规划确定的不同地段的土地使用性质和总体布局，决定建设工程可以使用哪些土地，不可以使用哪些土地，以及在满足建设项目功能和使用要求的前提下，如何经济、合理地使用土地。城市规划行政主管部门对城市用地进行

统一的规划管理，实行严格的规划控制是实施城市规划的基本保证。

"**建设用地规划许可证**"是建设单位向土地管理部门申请征用、划拨土地前，经城市规划主管部门确认建设项目位置和范围符合城市规划的法定凭证。在城市规划区内，未取得"建设用地规划许可证"而取得建设用地批准文件占用土地的，批准文件无效。

2. "建设用地规划许可证"办理的相关问题解答

（1）开发商如何办理"建设用地规划许可证"？

以招标、拍卖方式获得国有土地使用权的，在签订"国有土地使用权出让合同"后，建设单位应当持建设项目的批准、核准、备案文件和国有土地使用权出让合同，向城市、县人民政府城乡规划主管部门领取"建设用地规划许可证"。城市、县人民政府城乡规划主管部门不得在"建设用地规划许可证"中，擅自改变作为国有土地使用权出让合同组成部分的规划条件。

（2）建设单位或个人申请办理"建设用地规划许可证"时要上交的文件？

根据 2008 年《中华人民共和国城乡规划法》规定，在城市、镇规划区内进行建筑物、构筑物、道路、管线和其他工程建设的，建设单位或者个人应当向城市、县人民政府城乡规划主管部门或者省、自治区、直辖市人民政府确定的镇人民政府申请办理"建设工程规划许可证"。

申请办理"建设工程规划许可证"时，应当提交使用土地的有关证明文件、建设工程设计方案等材料。需要建设单位编制修建性详细规划的建设项目，还应当提交修建性详细规划。对符合控制性详细规划和规划条件的，由城市、县人民政府城乡规划主管部门或者省、自治区、直辖市人民政府确定的镇人民政府核发"建设工程规划许可证"。

城市、县人民政府城乡规划主管部门或者省、自治区、直辖市人民政府确定的镇人民政府应当依法将经审定的修建性详细规划、建设工程设计方案的总平面图予以公布。

（3）在取得"建设用地规划许可证"后，是否可以变更地块规划内容？

建设单位取得"建设用地规划许可证"后两年内不得申请变更规划内容；两年后申请变更的，市规划主管部门或其派出机构对申请进行初审后，按法定程序审批。

获得批准的，市规划主管部门或其派出机构向申请单位重新核发"建设用地规划许可证"，收回原"建设用地规划许可证"，并办理相应的用地手续；不批准的，由市规划主管部门或其派出机构书面答复申请单位。

2.4.2 房地产项目规划设计的主要内容

1. 设计任务书

设计任务书是建设单位对工程项目设计提出的要求，是工程设计的主要依据。进行可行性研究的工程项目，可以用批准的可行性研究报告代替设计任务书。设计任务书一般应包括以下几方面内容：

（1）设计项目名称、建设地点。

（2）批准设计项目的文号、协议书文号及其有关内容。

（3）设计项目的用地情况，包括建设用地范围地形，场地内原有建筑物、构筑物，要求保留的树木及文物古迹的拆除和保留情况等，还应说明场地周围道路及建筑等环境情况。

（4）工程所在地区的气象、地理条件，建设场地的工程地质条件。

（5）水、电、气、燃料等能源供应情况，公共设施和交通运输条件。

（6）用地、环保、卫生、消防、人防、抗震等要求和依据资料。

（7）材料供应及施工条件情况。

（8）工程设计的规模和项目组成。

（9）项目的使用要求或生产工艺要求。

（10）项目的设计标准及总投资。

（11）建筑造型及建筑室内外装修方面的要求。

2. 设计周期

根据有关设计深度和设计质量标准所规定的各项基本要求完成设计文件所需要的时间称为设计周期。设计周期是工程项目建设总周期的一部分。根据有关建筑工程设计法规、基本建设程序及有关规定和建筑工程设计文件深度的规定制定设计周期定额。设计周期定额考虑了各项设计任务一般需要投入的力量。对于技术上复杂而又缺乏设计经验的重要工程，经主管部门批准，在初步设计审批后可以增加技术设计阶段。技术设计阶段的设计周期根据工程特点具体议定。设计周期定额一般划分方案设计、初步设计、施工图设计三个阶段，每个阶段的周期可在总设计周期的控制范围内进行调整。

3. 方案设计

建筑工程方案设计，简称**方案设计**，它是依据设计任务书而编制的文件。它由设计说明书、设计图纸、投资估算、透视图四部分组成，一些大型或重要的建筑，根据工程的需要可加做建筑模型。建筑工程方案设计必须贯彻国家及地方有关工程建设的政策和法令，应符合国家现行的建筑工程建设标准、设计规范和制图标准以及确定投资的有关指标、定额和费用标准规定。

建筑工程方案设计的内容和深度应符合有关规定的要求。建筑工程方案设计一般应包括总平面、建筑、结构、给水排水、电气、采暖通风及空调、动力和投资估算等专业，除总平面和建筑专业应绘制图纸外，其他专业以设计说明简述设计内容，但当仅以设计说明还难以表达设计意图时，可以用设计简图进行表示。

建筑工程方案设计可以由业主（建设单位）直接委托有资格的设计单位进行设计，也可以采取招标的方式进行设计。方案设计招标可以采用公开招标和邀请招标两种方式。建筑工程方案设计招标应按有关管理办法执行。

根据设计条件及设计深度，建筑工程方案设计招标类型分为建筑工程概念性方案设计招标和建筑工程实施性方案设计招标两种类型。招标人应在招标公告或者投标邀请函中明示采用何种招标类型。

4. 初步设计

初步设计，是根据批准的可行性研究报告或设计任务书而编制的初步设计文件。初步

设计文件由设计说明书（包括设计总说明和各专业的设计说明书）、设计图纸、主要设备及材料表和工程概算书四部分内容组成。

初步设计文件的编排顺序：①封面；②扉页；③初步设计文件目录；④设计说明书；⑤图纸；⑥主要设备及材料表；⑦工程概算书。在初步设计阶段，各专业应对本专业内容的设计方案或重大技术问题的解决方案进行综合技术经济分析，论证技术上的适用性、可靠性和经济上的合理性，并将其主要内容写进本专业初步设计说明书中。设计总负责人对工程项目的总体设计在设计总说明中予以论述。为编制初步设计文件，应进行必要的内部作业，有关的计算书、计算机辅助设计的计算资料、方案比较资料、内部作业草图、编制概算所依据的补充资料等，均须妥善保存。

初步设计文件深度应满足审批要求：①应符合已审定的设计方案；②能据以确定土地征用范围；③能据以准备主要设备及材料；④应提供工程设计概算，作为审批确定项目投资的依据；⑤能据以进行施工图设计；⑥能据以进行施工准备。初步设计文件编制深度可执行中华人民共和国建设部 1992 年 3 月 2 日（建设〔1992〕102 号）《建筑工程设计文件编制深度的规定》。

5. 施工图设计

施工图设计，是根据已批准的初步设计或设计方案而编制的可供进行施工和安装的设计文件。施工图设计内容以图纸为主，应包括封面、图纸目录、设计说明（或首页）、图纸、工程预算等。施工图设计文件编制深度应按中华人民共和国建设部 1992 年 3 月 2 日（建设〔1992〕102 号）文批准的《建筑工程设计文件编制深度的规定》有关条款执行。设计文件要求齐全、完整，内容、深度应符合规定，文字说明、图纸要准确清晰，整个设计文件应经过严格的校审，经各级设计人员签字后，方能提出。施工图设计文件的深度应满足以下要求：①能据以编制施工图预算；②能据以安排材料、设备订货和非标准设备的制作；③能据以进行施工和安装；④能据以进行工程验收。

2.4.3 房地产项目规划设计的招标投标及审查申报

1. 房地产项目方案设计的招标投标

（1）承办部门：开发商或其代理机构。

（2）申报资料：①建设项目计划批文；②建设工程设计规划要求通知书及附图；③招标投标工作计划及方案；④设计任务书；⑤招标人或代理机构工作能力证明材料及资格证书；⑥委托代理协议或合同。

（3）申办程序：①招标人或其代理机构按规定提交申报材料（包括计划批文、设计规划要求通知书、设计任务书等）；②填报"工程设计招标投标申报表"；③审核项目情况及招标条件，登记备案；④对发标、评标及方案评审等活动实施现场监督；⑤中标方案确定后，招标人提交招标投标情况报告；⑥签发"工程设计招标投标意见书"。

（4）办结时限：两个工作日。

（5）应注意的事项。

1）单体 10 000m² 以上的建筑工程，必须进行设计招标，行政监督部门为市建委设计处。

2）公开招标的项目，招标人应当在指定的媒介发布招标公告。大型公共建筑工程的招标公告应当按照有关规定在指定的全国性媒介发布。大型公共建筑工程一般指建筑面积在 2 万 m² 以上的办公建筑、商业建筑、旅游建筑、科教文卫建筑、通信建筑以及交通运输用房等。

3）招标人应当按招标公告或者投标邀请函规定的时间、地点发出招标文件或者资格预审文件。自招标文件或者资格预审文件发出之日起至停止发出之日止，不得少于五个工作日。

4）建筑工程概念性方案设计投标文件编制一般不少于 20 日。其中，大型公共建筑工程概念性方案设计投标文件编制一般不少于 40 日；建筑工程实施性方案设计投标文件编制一般不少于 45 日。招标文件中规定的编制时间不符合上述要求的，建设主管部门对招标文件不予备案。

2. 房地产项目规划设计的审查

（1）施工图设计消防审批。

1）承办部门：公安消防分局建审科。

2）申报资料：①发改委立项批文；②规划局建设工程设计规划要求通知书、定点红线图、建设工程设计方案规划审查意见书；③有关部门审核意见表（加盖开发商公章）；④施工图一套（含建筑、结构、设备、电气）；室内装饰工程需正式装饰设计图纸一套；⑤设有自动消防设施的建筑物应备有图纸光盘。

3）申办程序：开发商领取并填报"建筑工程设计防火审核申报表""自动消防设施设计防火审核申报表"或"建筑内部装修设计防火审核申报表"，并将申报表连同设计图纸向市公安消防分局送审办理建筑消防设计审批手续。

4）办结时限：自收到图纸资料之日起，一般工程 10 个工作日内；国家、省重点工程 20 个工作日内审核完毕。

5）收费标准：按建筑面积计，收取消防设施设备费约 2 元/m²。

（2）施工图设计质量审查。

1）承办部门：建设工程勘察设计质量监督站。

2）申报资料：①施工图设计文件两套（含建筑、结构、设备、电气）；②发改委立项批文；③规划局建设工程设计规划要求通知书及附图；④工程勘察、设计合同（原件）；⑤地质勘察报告两份（原件）；⑥设计招标的相关证明；⑦结构计算软件名称和热工计算书；⑧房屋鉴定报告（仅限于加层、改造项目）。

3）申办程序：开发商领取、填报"开发商报审施工图设计文件登录表"；将登录表连同施工图及其他申报资料送勘察设计质量监督站进行技术性审查，并出具审查意见；勘察、设计单位对审查意见进行答复；勘察设计质量监督站向建委提交技术性审查报告，核发"施工图设计文件审查批准书"。

4）办结时限：自收到图纸资料，并缴纳设计质量审查费用之日起，15 个工作日内，提出图纸审查意见。

5）收费标准：按建筑面积计，分为住宅、商住楼、办公写字楼、医院、托幼、中小学教学楼、高等院校教学楼、综合楼、商场、宾馆、酒店、超市、工业项目、仓库 14 类建筑按不同标准计取。

6）应注意的事项：该项审查的办结时限是 15 个工作日内提出图纸审查意见，然后由设计、勘察单位根据其意见对施工图作相应的修改。整个手续办理通常需要 30 个工作日。

（3）地下人防工程设计审查。

1）承办部门：人民防空办公室。

2）申报资料：①施工图设计文件两套（地下人防部分）；②发改委立项批文；③规划局建设工程设计规划要求通知书及附图；④人防结建手续证明。

3）申办程序：地下人防工程的设计应由具有相应资质的设计单位来承担，如由人防设计院来设计，达到人防保护等级，并办理了人防结建手续证明，则无需再缴纳人防易地建设费。如为人防系统以外的设计院设计，则须经过市人防办设计处的审查后方可通过。

4）办结时限：如办理了人防结建手续证明，则无需办理人防设计审查手续；如未办理人防结建手续证明，图纸审查时限在 10 个工作日以内。

5）收费标准：按总建筑面积计，约按 30 元/m² 计取。

3. 房地产项目规划设计的申报

（1）由规划局根据城市总体规划和立项文件核发勘察设计红线，提供规划设计条件。

（2）建筑设计分为三个阶段，即方案设计、初步设计和施工设计。

（3）城建局负责联系有关部门对初步设计进行会审批复。

（4）当获得"建设用地规划许可证"后，应申报规划设计条件，以获取规划设计条件通知书。申报规划设计条件的必备文件有：①计划部门批准的计划任务；②建设单位对拟建项目的说明；③拟建方案示意图；④地形图三份（单体建筑 1/500，居住区 1/2000，其中一份用铅笔划出用地范围）；⑤其他。

（5）当获得规划设计条件通知书后，应申报设计方案，以获取审定设计方案通知书。申报设计方案的必备文件有：①设计方案报审表；②总平面图两份（单体建筑 1/500，居住区 1/1000）；③各层平、立、剖面图，街景立面图等（1/200 或 1/100）两份；④方案说明书（大项目还需增报下列文件及图纸）；⑤环境关系平面图（1/1000 或 1/2000）；⑥工程位置图一份；⑦环境关系模型（1/1000）；⑧其他。

（6）当根据审定设计方案通知书的要求，经其他行政主管部门批准或取得有关协议后，可申报初步设计。申报初步设计时必备的文件有：①初步设计包括说明、图纸、概算等全套文件；②计划和规划方面的文件资料；③其他。

2.4.4 "建设工程规划许可证"的办理及相关问题解答

1. "建设工程规划许可证"的办理

（1）承办部门：规划局。

（2）申报资料。

申请阶段：①书面申请（含建设要求和内容）；②1∶500 的地形图；③已批准的详细规划。

取证阶段：①"建设工程规划许可证"申报表一式两份；②建筑工程总平面图（加盖工程设计单位证书专用章）一份；③建筑和结构施工图的主要部分、室外工程平面图，装订成册，一式两套；④当年年度投资计划；⑤有关部门的审核手续；⑥已取得"建设用地规划许可证"的，须附土地使用权批准文件。涉及房屋拆迁的，须附拆迁验收证明；⑦按规定由专业主管部门审查的，应附其书面审查意见。

（3）申办程序。

申请阶段：房地产开发商持申报材料向规划局提出申请；到规划局规划管理处办理"建设工程设计规划要求通知书"；到规划局规划管理处办理"建设工程设计方案规划审查意见书"。

取证阶段：房地产开发商领取、填报"建设工程规划许可证申报表"，并将申报表连同施工图及其他申报资料送规划局办理审批手续。资料审核完毕，执由规划局开具的城市建设基金管理办公室收费联络单，到基金办缴纳市政设施配套费。同时，在规划局缴纳城市规划技术咨询服务费和建筑放线费。在缴纳上述费用后，方可领取《建设工程规划许可证》。

（4）办结时限：①批准办证申请，15 个工作日内；②办理"建设工程设计规划要求通知书"，7 个工作日内；③办理"建设工程设计方案规划审查意见书"，7 个工作日内；④办理施工图审查，20 个工作日内（方案或施工图修改时间不计入办结时限内）。

（5）收费标准：市政设施配套费的收费标准，自建自用项目约为 111 元/m²；房地产开发项目约 180 元/m²；城市规划技术咨询服务费的收费标准按建筑类别的不同，分别计取不同的费用。根据国家测绘局测绘产品价目表，建筑放线费的收费标准为 649 元/点。

（6）应注意的事项：涉及跨年度的工程，应在年底到投资计划批复部门办理年度结转计划。

2. "建设工程规划许可证"的相关问题解答

（1）"建设工程规划许可证"包括哪些内容？

"建设工程规划许可证"包括下列内容：许可证编号；发证机关名称和发证日期；用地单位；用地项目名称、位置、宗地号以及子项目名称、建筑性质、栋数、层数、结构类型；容积率及各分类面积；附件包括总平面图、各层建筑平面图、各向立面图和剖面图。

（2）什么情况下不予核发"建设工程规划许可证"？

根据《城市规划条例》的规定，下列情况不予核发"建设工程规划许可证"：①不符合城市规划要求或未按政府主管部门对各阶段审查意见作出设计修改的；②设计单位资质与资格不符合有关行业管理规定的；③设计文件不符合国家、省、市有关专业技术规范和规程的。

（3）"建设工程规划许可证"的有效期是几年？

"建设工程规划许可证"的"注意事项"上写着："本'建设工程规划许可证'及附件发出后，因年度建设计划变更或因故未建满两年者，'建设工程规划许可证'及附件自行失效。"

（4）某物业加建两层，开发商说"一边报建，一边加建"，这样做可以吗？

不可以。建筑物的扩建、改建必须报主管部门批准并对原"建筑工程规划许可证"进行变更或备注并领取"建筑工程施工许可证"后，方可施工。如未履行以上手续，将会被认定为违法建筑。因此，其产权没有保证。

（5）开发商可以擅自调整"建设工程规划许可证"中确定的容积率吗？

根据规定，各地要严格查处擅自调整容积率的行为。市、县规划主管部门应会同国土资源主管部门，严格按照已确定的容积率指标对开发宗地进行规划许可和建设项目竣工核验；对已供土地分期开发的建设项目，应统一规划设计，各期建设工程规划许可确定的建筑面积的总和必须符合容积率指标要求；坚决制止擅自调整容积率等错误做法，严肃查处国家机关工作人员在建设用地规划变更、容积率调整中玩忽职守、权钱交易等违纪违法行为。

2.5 施工招标与"建筑工程施工许可证"的获取

2.5.1 建设工程项目报建

（1）概述。申领"建筑工程施工许可证"是在办理"建筑工程规划许可证"后，需要进行的验证工程建设符合开工要求的最后法定程序，该证是申办开工的必备文件。

在建委办理报建证后，开发商可办理施工、监理招投标、质量监督、安全监督、造价、劳保统筹等手续后，向建设管理部门提出开工申请，经审查批准，核发"建筑工程施工许可证"。也就是说，在申领"建筑工程施工许可证"之前，应进行项目报建。

（2）承办部门：建设委员会。

（3）建设工程报建，首先要提供如下资料到建委办理登记手续：

1）计划部门核发的"固定资产投资许可证"或主管部门批准的计划任务书。

2）规划部门核发的"建设用地规划许可证"和"建筑工程规划许可证"。

3）国土部门核发的"国有土地使用证"。

4）符合项目设计资格的设计单位设计的施工图纸和施工图设计文件审查批准书。

5）人防办核发的"人民防空工程建设许可证"。

6）消防部门核发的"建筑工程消防设计审核意见书"。

7）防雷设施检测所核发的"防雷设施设计审核书"。

8）地震办公室核发的"抗震设防审核意见书"。

9）建设资金证明。

10）工程预算书和造价部门核发的"建设工程类别核定书"。

11）法律、法规规定的其他资料。

（4）申报资料：①计委批准的当年投资计划；②规划局建设工程设计规划要求通知书、定点红线图、建设工程设计方案规划审查意见书；③工程建设项目报建申请表。

（5）申办程序：①到建设行政主管部门领取报建申请表，根据投资计划填写清楚并加盖单位公章；②持投资计划及申请表报建设行政主管部门，取得"工程建设项目报建证"。

（6）办结时限：一个工作日。

（7）收费标准："工程建设项目报建证"工本费 10 元。

2.5.2　建设工程招标投标

1. 建设工程招标投标的方式

（1）公开招标。由招标单位通过报刊、广播、电视等传播媒介发布招标通告，公开请承包者参加投标竞争。凡具备规定条件的单位都可自愿参加投标。在众多的投标单位中选择报价合理、工期较短、信誉良好的承包商。这种公开招标方式，因为参加投标的单位较多，所以审查投标资格及其标书的工作量较大，招标费用开支较多。

公开招标一般适用于工程规模较大、技术复杂、报价水平不易掌握的大中型工程建设项目，以及采购数量多、金额大的物资设备、材料的供应。

（2）邀请招标。招标单位不公开发布招标通告，而是根据工程特点向经预先选择的承包商发出招标通知书或邀请函，然后根据各单位回函答复情况，确定投标对象，请他们参加招标项目的投标竞争。邀请参加投标单位的个数，要求不少于三家。

邀请招标方式由于对邀请对象的技术、经验和信誉方面比较了解和信任，所以组织工作比较简单。这样做不仅可以节省招标费用、缩短招标工作的周期，也可以提高投标中标率。

邀请招标属于有限竞争性招标，这种招标方式限制了竞争范围，有可能失去优秀的投标者。但这种方式也是我国房地产开发商普遍采用的方式。

（3）协商议标。由建设单位直接选择投标单位，就工程的工期和造价等条件，双方直接商谈中标条件和要求。参加议标的单位应不少于两家。

议标适用于招标工作开展有困难的地区，工程规模不大、专业性较强或特殊要求多，面对造价要求并不十分苛刻的工程项目。双方在招标投标过程中费用支出最少，招标工作的周期也最短。议标缺乏竞争性，在造价上一般都偏高。

2. 建设工程招标投标的基本程序

招标工作由开发公司主持，没有组织招标和编制标底能力的开发公司，可委托工程咨询公司等招标服务公司代理。但这类服务机构必须具备一定技术资质，具有法人地位，经招标投标管理部门审查批准的企事业单位。

招标投标的工作程序如下：

（1）审查招标单位的资格。

（2）报批招标申请书。招标申请书应当包括以下主要内容：项目名称、情况、概算；

开发公司负责组织招标的人员的姓名、年龄、业务简历、职务、职称；资金来源及落实情况；图纸、场地等情况是否具备招标条件；招标方式。

（3）编制招标文件，编制标底并送审，指定评标和定标方法。

（4）发布招标公告或招标邀请书。

（5）审查投标单位资格。

（6）分发招标文件及有关技术资料、图纸等，组织投标单位现场勘察和招标文件答疑。

（7）编制和寄送投标文件。

（8）开标，公开标底，审查投标书和保函。

（9）评标、定标，决定中标单位。

（10）发出中标通知书，招标单位与中标单位签订承包合同。

3. 建设工程施工和监理招标投标

（1）承办部门：招标代理公司或开发商、招标办（监督职责）。

（2）申报资料：①发改委计划批文；②规划局核发的"建设工程设计规划要求通知书"、定点红线图、"建设工程设计方案规划审查意见书"；③《建设用地规划许可证》；④"建筑工程规划许可证"；⑤报建证；⑥施工监理单位应当具备营业执照、资质证书、安全资格证书等证件；⑦从事招标代理、工程造价咨询及经济咨询业务的中介机构具有相应资格，持有关证明、证件。

（3）申办程序：招标单位提出招标申请；招标办审查招标单位资格及招标文件；发布建筑工程招标公告；投标单位提出投标申请；招标单位预审投标单位资格并优选投标单位；确定评标和定标方法；向投标单位发放标书；确定评标组织；投标单位投递标书；开标、评标、定标；发布中标公告、取得中标通知书；签订、审查合同；核定工程定额取费标准；分别办理注册登记施工队伍、审查其他事项；集中收缴有关规费；按照《中华人民共和国招标投标法》的有关规定，在招标办登记备案。备案资料包括招标情况说明、开发商的招标文件、中标单位的投标文件、评标的原始记录、中标通知书。

（4）办结时限：①审查招标单位资格、招标申请书和招标文件，在三日内完成；②评标、定标，一般工程在三日内完成；大、中型工程在七日内完成，特殊工程可适当延长；③审查合同，在收到送审文本后三日内完成。

（5）收费标准。招标完成后，应缴纳下列费用：工程招标管理费（中标价的0.055%）；招标公证费（2 000 元/中标单位）。

（6）应注意的事项：如开发商自行招标，需提前向招标办申请，经该办同意后方可实施。

4. 建设工程监理的主要工作内容

（1）建设前期阶段：建设项目的可行性研究；参与设计任务书的编制。

（2）设计阶段：提出设计要求，组织评选设计方案；协助选择勘察设计单位，商签勘察、设计合同并组织实施；审查设计和概（预）算。

（3）施工招标阶段：准备发送招标文件，协助评审投标书，提出决标意见；协助建设单位与承建单位签订承包合同。

（4）施工阶段：协助建设单位与承建单位编写开工报告；确认承建单位选择的分包单位；审查承建单位提出的施工组织设计、施工技术方案和施工进度计划，提出改进意见；审查承建单位提出的材料和设备清单及其所列的规格与质量；督促、检查承建单位严格执行工程承包合同和工程技术标准；调解建设单位与承建单位之间的争议；检查工程使用的材料、构件和设备的质量，检查安全防护设施；检查工程进度和施工质量，验收分部分项工程，签署工程付款凭证；督促整理合同文件和技术档案资料，组织设计单位和施工单位进行工程竣工初步验收，提出竣工验收报告；审查工程结算。

（5）保修阶段：负责检查工程状况，鉴定质量问题的责任，督促保修。

2.5.3　建设工程质量安全监督办理

1. 建设工程质量监督的办理

建设工程质量监督的承办部门是质监站。建设单位办理建设工程质量监督需要申报的资料如下：

（1）"建设工程规划许可证"。

（2）工程施工中标通知书或工程施工发包审批表。

（3）工程监理中标通知书或工程监理发包审批表。

（4）施工合同及其单位资质证书复印件。

（5）监理合同及其单位资质证书复印件。

（6）施工图设计文件审查批准书。

（7）建设工程质量监督申请表。

（8）法律、法规规定的其他资料。

2. 建设工程施工安全监督的办理

建设工程施工安全监督的承办部门为安监站。建设单位和施工单位需要分别向安监站递交的资料如下：

（1）建设单位提供的资料。

1）工程施工安全监督报告。

2）工程施工中标通知书或工程施工发包审批表。

3）工程监理中标通知书或工程监理发包审批表。

4）工程项目地质勘察报告（结论部分）。

5）施工图纸（含地下室平、立、剖面图）。

6）工程预算书（总建筑面积、层数、总高度、造价）。

（2）施工单位提供的资料。

1）安全生产、文明施工责任制。

2）安全生产、文明施工管理目标。

3）施工组织设计方案和专项技术方案。

4）安全生产、文明施工检查制度。

5）安全生产、文明施工教育制度。

6）项目经理资质证书复印件，安全员、特种作业人员上岗证原件和复印件。

7）现场设施、安全标志等总平面布置图。

8）购买安全网的合格证、准用证发票原件和复印件。

9）建设工程施工安全生产责任书。

10）建设工程施工安全受监申请表。

11）法律、法规规定的其他资料。

2.5.4 "建筑工程施工许可证"的办理及相关问题解答

1. "建筑工程施工许可证"的办理

（1）承办部门：建设局。

（2）申报资料：①报建证；②发改委立项批文；③规划局核发的"建设工程设计规划要求通知书"及附图；④施工合同备案登记表；⑤质监委托书；⑥监理合同；⑦施工单位安全报监书；⑧总包单位中标通知书；⑨建筑工程质量责任卡；⑩施工许可申请表。

（3）申办程序：①开发商领取、填报"建筑工程施工许可申请表""工程质量责任卡""质监委托书"；②将上述三表连同其他申报资料送建设局窗口办理审批手续；③交纳墙体材料节能费和散装水泥保证金后，领取"建筑工程施工许可证"。

（4）办结时限：自收到申办资料，并缴纳墙体材料节能费和散装水泥保证金之日起，五个工作日内，核发"建筑工程施工许可证"。

（5）收费标准：在此阶段，需交纳墙体材料节能费，10 元/m²；散装水泥保证金，2.5 元/t。

（6）应注意的事项：①"建筑工程施工许可证"是一个单项建设工程，实行一份施工许可制度；②"建筑工程施工许可证"分为正本、副本，正本由开发商保存，副本由施工企业保存，作为竣工验收资料。

2. "建筑工程施工许可证"的相关问题解答

（1）建设单位自领取"建筑工程施工许可证"后的几个月内要开工？

根据 2001 年《建筑工程施工许可管理办法》规定，建设单位应当自领取"建筑工程施工许可证"之日起三个月内开工。因故不能按期开工的，应当在期满前向发证机关申请延期，并说明理由；延期以两次为限，每次不超过三个月。既不开工又不申请延期或者超过延期次数、时限的，"建筑工程施工许可证"自行废止。

（2）在建工程中止施工该如何处理？

根据 2001 年《建筑工程施工许可管理办法》规定，在建的建筑工程因故中止施工的，建设单位应当自中止施工之日起一个月内向发证机关报告，报告内容包括中止施工的时间、原因、在施部位、维修管理措施等，并按照规定做好建筑工程的维护管理工作。

建筑工程恢复施工时，应当向发证机关报告；中止施工满一年的工程恢复施工前，建设单位应当报发证机关核验"建筑工程施工许可证"。

2.5.5　建筑工程与市政设施的接驳

1. 概述

房地产开发项目在项目立项并列入固定资产年度投资计划后，即可与自来水公司、供电公司、热电公司、煤气公司、市政养护部门进行接触商洽，起草协议，办理供水、供电、供热、供气、排污的手续，并按规定支付有关费用。此外，在建设施工过程中，还会涉及道路挖掘和道路占用等方面的问题，在此一并说明。

2. 与自来水设施的接驳

（1）承办部门：自来水公司。

（2）申报资料：①用水申请报告；②总平面图；③施工现场周边地形图。

（3）申办程序：①用水申请报告，到生产技术科办理申请开户手续；②申请手续批复后，到规划设计室办理勘察、设计事宜；③签订协议并缴纳自来水增容费、勘察设计费；④等待工程公司安排施工。

（4）办结时限：执行双方协议的有关规定。

（5）收费标准：用于销售的房屋所用水表按生产标准收取增容费，自来水公司根据建筑物的性质和体量配备总表，收费标准以总表表径的大小确定。勘察费 50 元/表；设计费可协商解决，自来水公司内部标准为取接水工程造价的 4.5%；施工费用按自来水工程公司出具的施工结算值计取。

（6）应注意的事项：①开发商用于居民回迁的水表按生活标准收取增容费；②批准开户的用户申请只在当年有效，跨年度的需重新办理申请；③对用户规定，一个门牌号只能装一块水表，楼房住房只能以单元为单位安装水表；④由自来水公司总水表供水的用户，以进户总水表为界，水表以外的管道及设施归自来水公司负责维护和管理，水表以内的管道及设施归用户或产权单位负责维护和管理；⑤对进户总水表及表井，用户有责任进行保护。

3. 与天然气（管道煤气）系统的接驳

（1）承办部门：管道煤气公司。

（2）申报资料：①申请开户书；②标准层 1∶100 平面图、剖面图；③1∶500 地形图及用气建筑两个坐标高程点（测绘院测定的坐标高程点）。

（3）申办程序：①申请报告，注明开户的地址、用气性质、户数、联系方式，到用户处理处办理申请开户手续；②完成开户手续后，签订天然气（管道煤气）工程协议，由煤气公司进行现场勘察和设计；③工程施工由煤气公司负责，在规定的工期内完成施工任务；④工程竣工后，由管道煤气公司安检人员进行通气点火。

（4）办结时限：执行双方协议规定的有关条款。

（5）收费标准：开户费约 1 980 元/户，另外还有总额约为 50 元/户的点火通气费和

保险费。此费用可通过协商减免。

4. 与供电系统的接驳

（1）承办部门：供电局。

（2）申报资料：①项目的立项批文；②有关的用电资料，包括用电地点、电力用途、用电性质、用电设备清单、用电负荷、保安电力、用电规划等；③按供电局规定的格式填写的用电申请。

（3）申办程序：到供电局服务大厅提交用电申请及其他申办资料，办理手续。签订供用电合同（协议），缴纳相关费用。

（4）办结时限。供电企业对已受理的用电申请，确定供电方案，在下列期限内正式书面通知用户：①居民用户最长不超过五天；②低压电力用户最长不超过十天；③高压单电源用户最长不超过一个月；④高压双电源用户最长不超过两个月。

若不能如期确定供电方案时，供电企业应向用户说明原因。用户对供电企业答复的供电方案有不同意见时，应在一个月内提出意见，双方可再行协商确定。

（5）收费标准。新装增容供电工程贴费用户新装或增加用电，在供电方案确定后，向供电局缴纳供电贴费。

2002 年年初，国家发改委经贸委联合下文取消供（配）电工程贴费（参见《供电行业信息》第 182 期，中国电力企业联合会供电分会秘书处编）。供电局目前的做法是对 10kV·A 以下的，全部取消；10kV·A 以上，全部缓交；特殊用户（双电源、临时用电）须与供电局签订协议，待正式文件下来后，再按规定执行。

（6）应注意的事项：①新建受电工程项目在立项阶段，开发商应与供电企业联系，就工程供电的可能性、用电容量和供电条件等达成意向性协议，方可定址，确定项目。②供电方案的有效期，是指从供电方案正式通知书发出之日起至交纳供电贴费并受电工程开工日为止。高压供电方案的有效期为一年，低压供电方案的有效期为三个月，逾期注销。用户遇有特殊情况，需延长供电方案有效期的，应在有效期到期前十天向供电企业提出申请，供电企业应视情况予以办理延长手续。但延长时间不得超过前款规定期限。

5. 与供热系统的接驳

（1）承办部门：热电公司各分支机构。

（2）申报资料：申请报告，注明开户地址、建筑面积、居住户数等指标。

（3）申办程序：①提出申请报告；②经热电公司同意后，与热电公司签订协议。

（4）办结时限：视协议谈判情况而定。

（5）收费标准：采暖开户费由区域供热公司收取，按建筑面积计约为 110 元/m²。该费用的标准与区域供热公司有协商的余地。

6. 与市政排污系统的接驳

（1）承办部门：城管局养护处。

（2）申报资料：给水排水施工图。

（3）申办程序：执图，到城管局养护处办理审批手续。审批结束后，由城管局组织施工。

（4）办结时限：视具体情况而定。

（5）收费标准：接入市政管网的费用，视具体情况而定。

（6）应注意的事项：该部门执行规章有弹性，收费标准可与其商洽。

7. 道路占用审批手续

（1）承办部门：城管局市容处。

（2）申报资料：①临时占用主、次干路审批表一式五份；②位置示意图；③平面图；④临时设施效果图一式两份。

（3）申办程序：①需要占用主、次干路机动车道、非机动车道、人行道、隔离带及其他附属设施的，应向公安交通管理部门提出申请。同意占用的，申请人持批准书及申报材料到城管局办理审批手续。②需要占用主、次干路以外城市道路的，到建设局办理审批手续。③需要占用街头空地、广场、道路绿地的，按道路分类直接到城管局与建设局办理手续。④占用道路绿地的，还应按有关法律、法规的相关规定办理。

（4）办结时限：七个工作日。

（5）收费标准：视具体情况而定。

8. 道路挖掘审批手续

（1）承办部门：城管局市容处。

（2）申报资料：①"建设工程规划许可证"；②施工图纸；③其他有关文件。

（3）申办程序：①需要挖掘主、次干路机动车道、非机动车道、人行道、隔离带及其他附属设施的，应向公安交通管理部门提出申请。同意挖掘的，申请人持批准书及申报材料到城管局办理审批手续；②需要挖掘主、次干路以外城市道路且面积小于 $50m^2$ 的，到市政工程设施管理部门办理审批手续；③需要挖掘街头空地、广场、道路绿地的，应向城管局提出书面申请，按道路分类直接到城管局与建设局办理手续。挖掘道路绿地的，还应按有关法律、法规的相关规定办理。

（4）办结时限：七个工作日。

（5）收费标准：视具体情况而定。

2.6 商品房预售与"商品房预售许可证"的办理

2.6.1 商品房预售的相关概念及问题解答

1. 商品房预售的相关概念

（1）**商品房预售**。它是指房地产开发企业将正在建设中的商品房预先出售给买受人，并由买受人支付定金或者房价款的行为。

（2）**"商品房预售许可证"**。"商品房预售许可证"，是市、县、人民政府房地产管理部门向房地产开发公司颁发的一项证书，用以证明列入证书范围内的正在建设中的房屋已

经可以预先出售给承购人。

2. 商品房预售的相关问题解答

（1）商品房预售应当符合哪些条件？

1）已交付全部土地使用权出让金，取得土地使用权证书。

2）持有"建设工程规划许可证"。

3）按提供预售的商品房计算，投入开发建设的资金达到工程建设总投资的 25% 以上，并已经确定施工进度和竣工交付日期。

4）向县级以上人民政府房产管理部门办理预售登记，取得商品房预售许可证明。

商品房预售人应当按照国家有关规定将预售合同报县级以上人民政府房产管理部门和土地管理部门登记备案。

（2）商品住房取得预售许可证的最小规模是什么？

预售许可的最小规模不得小于栋，不得分层、分单元办理预售许可。

（3）商品住房预售方案包括哪些内容？

房地产开发企业向主管部门申请商品住房预售许可，需要提交预售方案。

商品住房预售方案应当包括项目基本情况、建设进度安排、预售房屋套数、面积预测及分摊情况、公共部位和公共设施的具体范围、预售价格及变动幅度、预售资金监管落实情况、住房质量责任承担主体和承担方式、住房能源消耗指标和节能措施等。

房地产开发企业应当按照商品住房的预售方案销售商品住房。预售方案中主要内容发生变更的，应当报主管部门备案并公示。

（4）主管部门要求房地产开发企业取得预售许可采取什么行为以防止捂盘？

取得销售许可的商品住房项目，房地产开发企业要在十日内一次性公开全部准售房源对外销售。每套房屋价格要严格按照申报价格明码标价。

（5）房地产开发企业在销售现场应明示哪些信息？

房地产开发企业在商品住房销售现场应清晰明示商品住房的预售许可情况、商品住房预售方案、开发建设单位的资质以及代理销售的房地产经纪机构备案情况等信息。

（6）预售人应多少天内办理预售登记备案？

商品房预售，开发企业应当与承购人签订商品房预售合同。预售人应当在签约之日起 30 日内持商品房预售合同向县级以上人民政府房地产管理部门和土地管理部门办理登记备案手续。

商品房的预售可以委托代理人办理，但必须有书面委托书。

2.6.2 "商品房预售许可证"的办理及内容

1. 办理"商品房预售许可证"应提交的资料

（1）已交付全部土地使用权出让金的收据和土地使用权证书。

（2）"建设工程规划许可证"和"建筑工程施工许可证"。

（3）按提供预售的商品房计算，投入开发建设的资金达到工程建设总投资的 25% 以上的证明材料，并已经确定施工进度和竣工交付日期。

（4）开发企业的营业执照和资质等级证书。

（5）工程施工合同和白蚁防治合同。

（6）已在项目所在地商业银行开设商品房预售款专用账户。

（7）预售商品房项目及其土地使用权未设定他项权。

（8）具有预售说明书（内容包括商品房的位置、地点、装修标准、售价表、销售计划，公共建筑的分摊，项目工程施工进度，开工及竣工交付使用时间等）。

（9）项目规划平面图（由核发预售许可证部门在平面图中注明预售商品房项目的坐落位置和楼号）。

（10）物业管理方案已经落实。

2. "商品房预售许可证"包含的内容

"商品房预售许可证"包括下列内容：①预售许可证编号；②开发商名称；③项目名称；④项目坐落地点；⑤土地使用权出让合同书号、地块编号；⑥批准预售的建筑面积，其中包含的各类建筑面积和套数、间数；⑦发证机关、有效期；⑧附注内容等。

2.6.3　商品房销售明码标价的概念及相关问题解答

1. 商品房明码标价的概念

商品房销售明码标价，是指商品房经营者在销售商品房时按照《商品房销售明码标价规定》的要求公开标示商品房价格、相关收费以及影响商品房价格的其他因素。

已取得预售许可和销售现房的房地产经营者，要在公开房源时，按照规定实行明码标价。商品房经营者不得在标价之外加价销售商品房，不得收取任何未予标明的费用。商品房经营者应当在商品房交易场所的醒目位置放置标价牌、价目表或者价格手册，有条件的可同时采取电子信息屏、多媒体终端或计算机查询等方式。采取上述多种方式明码标价的，各种标价媒介的标价内容应当保持一致。

2. 商品房销售明码标价的相关问题解答

（1）商品房销售明码标价应标示哪些相关信息？

商品房销售明码标价，实行一套一标。商品房经营者应当对每套商品房进行明码标价。按照建筑面积或者套内建筑面积计价的，还应当标示建筑面积单价或者套内建筑面积单价。

商品房经营者应当明确标示以下与商品房价格密切相关的因素：

1）开发企业名称、预售许可证、土地性质、土地使用起止年限、楼盘名称、坐落位置、容积率、绿化率、车位配比率。

2）楼盘的建筑结构、装修状况以及水、电、燃气、供暖、通信等基础设施配套情况。

3）当期销售的房源情况以及每套商品房的销售状态、房号、楼层、户型、层高、建筑面积、套内建筑面积和分摊的共有建筑面积。

4）优惠折扣及享受优惠折扣的条件。

5）商品房所在地省级价格主管部门规定的其他内容。

（2）商品房销售明码标价应公示哪些收费？

商品房销售应当公示以下收费：

1）商品房交易及产权转移等代收代办的收费项目和收费标准。代收代办收费应当标明由消费者自愿选择。

2）商品房销售时选聘了物业管理企业的，商品房经营者应当同时公示前期物业服务内容、服务标准及收费依据、收费标准。

3）商品房所在地省级价格主管部门规定的其他内容。

（3）对已销售的房源应如何标示？

对已销售的房源，商品房经营者应当予以明确标示。如果同时标示价格，则应当标示所有已销售房源的实际成交价格。

2.7　竣工验收与交付使用

2.7.1　竣工验收的相关问题解答

（1）什么是商品房验收合格？

商品房验收合格，是指单体（即单幢楼盘）验收合格。

（2）什么是商品房综合验收合格？

商品房综合验收合格，是指包含所有配套设施在内的全部建筑物的验收合格。

（3）商品房竣工验收的过程是怎样的？

房地产开发项目竣工，经验收合格后，方可交付使用；未经验收或者验收不合格的，不得交付使用。

房地产开发项目完工后，房地产开发企业应当提请规划、消防、环保、质量技术监督、城建档案、燃气和房管等有关主管部门进行专项验收，并按专项验收部门提出的意见整改完毕，取得合格证明文件或准许使用文件，并组织设计、施工和监理等单位进行竣工验收。

（4）建设工程竣工验收应提交什么资料？

建设工程竣工验收前，施工单位要向建委提供安监站出具的"工程施工安全评价书"。

建设工程竣工验收，建设单位要提供以下资料到质监站审核，质监站在七个工作日内审核完毕；建设单位组织有关单位验收时，质监站派员现场监督：

1）已完成工程设计和合同约定的各项内容。

2）工程竣工验收申请表。

3）工程质量评估报告。

4）勘察、设计文件质量检查报告。

5）完整的技术档案和施工管理资料（包括设备资料）。

6）工程使用的主要建筑材料、建筑构配件和设备的进场试验报告。

7）地基与基础、主体混凝土结构及重要部位检验报告。

8）建设单位已按合同约定支付工程款。

9）施工单位签署的"工程质量保修书"。

10）市政基础设施的有关质量检测和功能性试验资料。

11）规划部门出具的规划验收合格证。

12）公安、消防、环保、防雷、电梯等部门出具的验收意见书或验收合格证。

13）质监站责令整改的问题已全部整改好。

14）造价站出具的工程竣工结算书。

（5）建设工程竣工后，是否必须取得"规划验收许可证"？

建设工程竣工后，建设单位或个人持建筑工程竣工测绘报告向原审批部门申请规划验收。未经验收或验收不合格的，不予核发"规划验收许可证"，不予办理房地产权登记，不得投入使用。

（6）什么情况下不予核发"规划验收许可证"？

根据规定，有下列情形之一的，不予进行规划验收：①擅自变更建筑设计（包括变更建筑物位置、立面、层数、平面、使用功能、建筑结构、设备的容量）的；②未拆除原"建设工程规划许可证"标明应拆除的建筑物或构筑物的；③未拆除用地范围内的临时设施，未完成其配套工程的；④其他不符合"建设工程规划许可证"要求的。

（7）对成片开发、分期开发的住宅小区是如何进行规划验收的？

成片开发的住宅区、工业区在进行单体建筑工程的规划验收后，还应进行小区规划验收。小区建设分期分批进行时，其配套工程应按计划同步完成。未完成时，同期的其他项目不予规划验收。

2.7.2　交付使用的相关问题解答

（1）什么叫入伙？

入伙即是业主领取钥匙、接房入住的过程，也是开发商将房屋交付业主使用的过程。

（2）商品住房交付使用有哪些条件？

商品住房交付使用条件如下：

1）工程经竣工验收合格并在当地主管部门备案。

2）配套基础设施和公共设施已建成并满足使用要求。

3）北方地区住宅的分户热计量装置安装符合设计要求。

4）住宅质量保证书和住宅使用说明书制度已落实。

5）商品住房质量责任承担主体已明确，前期物业管理已落实。

（3）在交付时，与样板房不一致时该如何处理？

房地产开发企业销售商品房时设置样板房的，应当说明实际交付的商品房的质量、设备及装修与样板房是否一致；未作说明的，实际交付的商品房应当与样板房一致，不一致

的，按合同违约处理。

（4）未经验收或验收不合格就交付使用的，开发商该承担什么责任？

房地产开发企业将未组织竣工验收、验收不合格或者对不合格按合格验收的商品房擅自交付使用的，按照《建设工程质量管理条例》的规定处罚。

（5）在房屋交付时，开发商应提交哪些文件？

在房屋交付时，房地产开发企业应当根据《商品住宅实行质量保证书和住宅使用说明书制度的规定》，向买受人提供"住宅质量保证书""住宅使用说明书"。"住宅质量保证书"用于明确开发商应承担的保修责任，"住宅使用说明书"的作用是向业主提示合理使用住房的注意事项。

应注意的事项：①"两书"的交付时间为商品房交付的时间；②商品房的保修期以将竣工验收的住宅交付用户使用之日起计算；③两书制度执行1998年建设部颁布的《商品住宅实行住宅质量保证书和住宅使用说明书制度的规定》。

（6）"住宅质量保证书"有哪些内容？

"住宅质量保证书"的内容：①工程质量部门核验的质量等级；②保修范围；③保修期；④用户报修的单位；⑤答复和处理的时限。

（7）"住宅使用说明书"有哪些内容？

"住宅使用说明书"的内容：①开发单位、设计单位、施工单位，委托监理的应注明监理单位；②结构类型；③装修、装饰注意事项；④上水、下水、电、燃气、热力、通信、消防等设施配置的说明；⑤有关设备、设施安装预留位置的说明和安装注意事项的说明；⑥门、窗类型，使用注意事项；⑦配电负荷；⑧承重墙、保温墙、防水层、阳台等部位注意事项说明；⑨其他需要说明的问题；⑩住宅中配置的设施、设备，生产厂家的使用说明书。

（8）在房屋交付使用后，在质量保修方面有哪些规定？

房地产开发企业应当对所售商品房承担质量保修责任。当事人应当在合同中就保修范围、保修期限、保修责任等内容做出约定。

商品住宅的保修期限不得低于建设工程承包单位向建设单位出具的质量保修书约定保修期的存续期；存续期少于《商品住宅实行质量保证书和住宅使用说明书制度的规定》（以下简称《规定》）中确定的最低保修期限的，保修期不得低于《规定》中确定的最低保修期限。

非住宅商品房的保修期限不得低于建设工程承包单位向建设单位出具的质量保修书约定保修期的存续期。

在保修期限内发生的属于保修范围的质量问题，房地产开发企业应当履行保修义务，并对造成的损失承担赔偿责任。因不可抗力或者使用不当造成的损坏，房地产开发企业不承担责任。

（9）交付使用后，如对房屋质量存有疑问时，该如何处理？

商品房交付使用后，买受人认为主体结构质量不合格的，可以依照有关规定委托工程质量检测机构重新核验。经核验，确属主体结构质量不合格的，买受人有权退房；给买受人造成损失的，房地产开发企业应当依法承担赔偿责任。

（10）天然气何时开通？

根据市政规定，新项目入住率达到 70% 才可以通天然气。

（11）一般新建住宅交付使用应达到怎样的要求？

1）给水通。生活用水应纳入城市自来水管网，使用地下水必须经城市公用事业管理部门审核批准。

2）排水通。污水的排放应纳入永久性城市排放系统，不能客观条件限制一时无法纳入的须拟定经市主管部门审批同意的实施方案，并经环保水利部门同意的方可在规定期限内采取临时排放设施。

3）电通。用电应纳入城市供电网络，不得使用临时电和不规范电。

4）道路通。道路与外界交通干道之间必须有直达的道路相连。

5）道路平整。住宅涉及区域应做到场地清洁，道路平整，并与施工工地有明显的隔离设施，不影响居民出入并保持环境整洁。

6）应按规划要求配公交站。

7）小区须按照规划要求配教育、医疗保健、商业网点、环卫、邮电、社区服务和行政管理等公共设施。

8）另外，还有燃气通、供暖通和通信通。

（12）商品房延期交付的，开发商应当承担什么责任？

因开发商的过错，不能按约定的时间交付房地产的，开发商应当支付违约金。违约金数额在房地产买卖合同中有约定的，从合同约定；未约定的，为延期交付房地产期间的指导租金。造成购买人损失的，开发商除支付违约金外，还应当负赔偿责任。

开发商超过房地产买卖合同约定时间 90 日仍不交付房地产的，购买人有权解除合同，但开发商与购买人另有约定的除外。

（13）购买预售商品房后，开发商是否可以变更项目设计？

房地产开发企业应当按照批准的规划、设计建设商品房。商品房销售后，房地产开发企业不得擅自变更规划、设计。

《深圳经济特区房地产转让条例》规定，已预售的房地产在建筑工程施工过程中，对公共设施部分不得变更设计。如确需变更设计的，应征得全体受让人 4/5 以上的同意。

《商品房销售管理办法》（建设部 88 号令）还规定，经规划部门批准的规划变更、设计单位同意的设计变更导致商品房的结构形式、户型、空间尺寸、朝向变化，以及出现合同当事人约定的其他影响商品房质量或者使用功能情形的，房地产开发企业应当在变更确立之日起 10 日内，书面通知买受人。

买受人有权在通知到达之日起 15 日内做出是否退房的书面答复。买受人在通知到达之日起 15 日内未作书面答复的，视同接受规划、设计变更以及由此引起的房价款的变更。房地产开发企业未在规定时限内通知买受人的，买受人有权退房；买受人退房的，由房地

产开发企业承担违约责任。

2.8 "房地产证"的办理

2.8.1 "房地产证"的相关概念

（1）"**房地产证**"。"房地产证"，是权利人依法管理、经营、使用和处分房地产的凭证，是合法拥有房地产的凭证。

（2）**房屋产权证**。房屋产权证，是对进行了房屋产权登记后所发证件的统称。根据登记的产权情况又可分为"房屋所有权证""房屋共有权保持证"和"房屋他项权证"三种。

"房屋所有权证"发给拥有房屋的所有权人。"房屋共有权保持证"发给房屋共有人。"房屋他项权证"发给与房屋所有权有关的其他财产权人，如典权人、抵押权人等。

在形式上房屋产权证有红证和绿证之分。

红证为商品房，**绿证**为福利房（1994年开始）。1995年1月1日起，如红证则是商品房，可自由转让和抵押。它是通过市场地价来做核心区分的。绿证是指非商品房，不能自由转让。它的地属于历史用地，行政划拨地，协议中的减免地价的地。

如果是单位购买的商品房再卖给个人的，则单位是红证，个人是绿证。

2.8.2 "房地产证"的相关问题解答

（1）现在颁发的"房地产证"与过去有关部门颁发的"房屋所有权证""国有土地使用权证"有什么区别，为什么要换证？

现在颁发的"房地产证"是由原"房屋所有权证""国有土地使用权证"合二为一，统一制作成单一的"房地产证"，由一个部门统一颁发。为统一"房地产证"的发放，加强房地产权管理，过去的"房屋所有权证""国有土地使用权证"都要更换成新的"房地产证"，但在更换前继续有效。

（2）新的"房地产证"如何体现土地和房屋的产权？

新的"房地产证"分别设置土地、房屋两个栏目，对土地使用权、房屋所有权同时进行登记，以确认权利人的上述两项权利。

（3）"房地产证"主要记载哪些内容？

现在所发的"房地产证"，主要记载业主所购房地产的房产与土地的有关内容。如权利人的名称、身份证号，土地的权属来源、宗地号、土地等级、用途、使用年限，房地产的名称、栋号、房号、建筑面积、建购价款等。

（4）对于只有"房屋所有权证"，没有"国有土地使用权证"的房屋是否能办理买卖、抵押手续？

我国还有不少地区没有将商品房的土地产权登记发证与房屋产权登记发证进行统一。对于只有"房屋所有权证"，没有"国有土地使用权证"的房屋，不影响房屋业主对房屋的合法处理，凭"房屋所有权证"依法可以办理房屋的买卖、出租和抵押手续。

如果有必要证明土地的性质、使用年限、取得方式的话，只需凭"房屋所有权证"到国土局开证明即可。

（5）"房屋所有权证"与"房地产证"的主要区别是什么？

"房屋所有权证"中没有注明房屋的产权的使用年限，而"房地产证"中由于多了有关土地的相关信息，所以会注明土地的使用年限，如住宅的使用年限就是 70 年。

2.8.3　"房地产证"办理的相关问题解答

（1）房屋所有权证办理的手续是怎样的？

1）承办部门：房管局。

2）申报资料：①营业执照或法人代码证；②国有土地使用权证；③"建设用地规划许可证"；④"建设工程规划许可证"；⑤"建筑工程施工许可证"；⑥建设工程（质量）竣工验收证明；⑦房屋平面图（房屋坐落平面图、房屋分层分户平面图、房屋分户平面图）。

3）申办程序：①开发商到房屋所在地房管局填写"房产登记申请书"，提供规定的资料进行登记；②房管局对申报资料进行初审，并委托房屋测绘中心到现场勘测丈量、绘制平面图；③符合登记要求的将全部资料一式两份（原件一份，复印件一份），图纸一式三份（有共有权人的按共有人数增加图纸）报房屋产权登记中心审批签发房屋权属证书；④房屋产权登记中心委托房管局将权属证书发给开发商。

4）办结时限：办理各种房屋权属登记，负责初审、复审、审批的房管局、房屋产权登记中心等职能部门，应在 5 个工作日内完成所承担环节的工作事项。对符合规定条件的申报件，权属证书应在 15 个工作日内办理完毕。

（2）购买一手商品房，何时可以申请办理"房地产证"？

根据规定，只有商品房项目办理了房地产初始登记后，购房者才能顺利地领取"房地产证"。也就是说，只有开发商按要求将商品房项目有关初始登记材料上报登记部门，按规定交纳有关税费并经登记部门按程序审批核准后，初始登记才算结束，购房者才能办证。因此，并不是开发商一提交商品房项目的资料，购房者就可以申请办理"房地产证"。

（3）开发商办理产权证的期限是多少？

由于开发商的原因，买受人在下列期限届满未能取得房屋权属证书的，除当事人有特殊约定外，开发商应当承担违约责任：

1）商品房买卖合同约定的办理房屋所有权登记的期限。

2）商品房买卖合同的标的物为尚未建成房屋的，自房屋交付使用之日起 90 日。

3）商品房买卖合同的标的物为已竣工房屋的，自合同订立之日起 90 日。

（4）未成年人是否可以作为权利人办理"房地产证"？

未成年人可以作为权利人办理"房地产证"，但办理时须提交其监护关系证明和监护人身份证明，并在"房地产证"上备注其法定监护人姓名。由于未成年人为没有民事行为

能力或限制民事行为能力的人，因此在处分该房地产时必须符合有关法律规定。

（5）购买房地产时，如果购买了屋顶花园，为何在办理"房地产证"时却没有反映出来？

现行的法律、法规规定，屋顶空间是一个公共空间，是不能销售的，它不符合房地产登记条例的规定，所以在办理产权登记时没有体现出来。购房者只能从所签订的购房合同中体现其对屋顶的使用权利，但其产权并未得到现行法律、法规的保障。

（6）拆迁赔偿房如何办理"房地产证"，能否转让？

拆迁赔偿的房地产，原则上按被拆房地产的性质进行登记发证。办理时应提交下列资料：①"房地产转移登记申请书"；②身份证明；③经规划国土部门或旧城改造办鉴证的拆迁赔偿协议书；④补偿与被拆迁房地产有差价的，差值部分应提交补差发票复印件及开发商出具的付清差价款证明。

拆迁赔偿房的登记价，一般按新建房的建筑成本登记；补交差价的，差价计入登记价。

拆迁赔偿房属于商品房地产的，发红皮"房地产证"，可以转让；不属于商品房的，发绿皮"房地产证"，不能转让。

2.9 物业管理与房屋修缮

2.9.1 物业管理的相关概念

（1）**物业**。它是指已建成并投入使用的各类房屋及与之相配套的设备、设施和场地。各类房屋可以是住宅区，也可以是单体的其他建筑，还包括综合商住楼、别墅、高档写字楼、商贸大厦、工业厂房、仓库等。与之相配套的设备、设施和场地，是指房屋室内外各类设备、公共市政设施及相邻的场地、庭院、干道。

（2）**物业管理**。它是指业主通过选聘物业服务企业，由业主和物业服务企业按照物业服务合同约定，对房屋及配套的设施设备和相关场地进行维修、养护、管理，维护物业管理区域内的环境卫生和相关秩序的活动。国家提倡业主通过公开、公平、公正的市场竞争机制选择物业服务企业。

物业服务企业在 2003 年《物业管理条例》中被称为物业管理企业，2007 年版的《物业管理条例》中将其改称为物业服务企业。

（3）**物业服务**。它是指物业服务企业按照物业服务合同的约定，对房屋及配套的设施设备和相关场地进行维修、养护、管理，维护物业管理区域内的环境卫生和秩序的活动。

（4）**物业管理服务费**。它是指物业产权人、使用人委托物业管理单位对居住小区内的房屋建筑及其设备、公用设施、绿化、整治及提供与居民生活相关的服务所收取的费用。

（5）**业主**。业主是指物业的所有人或使用人。

（6）**管理规约**。它是一份由业主承诺并对全部业主有约束力的有关物业使用、维修、保养方面的权利及义务的行为准则。管理规约在 2003 年《物业管理条例》中被称为业主公约，2007 年版的《物业管理条例》中将其改称为管理规约。

（7）**业主委员会**。它是指由物业管理区域内业主代表组成，代表业主的利益，向社会各方反映业主意愿和要求，并监督物业管理公司管理运作的一个民间性组织。业主委员会的权力基础是其对物业的所有权，它代表该物业的全体业主，对该物业有关的一切重大事项拥有决定权。业主委员会由业主大会从全体业主中选举产生，是经政府部门批准成立的代表物业全体业主合法权益的社会团体，其合法权益受国家法律保护。

根据 2009 年《业主大会和业主委员会指导规则》规定，业主委员会由业主大会会议选举产生，由 5～11 人单数组成。业主委员会委员应当是物业管理区域内的业主。业主委员会委员实行任期制，每届任期不超过五年，可连选连任，业主委员会委员具有同等表决权。业主委员会应当自选举之日起七日内召开首次会议，推选业主委员会主任和副主任。

（8）**物业承接查验**。它是指承接新建物业前，物业服务企业和建设单位按照国家有关规定和前期物业服务合同的约定，共同对物业共用部位、共用设施设备进行检查和验收的活动。

建设单位应当在物业交付使用 15 日前，与选聘的物业服务企业完成物业共用部位、共用设施设备的承接查验工作。建设单位应当按照国家有关规定和物业买卖合同的约定，移交权属明确、资料完整、质量合格、功能完备、配套齐全的物业。

2.9.2　房屋修缮与保修

1. 房屋修缮与保修的相关概念

（1）**房屋修缮**。它是指对已建成的房屋进行拆改、翻修和维护，以保障房屋的住用安全，保持和提高房屋的完好程度与使用功能。

（2）**房屋完好率**。它是指完好房屋和基本完好房屋建筑面积与全部房屋建筑面积之比。

（3）**商品房维修基金**。它是指新建商品住宅（包括经济适用住房）出售后建立的共用部位、共用设施设备维修基金，专项用于物业保修期满后，共用部位、共用设备设施的大中修和更新改造。

（4）**房改房维修基金**。它是指公有住房出售后建立的共用部位、共用设施设备维修基金。

（5）**保修期**。它是指物业开发建设单位在物业交付使用后，对业主承担保修责任的期限。

（6）**共用部位**。它是指住宅主体承重结构部位（包括基础、内外承重墙体、柱、梁、楼板、屋顶等）、户外墙面、门厅、楼梯间、走廊通道等。

（7）**共用设施设备**。它是指住宅小区或单幢住宅内，建设费用已分摊进入住房销售价格的共用的上下水管道、雨水管、水箱、加压水泵、电梯、天线、供电线路、照明、锅炉、暖气线路、煤气线路、消防设施、绿地、道路、路灯、沟渠、池、井、非经营性车库、公益性文体设施和共用设施设备使用的房屋等。

2. 房屋修缮与保修的相关问题解答

（1）商品房保修期限和起计时间是怎样的？

房地产开发企业应当对其出售的新建商品房承担质量保修责任。房地产开发企业应当与受让人在转让合同中约定保修范围、保修期限和保修责任。约定的保修期限不得低于国家规定的最低期限。保修期限自商品房交付之日起计算。

新建商品房在保修期限内再转让的，房地产开发企业应当继续承担对该商品房的保修责任。

（2）商品房保修期是多长？

建设部颁发的《商品住宅实行住宅质量保证书和住宅使用说明书制度的规定》第五条规定，"住宅质量保证书"应当包括以下内容：

1）工程质量监督部门核验的质量等级。

2）地基基础和主体结构在合理使用寿命年限内承担保修。

3）正常使用情况下各部位、部件保修内容与保修期。

①屋面防水三年。

②墙面、厨房和卫生间地面、地下室、管道渗漏一年。

③墙面、顶棚抹灰层脱落一年。

④地面空鼓开裂、大面积起砂一年。

⑤门窗翘裂、五金件损坏一年。

⑥管道堵塞两个月。

⑦供热、供冷系统和设备一个采暖期或供冷期。

⑧卫生洁具一年。

⑨灯具、电器开关六个月。

⑩其他部位、部件的保修期限，由房地产开发企业与用户自行约定。

4）国务院颁布的《建设工程质量管理条例》第四十条则规定，在正常使用条件下，建设工程的最低保修期限如下：

①基础设施工程、房屋建筑的地基基础工程和主体结构工程，为设计文件规定的该工程的合理使用年限。

②屋面防水工程、有防水要求的卫生间、房间和外墙面的防渗漏，为五年。

③供热与供冷系统，为两个采暖期、供冷期。

④电气管线、给水排水管道、设备安装和装修工程，为两年。

⑤其他项目的保修期限由发包方与承包方约定。

建设工程的保修期，自竣工验收合格之日起计算。

两者规定有些差异，根据行政法规优先于部门规章，当两者规定不一样时取《建设工程质量管理条例》。

FangDiChan

第3章

房地产交易与营销基础知识

3.1　房地产销售

1. 房地产销售的相关概念

（1）**期房**。它是指房地产开发商从取得"商品房预售许可证"开始至取得房地产权证大产证为止，所出售商品房称为期房。消费者在购买期房时应签商品房预售合同。

（2）**现房**。它是指消费者在购买时具备即买即可入住的商品房，即开发商已办妥所售的商品房的大产证的商品房，与消费者签订商品房买卖合同后，立即可以入住并办理产权证。

（3）**商品房的起价**。它是指商品房在销售时各楼层销售价格中的最低价格。

（4）**商品房的均价**。它是指商品房在销售价格相加之后的和数除以单位建筑面积的和数，即得出每平方米的价格。

（5）**实际销售面积**。它是指报告期已竣工的房屋面积中已正式交付给购房者或已签订（正式）销售合同的商品房屋面积。它不包括已签订预售合同正在建设的商品房屋面积，但包括报告期或报告期以前签订了预售合同，在报告期又竣工的商品房屋面积。

（6）**预售面积**。它是指报告期末仍未竣工交付使用，但已签订预售合同的正在建设的商品房屋面积。报告期预售又在报告期转正式或协议销售的商品房屋的面积应列入实际销售面积，同时统计为销售收入。

（7）**内部认购**。它是指房地产开发商在尚没有获得"商品房预售许可证"之前，以在小范围内推出内部认购的方式来推介商品房。内部认购的最重要前提是具有一定幅度的购房优惠承诺，优惠一般是比照"开盘价"而言的。如果按照目前房地产开发商通行的"低开高走"的营销原则，内部认购价应该是该商品房销售过程中的"最低价"。在内部认购期间开发商只能收取可退回的诚意金而不能收取客户定金。

（8）**五证两书**。五证按获取的先后顺序排列："建设用地规划许可证"；"国有土地使用权证"；"建设工程规划许可证"；"建筑工程施工许可证"；"商品房预（销）售许可证"。

两书是指商品房质量保证书和商品房使用说明书。

（9）**销售率**。它是指售出的套数占总套数的比例。

（10）**以租代售**。它是指将空置的商品房进行出租，并与租房者签订一个合同，在合同期内买所租的房，开发商即以租房时的价格卖给租房者，而租房者在租房期内所交的房租，可以抵冲部分购房款，待租房者付清所有房款后，便获得该房的全部房产权；如果租房者在合同期限内不购房，则作退租处理，先期交纳的租金可以作为房产开发商收取的房租。

（11）**商品房现售**。它是指房地产开发企业将竣工验收合格的商品房出售给买受人，并由买受人支付房价款的行为。

（12）**商品房预售**。它是指房地产开发企业将正在建设中的商品房预先出售给买受人，

并由买受人支付定金或者房价款的行为。

（13）**返本销售**。它是指房地产开发企业以定期向买受人返还购房款的方式销售商品房的行为。

（14）**售后包租**。它是指房地产开发企业以在一定期限内承租或者代为出租买受人所购该企业商品房的方式销售商品房的行为。

（15）**分割拆零销售**。它是指房地产开发企业以将成套的商品住宅分割为数部分分别出售给买受人的方式销售商品住宅的行为。

（16）**产权登记面积**。它是指房地产行政主管部门确认登记的房屋面积。

2. 房地产销售的相关问题解答

（1）房地产现售需要具备哪些条件？

房地产现售需要具备下列条件：①现售商品房的房地产开发企业应当具有企业法人营业执照和房地产开发企业资质证书；②取得土地使用权证书或者使用土地的批准文件；③持有"建筑工程规划许可证"和"建筑工程施工许可证"；④已通过竣工验收；⑤拆迁安置已经落实；⑥供水、供电、供热、燃气、通信等配套基础设施具备交付使用条件，其他配套基础设施和公共设施具备交付使用条件或者已确定施工进度和交付日期；⑦物业管理方案已经落实。

（2）现房、期房分别怎样判断合法性？

按规定，手续齐全的"合法"的期房，销售必须"五证""两书"齐全。而已取得国有土地使用证和房屋所有权证的现房销售时，将不再办理"商品房销售许可证"，购房人买这样的现房，只要看国有土地使用证和房屋所有权证这两证两书就可以了。而已竣工但尚未取得国有土地使用证和房屋所有权证的现房，仍须按照有关规定办理商品房预售许可证，仍需要有"五证""两书"。

（3）商品房销售有什么禁止性规定？

商品房销售有以下禁止性规定：

1）不符合商品房预售条件的房地产开发企业不得销售商品房，不得向买受人收取任何预订款性质的费用。

2）房地产开发企业不得在未解决商品房买卖合同前，将作为合同标的物的商品房再行销售给他人。

3）房地产开发企业不得采取返本销售或者变相返本销售的方式销售商品房。

4）房地产企业不得采取售后包租或者变相售后包租的方式销售未竣工的商品房。

5）商品住宅按套销售，不得分割拆零销售。

（4）商品房可以按什么样的方式计价销售？

商品房可以按套（单元）计价，也可以按建筑面积或者套内建筑面积计价销售。按套（单元）计价或者按套内建筑面积计价的，商品房买卖合同中应当注明建筑面积和分摊的共有建筑面积。按套内建筑面积或者建筑面积计价的，当事人应当在合同中载明合同约定面积与产权登记面积发生误差的处理方式。

（5）按套销售的房屋怎么约定价款？

按套（单元）计价的现售房屋，当事人对现售房屋实地勘察后可以在合同中直接约定总价款。

按套（单元）计价的预售房屋，房地产开发企业应当在合同中附所售房屋的平面图。平面图应当标明详细尺寸，并约定误差范围。房屋交付时，套型与设计图纸一致，相关尺寸也在约定的误差范围内，维持总价款不变；套型与设计图纸不一致或者相关尺寸超出约定的误差范围，合同中未约定处理方式的，买受人可以退房或者与房地产开发企业重新约定总价款。买受人退房的，由房地产开发企业承担违约责任。

（6）按面积销售的房屋怎么处理面积误差？

按套内建筑面积或者建筑面积计价的，当事人应当在合同中载明合同约定面积与产权登记面积发生误差的处理方式。

合同未作约定的，按以下原则处理：

1）面积误差比绝对值在 3% 以内（含 3%）的，据实结算房价款。

2）面积误差比绝对值超出 3% 时，买受人有权退房。买受人退房的，房地产开发企业应当在买受人提出退房之日起 30 日内将买受人已付房价款退还给买受人，同时支付已付房价款利息。买受人不退房的，产权登记面积大于合同约定面积时，面积误差比在 3% 以内（含 3%）部分的房价款由买受人补足；超出 3% 部分的房价款由房地产开发企业承担，产权归买受人。产权登记面积小于合同约定面积时，面积误差比绝对值在 3% 以内（含 3%）部分的房价款由房地产开发企业返还买受人；绝对值超出 3% 部分的房价款由房地产开发企业双倍返还买受人。

面积误差比 =（产权登记面积 – 合同约定面积）/合同约定面积 × 100%

（7）购房预订款性质的费用可以退还吗？

不符合商品房销售条件的，房地产开发企业不得销售商品房，不得向买受人收取任何预订款性质的费用。

符合商品房销售条件的，房地产开发企业在订立商品房买卖合同之前向买受人收取预订款性质费用的，订立商品房买卖合同时，所收费用应当抵作房价款；当事人未能订立商品房买卖合同的，房地产开发企业应当向买受人返还所收费用；当事人之间另有约定的，从其约定。

3.2　商品房买卖合同

1. 商品房买卖合同的相关概念

（1）**商品房认购协议书**。它是指商品房买卖双方在签署预售合同或买卖合同前所签订的文书，是对双方交易的商品房有关事宜的初步确认。

（2）**商品房买卖合同**。它是指由国土局统一编制，用以明确买卖双方权利和义务的协议，所有的商品房销售都须签订此合同，内销的房地产合同可免做公证，外销的房地产合

同必须做公证。

（3）**商品房预售合同**。它是指商品房预售房和预购方双方约定，预售方在约定时间内将建成的商品房所有权转移给预购方，预购方向预售方交付定金或部分房款并按期接收商品房的书面协议。

（4）**违约金**。它是指按照当事人的约定或者法律直接规定，一方当事人违约的，应向另一方支付的金钱。违约金的标准是金钱，但当事人也可以约定违约金的标的物为金钱以外的财产。

2. 商品房买卖合同的相关问题解答

（1）购房时，什么时候签订预售合同，什么时候签订现售合同？

在购买尚未竣工交付使用但已取得"商品房预售许可证"的房地产时，签订预售合同；当购买已经竣工验收合格交付使用并办理了初始登记的房地产时，签订现售合同。

（2）商品房预售合同主要包括哪些内容？

商品房买卖合同应当明确以下主要内容：①当事人名称或者姓名和住所；②商品房基本状况；③商品房的销售方式；④商品房价款的确定方式及总价款、付款方式、付款时间；⑤交付使用条件及日期；⑥装饰、设备标准；⑦供水、供电、供热、燃气、通信、道路、绿化等配套基础设施和公共设施的交付承诺和有关权益、责任；⑧公共配套建筑的产权归属；⑨面积差异的处理方式；⑩办理产权登记有关事宜；⑪解决争议的方法；⑫违约责任；⑬双方约定的其他事项。

（3）商品房买卖合同规范文本有什么重点约定？

根据2010年《关于进一步加强房地产市场监管完善商品住房预售制度有关问题的通知》，目前全国各地都在制订完善商品住房买卖合同示范文本，积极推行商品住房买卖合同网上签订和备案制度。

商品住房买卖合同示范文本应对商品住房质量性能，物业会所、车位等设施归属，交付使用条件及其违约责任做出明确约定，并将"住宅质量保证书""住宅使用说明书"作为合同附件。

房地产开发企业应当将商品住房买卖合同在合同订立前向购房人明示。

（4）买受人贷款未获批准，是否可以解除合同？

商品房买卖合同约定，买受人以担保贷款方式付款，因当事人一方原因未能订立商品房担保贷款合同并导致商品房买卖合同不能继续履行的，对方当事人可以请求解除合同和赔偿损失。因不可归责于当事人双方的事由未能订立商品房担保贷款合同并导致商品房买卖合同不能继续履行的，当事人可以请求解除合同，出卖人应当将收受的购房款本金及其利息或者定金返还买受人。

（5）出卖人迟延交付房屋或者买受人迟延支付购房款的逾期时间为多长？

出卖人迟延交付房屋或者买受人迟延支付购房款，经催告后在三个月的合理期限内仍未履行，当事人一方请求解除合同的，应予支持，但当事人另有约定的除外。

法律没有规定或者当事人没有约定，经对方当事人催告后，解除权行使的合理期限为三个月。对方当事人没有催告的，解除权应当在解除权发生之日起一年内行使；逾期不行使的，解除权消灭。

（6）受让人不能按时付款时，应当承担什么责任？

现售商品房的受让人不按约定期限给付价款的，应当比照中国人民银行有关延期付款的规定支付违约金；因受让人过错造成转让人损失的，受让人除支付违约金外，还应当负赔偿责任。受让人超过商品房买卖合同约定时间 90 日仍不给付价款的，转让人有权解除合同，但受让人与转让人另有约定的除外。

预售商品房的受让人不按期给付价款的，按下列规定承担违约责任：①受让人给付的金额达应付价款 50% 以上的，受让人应当比照中国人民银行有关延期付款的规定向转让人支付延期付款违约金；②受让人给付的金额不足应付价款 50% 的，转让人可要求受让人支付违约金。受让人超过合同约定时间 90 日仍不给付应付价款的，转让人有权解除商品房买卖合同。

（7）在签订正式商品房买卖合同后，购房者退房应当承担什么责任？

按规定，在双方签订正式商品房买卖合同之后，买卖双方必须按合同条款履行合同。如果开发商违约，并符合合同中有关退房的约定，购房者不但不需要承担责任，还可追究开发商的违约责任；如果开发商没有违约，购房者想退房，在没有取得开发商同意的情况下，会被要求按合同依法追究违约责任并没收定金。因此，购房者在签订正式房地产买卖合同时，应慎重行事。

3.3　房地产转让

1. 房地产转让的相关概念

房地产交易，包括房地产转让、房地产抵押和房屋租赁三种形式。在房地产交易中国家规定了基本的制度，即国有土地有偿有限期使用制度、房地产价格申报制度、房地产价格评估制度和房地产权属登记发证制度。

房地产转让，是指房地产权利人通过买卖、赠与或者其他合法方式将其房地产转移给他人的行为。

房地产交换，是指当事人将各自拥有的房地产互相转移给对方的法律行为。

房地产赠与，是指当事人一方将自己拥有的房地产无偿地转让给他人的法律行为。

2. 房地产转让的相关问题解答

（1）哪些情况需要办理房地产转移登记？

经初始登记的房地产，有下列情形之一的，当事人应自合同或其他法律文件生效之日起 30 日内申请办理转移登记：买卖，继承，赠与，共有房地产的分割、交换，人民法院判决、裁定的强制性转移，依照法律、法规规定作出的其他强制性转移。

（2）什么样的房地产不予转让？

根据 2007 年《中华人民共和国城市房地产管理法》规定，下列房地产不得转让：

1）以出让方式取得土地使用权的，不符合以下第7）条规定的条件的。

2）司法机关和行政机关依法裁定、决定查封或者以其他形式限制房地产权利的。

3）依法收回土地使用权的。

4）共有房地产，未经其他共有人书面同意的。

5）权属有争议的。

6）未依法登记领取权属证书的。

7）法律、行政法规规定禁止转让的其他情形。

（3）房地产转让时，其他公用设施是否一起转让？

房地产转让时，转让人对同宗土地上的道路绿地、休闲憩地、空间余地、电梯、楼梯、连廊、天台或者其他公用设施所拥有的权益同时转移。房地产首次转让合同对停车场、广告权益没有特别约定的，停车场、广告权益随房地产同时转移；有特别约定的，经房地产登记机关初始登记，由登记的权利人拥有。

（4）将地上房屋转让时，房地产权利人是否仍拥有房屋范围内的土地使用权？

不是的。房地产权利人转让或抵押房屋时，土地使用权已同时转让或抵押。根据2007年《中华人民共和国城市房地产管理办法》第三十二条规定，房地产转让、抵押时，房屋的所有权和该房屋占用范围内的土地使用权同时转让、抵押。

（5）已抵押的房地产能否转让？

根据《中华人民共和国担保法》的规定，已抵押的房地产可以转让，但应由抵押人、抵押权人和受让人三方签订有关的公证书，将原抵押转移给新的受让方的协议；抵押人未通知抵押权人或者未告知受让人的，转让行为无效。

3.4 房地产抵押

1. 房地产抵押的相关概念

（1）**房地产抵押**。它是指抵押人以其合法的房地产以不转移占有的方式向抵押权人提供债务履行担保的行为。债务人不履行债务时，债权人有权依法以抵押的房地产拍卖所得的价款优先受偿。房地产按揭是房地产抵押的一种形式。依法取得的房屋所有权连同该房屋占用范围内的土地使用权和以出让方式取得的土地使用权，可以设定抵押权。

（2）**现房抵押**。它是指抵押人以自有房屋以不转移占有的方式向抵押权人提供债务履行担保的行为。

（3）**在建工程抵押**。它是指抵押人以其合法方式取得的土地使用权连同在建工程的投入资产以不转移占有的方式向抵押权人提供债务履行担保的行为。

（4）**购房贷款抵押**。它是指购房人在支付首期规定的房价款后，由金融机构代其支付剩余的购房款，将所购商品房抵押给该金融机构作为偿还贷款履行担保的行为。

（5）**房地产抵押登记**。它是指房地产抵押关系设定后，当事人按房地产登记管理权限向市或区、县房地产登记机关办理房地产其他权利的登记。

房地产抵押登记分成三种情况：一是双方签订抵押合同后的权利设定登记；二是权利内容变更时的变更登记；三是权利消除时的注销登记。

根据《中华人民共和国担保法》第四十一条的规定，房地产抵押应当办理抵押登记，抵押合同自登记之日起生效。

2. 房地产抵押的相关问题解答

（1）预购房地产如何进行抵押登记？

预购房地产抵押时，抵押人应提交"房地产抵押登记申请书"、身份证明、主合同和抵押合同、房地产买卖合同书等文件。登记人员在房地产买卖合同书加盖抵押专用章。

（2）同一抵押物设若干抵押时，如何办理登记？

根据《抵押贷款管理规定》的规定，以同一房地产设定若干抵押时，抵押人在设定抵押权前，须将设定的抵押权限告知各抵押权人，抵押权的顺序以核准登记的先后为序。

（3）共有房地产如何设定抵押？

共有房地产，每个共有人都有权对该房地产设定抵押权，但须取得其他共有人的书面同意。按份共有的房地产设定抵押时，以抵押人本人所有的份额为限；以共同共有的房地产设定抵押时，全部房地产均为抵押财产，抵押物变卖时，其他共有人员负连带责任，在以变卖款偿还债务后，其他共有人有权向抵押人追偿。

（4）个人购买预售商品房抵押需提交什么证件？

1）购房合同（原件）。

2）购房首付款收据（复印件加盖公章）。

3）个人住房借款合同。

4）个人住房抵押合同。

5）《商品房预售许可证》或预抵押许可证（期房），房屋权属准予登记通知书（现房）。

6）抵押人身份证复印件。

7）平面图、配置图（红线圈界、开发公司与抵押人盖章确认）。

（5）抵押土地后，拍卖土地及土地上新增房屋，抵押权人是否拥有优先受偿权？

根据2007年《中华人民共和国城市房地产管理法》第五十二条规定，房地产抵押合同签订后，土地上新增的房屋不属于抵押财产。需要拍卖该抵押的房地产时，可以依法将土地上新增的房屋与抵押财产一同拍卖，但对拍卖新增房屋所得，抵押权人无权优先受偿。

3.5　房地产抵押贷款

3.5.1　房地产抵押贷款的相关概念

（1）**房地产抵押贷款**。它主要是指银行以借款人或第三人拥有的房地产作为抵押物发放的贷款。借款人到期不能偿还贷款本息的，贷款银行有权依法处理其抵押物或质押物，

或要求担保人承担连带偿还本息的责任。在抵押期间，抵押人不得随意地处理已被抵押的房地产，作为抵押权人的银行有权对抵押物进行监督和检查。

（2）**楼花抵押登记**。它是指已办银行按揭的预售房产送到国土局产权登记科办理抵押登记手续。抵押人将贷款与利息还清后，须将已办抵押登记手续的房地产注销抵押。

（3）**银行按揭简称按揭**，英文是"Mortgage"，英文意思是抵押，按揭是"Mortgage"的粤语音译。

银行按揭的正确名称是**购房抵押贷款**，是指购房者购买楼房时与银行达成抵押贷款的一种经济行为，业主先付一部分楼款，余款由银行代购房者支付，购房者的楼房所有权将抵押在银行，购房者将分期偿还银行的贷款及利息，这种方式称为银行按揭。银行按揭的成数通常有五成到八成不等，期限有 5 年到 30 年不等。

（4）**抵押贷款方式**。它是指贷款行以借款人或者第三人提供的符合规定条件的房地产作为抵押物而向借款人发放贷款的方式。

（5）**质押贷款方式**。它是指借款人或者第三人将凭证式国库券、国家重点建设债券、金融债券、AAA 级企业债券、银行存单等有价证券交由贷款行占有，贷款行以上述权利凭证作为贷款的担保而向借款人发放贷款的方式。

（6）**保证贷款方式**。它是指贷款行以借款人提供的具有代为清偿能力的企业法人单位作为保证人而向其发放贷款的方式。

（7）**个人住房抵押贷款**。它是指借款人购、建、修住房时以借款人或第三者能自主支配的房地产作为抵押物，向银行申请一定数额借款的一种贷款方式。借款人到期不能归还贷款本息的，贷款银行有权依法处分其抵押房地产以获得清偿。

（8）**个人住房担保贷款**。它是指借款人或第三人以所购住房和其他具有所有权的财产作为抵押物或质物，或由第三人为其贷款提供保证，并承担连带责任的贷款。借款人到期不能偿还贷款本息的，贷款银行有权依法处理其抵押物或质物，或要求保证人承担连带偿还本息责任。

（9）**加按揭**。它是指对现有的银行房贷客户提供以原贷款抵押物为担保的贷款，资金用途限于购买新的住房及家居消费，也就是原来按揭买下的房子，还款达到一定额度后，可以将其抵押出去，获得新的贷款的一种业务形式。

（10）**转按揭**，就是个人住房转按贷款。它是指已在银行办理个人住房贷款的借款人，向原贷款银行要求延长贷款期限或将抵押给银行的个人住房出售或转让给第三人而申请办理个人住房贷款变更借款期限、变更借款人或变更抵押物的贷款。

（11）**住房公积金贷款**也就是个人住房担保委托贷款。它是由城市住房资金管理中心及所属分中心运用房改资金委托银行向购买（含建造、大修）自住住房的公积金交存人和离退休职工发放的贷款。

（12）**个人住房组合贷款**。它是指借款人以所购城镇住房作为抵押物可同时向银行申请个人住房公积金贷款和个人住房商业性贷款。住房资金管理中心发放的贷款，最高限额一般为 10 万 ~ 39 万元，如果购房款超过这个限额，不足部分要向银行申请住房商业性贷款。这两种贷款合起来称之为组合贷款。此项业务可由一个银行的房地产信贷部统一办理。组合贷款利率较为适中，贷款金额较大，因而也较多被贷款者选用。

（13）**个人住房商业性贷款**。它是指具有完全民事行为能力的自然人，购买城镇住房时，以其所购产权住房作为抵押，作为偿还贷款的保证而向银行申请的住房商业性贷款。

（14）**房地产保险**。房地产虽然风险较低，但并不是毫无风险，因自然灾害和意外事故造成房屋毁损的可能性随时都存在，为了尽量规避风险、减少经济损失，购买房地产保险就很有必要。所谓房地产保险，主要是指以房屋设计、营建、销售、消费和服务等环节中的房屋及其相关利益与责任为保险标的的保险。一般来说有以下三种形式：房地产财产保险、房地产责任保险、房地产人身保险。

（15）**房地产财产保险**。它属于财产保险的一种，投保人可以是团体、法人、自然人等，与居民有关的主要是商品住宅保险和自购公有住房保险。

商品住宅保险，是为购买商品住宅的人提供的使其在所购住宅遇到意外损失时能及时得到经济补偿的险种。自购公房保险，是对居民因房改而购买原租住的公房的险种。两种险种的责任相同，都是对因自然灾害而造成的保险财产的损失进行赔偿。所保的财产只能是房屋及其附属设备和室内装修材料等财产。保险期一般为一年，可续保。

（16）**房地产责任保险**。它主要强调房屋所有人、出租人和承租人的责任保险，一般称为房地产公众责任保险。它主要承保在房屋使用过程中产生的赔偿责任。

（17）**房地产人身保险**。它主要是指房屋被保险人遭受因房屋造成的意外伤害而死亡或永久致残，由保险人支付保险金额的险种。

（18）**房屋抵押贷款保险**。它属于房地产融资保险的一种，是为了保障贷款资金安全而由借款人作相关投保的一种房地产保险。所谓**房屋抵押贷款保险**，就是申请房屋抵押贷款的人应贷款银行的要求，用以保证贷款资金安全而将抵押房屋投保的险种。

3.5.2　个人住房商业性贷款的相关问题解答

（1）个人住房贷款的申请条件有哪些？

个人住房贷款的申请条件如下：

1）个人住房贷款的发放对象是具有完全民事行为能力的自然人，即年满 18 周岁的公民。

2）具有城镇常住户口或有效居留身份。

3）有稳定的职业或收入，信用良好，有偿还贷款本息的能力。

4）具有购买住房的合同或协议。

5）以不低于所购住房全部价款的 20% 作为购房的首期付款。

6）有贷款人认可的资产作为抵押或质押，或有足够代偿能力的单位或个人作为保证人。

7）贷款人规定的其他条件。

（2）申请个人住房贷款应向银行提供什么材料？

申请个人住房贷款应向银行提供以下材料：购房身份证、户口簿、结婚证原件及复印件（若客户为未婚则提供户口所在地街办计生委出具的未婚证明原件）；购房人及其配偶所在工作单位出具工资收入证明（若个体户则提供营业执照及税票）；购房人已首付购房款收据原件及复印件；已与开发公司签订的购房合同；在开户行开户的活期存折；贷款申请书、个人住房借款合同、借款借据、委托银行扣收购房还款协议书、住房抵押承诺书。

（3）申请个人住房贷款的大致程序是怎样的？

申请个人住房贷款的大致程序：向银行提出贷款申请，银行审查同意后签订贷款合同和担保合同，按要求到当地房地产管理部门、保险公司、公证等部门办理抵押登记、保险和公证手续，再到银行办理贷款手续。

（4）什么情况下贷款人对借款人要执行第二套（及以上）住房差别化信贷？

根据2010年住房和城乡建设部《关于规范商业性个人住房贷款中第二套房认定标准的通知》规定，有下列情形之一的，贷款人应对借款人执行第二套（及以上）差别化住房信贷政策：

1）借款人首次申请利用贷款购买住房，如在拟购房所在地房屋登记信息系统（含预售合同登记备案系统，下同）中其家庭已登记有一套（及以上）成套住房的。

2）借款人已利用贷款购买过一套（及以上）住房，又申请贷款购买住房的。

3）贷款人通过查询征信记录、面测、面谈（必要时居访）等形式的尽责调查，确信借款人家庭已有一套（及以上）住房的。

（5）个人住房贷款的首付比例是多少？

根据2010年住房和城乡建设部《关于规范商业性个人住房贷款中第二套房认定标准的通知》规定，银行对贷款购房者执行差别化信贷政策：

1）对购买首套自住房且套型建筑面积在90m² 以下的，贷款首付款比例（包括本外币贷款，下同）不得低于20%。

2）对购买首套自住房且套型建筑面积在90m² 以上的，贷款首付款比例不得低于30%。

3）对已利用贷款购买住房又申请购买第二套（含）以上住房的，贷款首付款比例不得低于40%，贷款利率不得低于中国人民银行公布的同期同档次基准利率的1.1倍，而且贷款首付款比例和利率水平应随套数增加而大幅度提高，具体提高幅度由商业银行根据贷款风险管理相关原则自主确定，但借款人偿还住房贷款的月支出不得高于其月收入的50%。

另外，根据2011年国务院办公厅《关于进一步做好房地产市场调控工作有关问题的通知》规定，对贷款购买第二套住房的家庭，首付款比例不低于60%，贷款利率不低于基准利率的1.1倍。

（6）商业用房购房贷款首付比例是多少？

根据 2010 年住房和城乡建设部《关于规范商业性个人住房贷款中第二套房认定标准的通知》规定：

1）商业用房购房贷款首付款比例不得低于 50%，期限不得超过 10 年，贷款利率不得低于中国人民银行公布的同期同档次利率的 1.1 倍，具体的首付款比例、贷款期限和利率水平由当地的商业银行根据贷款风险管理相关原则自主确定。

2）对以"商住两用房"名义申请贷款的，首付款比例不得低于 45%，贷款期限和利率水平按照商业性用房贷款管理规定执行。

（7）商业性个人住房贷款如何认定居民家庭住房套数？

根据 2010 年住房和城乡建设部《关于规范商业性个人住房贷款中第二套房认定标准的通知》规定：

商业性个人住房贷款中居民家庭住房套数，应依据拟购房家庭（包括借款人、配偶及未成年子女，下同）成员名下实际拥有的成套住房数量进行认定。

对于已利用银行贷款购买首套自住房的家庭，如其人均住房面积低于当地平均水平，再次向商业银行申请住房贷款的，可比照首套自住房贷款政策执行，但借款人应当提供当地房地产管理部门依据房屋登记信息系统出具的家庭住房总面积查询结果。当地人均住房平均水平以统计部门公布上年度数据为准。其他均按第二套房贷执行。

（8）商业银行对非本地居民如何发放住房贷款？

1）对能提供一年以上当地纳税证明或社会保险缴纳证明的非本地居民申请住房贷款的，贷款人按差别化住房信贷政策执行。

2）对不能提供一年以上当地纳税证明或社会保险缴纳证明的非本地居民申请住房贷款的，贷款人按第二套（及以上）的差别化住房信贷政策执行；商品住房价格过高、上涨过快、供应紧张的地区，商业银行可根据风险状况和地方政府有关政策规定，对其暂停发放住房贷款。

（9）个人住房抵押贷款所需的税费有哪些？

1）公证费，国内人士自愿，港澳台及外籍人士必须，一般为几百元。

2）保险费 = 房价 × 承保年限相对应费率 × 承保年限，一般相当于房价的 1‰。

3）律师费，一般为几百元。

4）抵押登记费，一般为 100 元左右。

5）印花税，一般为贷款金额的 5‰。

3.5.3　个人住房公积金贷款的相关问题解答

（1）申请住房公积金贷款和组合贷款需要什么条件？

申请贷款前连续一年以上按时足额缴交住房公积金的职工，购买自住普通住房（指职工对该房屋拥有产权的住房）时，均可申请个人住房公积金贷款或组合贷款。申请人须具备以下条件：

1）在本地工作的职工，具有有效居留身份，持有效身份证件，具有完全民事行为

能力。

2）购买自住普通住房，并已签订购房合同，且已交纳30%以上的首期购房款。

3）有稳定的职业和经济收入，信用良好，有归还贷款本息的能力。

4）售房单位或有足够代偿能力的单位同意作为偿还贷款本息的保证人，售房单位负责将借款申请人所购房产的合同原件或土地房屋权属证书，送交银行抵押保管。

5）贷款银行规定的其他条件。

满足上述条件后，职工如有以下情况仍不能申请个人住房公积金贷款或组合贷款：已享受住房公积金贷款尚未还清本息的；购买非自住普通住房的。

（2）商业银行对利用住房公积金贷款买房有什么限制？

根据2010住房和城乡建设部《关于规范住房公积金个人贷款政策有关问题的通知》规定：

1）商业银行对保持缴存职工家庭（包括借款人、配偶及未成年子女，下同）使用住房公积金个人住房贷款购买首套普通自住房发放贷款的，套型建筑面积在90m²（含）以下的，贷款首付款比例不得低于20%；套型建筑面积在90m²以上的，贷款首付款比例不得低于30%。

2）商业银行发放第二套住房公积金个人住房贷款的对象，仅限于现有人均住房建筑面积低于当地平均水平的缴存职工家庭，且贷款用途仅限于购买改善居住条件的普通自住房。第二套住房公积金个人住房贷款首付款比例不得低于50%，贷款利率不得低于同期首套住房公积金个人住房贷款利率的1.1倍。

3）商业银行停止向购买第三套及以上住房的缴存职工家庭发放住房公积金个人住房贷款。

（3）目前住房公积金的贷款期限和额度是多少？

根据各地规定不同，个人住房公积金贷款或组合贷款总额最高不超过购房款的80%。个人住房公积金贷款或组合贷款期限根据个人贷款情况确定，最长不超过30年。

单纯住房公积金贷款额度最高不得超过借款家庭成员退休年龄内所交纳住房公积金数额的两倍，且贷款期限最长不得超过20年。

（4）买商品房时，住房公积金能否直接充当首期款来使用？

不能。职工购买商品房，须先交纳购房首期款，并办理完住房贷款手续后，凭购房发票、购房合同的原件和复印件（如果购房发票和购房合同抵押在银行的，所持复印件须经贷款银行盖确认章），到住房公积金管理中心办理住房公积金支取审批。

（5）公积金贷款的流程是怎样的？

公积金贷款的流程如下：

1）借款人到住房资金管理（分）中心填写"借款申请表"并提供相关资料。

2）住房资金管理（分）中心对借款人进行初审，包括核验借款申请表、核定借款额度和期限，确定贷款担保方式。

3）初审合格，由受托银行对借款人进行调查，内容包括：购房行为是否合法；抵押物或质物是否符合要求；收入情况，是否有偿还本息的能力；有保证人的，保证人是否具有保证资格等。

4）经受托银行调查合格，受托银行出具调查意见书递交住房资金管理（分）中心，由住房资金管理（分）中心审批。

5）审批通过，住房资金管理（分）中心签发委托贷款通知单。

6）受托银行接到通知单后，与借款人签订借款合同，办理抵押、质押或担保手续，签订委托转账付款授权书，开立个人贷款专用账户。

7）借款合同生效，住房资金管理（分）中心将资金划入委托贷款基金，再由委托银行将资金划入开发商账户。

8）借款人还清贷款本息，解除抵押担保，收回有关证件。

（6）住房公积金贷款与商业性住房贷款的区别是什么？

1）住房公积金贷款与商业性住房贷款最大的区别是住房公积金贷款的利率低于商业性贷款 10% 左右。

2）申请住房公积金贷款与商业性住房贷款相比，只是提交的材料增加了住房公积金缴纳情况对账单，办理程序上只增加了在市住房公积金管理中心的审批时间，其余与商业性住房贷款相同。

3）一笔 15 万元、10 年期限的贷款，以等额本息法计算，申请住房公积金贷款比商业性贷款累计减少支出 8 604 元。

（7）我和父母住在一起，房屋是父母购买的，可以提取我本人的住房公积金吗？

不能。《住房公积金管理条例》规定，对购买的房屋不拥有所有权（产权）的家庭成员（包括配偶、父母、子女等）不能提取自己住房公积金账户内的存储余额。

（8）申请住房公积金贷款有什么条件？

凡住房公积金连续缴存六个月以上或累计缴存公积金一年以上，并且目前仍在缴存公积金，才有资格申请。

3.6　房地产交易的相关税费

3.6.1　房地产交易的相关税收

1. 税收与税率

税收，是国家为实现其职能，凭借政治权力，按照法律规定的标准，强制地、无偿地征收货币或实物的一种经济活动，是国家参与社会产品和国民收入分配和再分配的重要手段，也是国家管理经济的一个重要调节杠杆。

税率，是指纳税额与征税对象数额之间的比例。它是计算应纳税额的尺度。我国现行税法的税率有比例税率、累进税率和定额税率三种。

2. 契税

契税，是指房屋所有权发生变更时，就当事人所订契约按房价的一定比例向新业主

（产权承受人）征收的一次性税收。它是对因房地产产权变动而征收的一种专门税种。

（1）税收范围及纳税人。这主要是对个人和私营单位购买、承典、承受赠与或交换的房屋征收契税。

（2）1997年4月23日，我国颁布了新的《契税暂行条例》，规定契税税率为3%～5%。具体契税适用税率，由省、自治区、直辖市人民政府在税率范围内按照本地区的实际情况确定。财政部、国家税务总局发出通知，从1999年8月1日起，个人购买自用普通住宅，契税暂时减半征收，普通商品房和经济适用房一般为1.5%～2%，而非普通住宅（高档住宅、大面积住宅、非居住用房，根据各地划分标准）则征收3%～4%。

2008年，财政部、国家税务总局《关于调整房地产交易环节税收政策的通知》规定，对个人首次购买90m²及以下普通住房的，契税税率暂统一下调到1%。

2010年，财政部、国家税务总局、住房和城乡建设部《关于调整房地产交易环节契税个人所得税优惠政策的通知》规定：

1）对个人购买普通住房，且该住房属于家庭（成员范围包括购房人、配偶以及未成年子女，下同）唯一住房的，减半征收契税。对个人购买90m²及以下普通住房，且该住房属于家庭唯一住房的，按1%税率征收契税。

2）个人购买的普通住房，凡不符合上述规定的，不能享受上述优惠政策。

3）对两个或两个以上个人共同购买90m²及以下普通住房，其中一人或多人已有购房记录的，该套房产的共同购买人均不适用首次购买普通住房的契税优惠政策。

（3）典契税率，按典价征收3%。赠与契税率，按现值价格征收6%（地方补贴3%）。

（4）契税交付时间。《中华人民共和国契税暂行条例》第八条规定："契税的纳税义务发生时间，为纳税人签订土地、房屋权属转移合同的当天，或者纳税人取得其他具有土地、房屋权属转移合同性质凭证的当天。"

3. 印花税

印花税，是对经济活动和经济交往中书立、领受凭证征收的一种税。它是一种兼有行为性质的凭证税，具有征收面广、税负轻、由纳税人自行购买并粘贴印花税票完成纳税义务等特点。

印花税的课税对象是房地产交易中的各种凭证，包括房屋因买卖、继承、赠与、交换、分割等发生产权转移时所书立的产权转移书据，税率为5‰。一般买卖合同的印花税为5‰，房地产产权证的印花税为每件5元，买卖双方均需缴纳此税。

4. 营业税

营业税，即销售营业税，凡房地产转让、咨询、中介、信息服务及房地产出租都必须交纳营业税。营业税是对中国境内经营交通运输业、建筑业、金融保险业、邮电通信业、文化体育业、娱乐业、服务业或有转让无形资产、销售不动产行为的单位和个人，按其营业额所征收的一种税，其中金融保险业、服务业、转让无形资产和销售不动产税率为5%。关于个人转让房地产时需要交纳的营业税税金，分为以下两种情况。

（1）非居住用房（一般有商铺、写字楼、停车场等），能提供上手购房发票，其营业税 =（转让收入 – 上手发票价）×5%；不能提供上手购房发票，其营业税 = 转让收入 ×5%。

（2）根据 2011 年 1 月国务院办公厅《关于进一步做好房地产市场调控工作有关问题的通知》和财政部、国家税务总局《关于调整个人住房转让营业税政策的通知》规定，自 2011 年 1 月 27 日起：

1）个人将购买不足 5 年的住房对外销售的（不论是普通住房还是非普通住房），全额征收营业税，其营业税 = 转让收入 ×5%。

2）个人将购买超过 5 年（含 5 年）的非普通住房对外销售的，按照其销售收入减去购买房屋的价款后的差额征收营业税。

3）个人将购买超过 5 年（含 5 年）的普通住房对外销售的，免征营业税。

5. 营业税附加

营业税附加，是指对交纳营业税的单位和个人，就其实缴的营业税为计税依据而征收的城市维护建设税与教育费附加。其中，城市维护建设税 = 营业税 ×7%，教育费附加 = 营业税 ×3%。所以，营业税附加 = 城市维护建设税 + 教育费附加 = 营业税 ×10% = 转让收入 ×0.5%。在需要交纳营业税的情况下，就需要交纳营业税附加。

营业税和营业税附加一般合为一项征收，称为营业税及附加，税金 = 转让收入 ×5.5%。

6. 个人所得税

个人所得税，简称个税，是指个人将拥有合法产权的房屋转让、出租或其他活动并取得收入，就其所得计算征收的一种税赋。2006 年 7 月起，除个人转让居住五年以上的唯一自住用房免征个人所得税外，其余情况均需要征收 20% 的个人所得税，具体执行有以下两种情况：

（1）非居住用房（一般有商铺、写字楼、停车场等），能提供上手购房发票，据实征收个人所得税 =（转让收入 – 房产原值 – 合理费用）×20%；不能提供上手购房发票的，核定征收个人所得税 = 转让收入 ×7.5% ×20% = 转让收入 ×1.5%。

（2）居住用房，不论是否为普通住房，能提供上手购房发票，据实征收个人所得税 =（转让收入 – 房产原值 – 合理费用）×20%；不能提供上手购房发票的，核定征收个人所得税 = 转让收入 ×5% ×20% = 转让收入 ×1%。

根据《关于调整房地产市场若干税收政策的通知》规定，自 2010 年 10 月 1 日起，出售自有住房并在 1 年内重新购房者不再减免个人所得税。

7. 土地增值税

土地增值税，是国家为了规范土地和房地产交易秩序，调节土地增值收益而采取的一项税收调节措施。我国于 1994 年颁布了《中华人民共和国土地增值税暂行条例》（以下简称《条例》），之后又出台了《中华人民共和国土地增值税暂行条例实施细则》。

按照《条例》的定义：转让国有土地使用权、地上建筑物及其附着物（即转让房地

产）并取得收入的单位和个人，是土地增值税的纳税义务人，应当按照《条例》的规定缴纳土地增值税。个人转让原自用住房，经向税务机关申报核准，凡居住满五年或五年以上的，免予征收土地增值税；居住满三年未满五年的，减半征收土地增值税；居住未满三年的，按规定计征土地增值税。

目前，具体执行中个人转让居住用房的不用缴纳土地增值税，转让非居住用房时需缴纳的土地增值税如下：

（1）转让人能提供上手购房发票的，土地增值税 =［转让收入 – 上手发票价格（每年加计5%）– 有关税金］× 适用税率速算公式。

（2）转让人能提供上手购房发票的，土地增值税 =（转让收入 – 转让收入 × 90%）× 30%。

土地增值税的征收实行四级超额累进税率：

增值额未超过扣除项目金额50%的部分，税率为30%，税金 = 增值额 × 5%。

增值额超过扣除项目金额50%的部分，未超过100%的部分，税率为40%，税金 = 增值额 × 40% – 扣除项目金额 × 5%。

增值额超过扣除项目金额100%的部分，未超过200%的部分，税率为50%，税金 = 增值额 × 50% – 扣除项目金额 × 15%。

增值额超过扣除项目金额200%的部分，税率为200%，税金 = 增值额 × 60% – 扣除项目金额 × 35%。

8. 房产税

房产税，是以房屋为征税对象，对产权所有人就其房屋原值或租金收入征收的一种税费。由于房产是财产的一种，所以房产税也是一种财产税。

房产税的纳税人是拥有房产产权的单位和个人。产权属于全民所有的，由经营管理的单位缴纳；产权出典的，由承典人缴纳；产权所有人、承典人不在房产所在地的，或者产权未确定及租典纠纷未解决的，由房产代管人或使用人缴纳。房产税的纳税人具体包括产权所有人、经营管理单位、承典人、房产代管人或者使用人。

房产税采用比例税率。由于房产税的计税依据分为从价计征和从租计征两种形式，所以房产税的税率也有两种。一种是按房产原值一次减除10% ~ 30%后的余值计征的，税率为1.2%；另一种是按房产出租的租金收入计征的，税率为12%。

依据《中华人民共和国房产税暂行条例》的规定，下列房产免纳房产税：

（1）国家机关、人民团体、军队自用的房产。

（2）由国家财政部门拨付事业经费的单位自用的房产。

（3）宗教寺庙、公园、名胜古迹自用的房产。

（4）个人所有非营业用的房产（所以商品房不出租的不用缴纳房产税）。

（5）经财政部批准免税的其他房产。

3. 6. 2　房地产交易的相关费用

（1）房地产**交易手续费**又称买卖手续费、过户手续费或交易管理费。它是指由政府依法设立的，由房地产主管部门设立的房地产交易机构为房屋权利人办理交易过户等手续所收取的费用，收费标准按照面积或交易额分段收费，一般为 100 ~ 1 000 元。

（2）**房屋权属登记费**即房屋所有权登记费。它是指县级以上地方人民政府行使房产行政管理职能的部门依法对房屋所有权进行登记，并核发房屋所有权证书时，向房屋所有权人收取的登记费，一般为 100 元左右。

（3）**勘丈费**。它是指房产测绘机构收取的房产测绘（或勘丈）费用，一般为几十元至几百元。

（4）房地产产权证**工本费**。它是指制作房地产产权证的费用，一般为几元至几十元。

（5）中介机构的**佣金**，即中介机构为交易双方的居间服务费。买卖双方各按最高不超过成交价的 3%，出租和承租人不超过一个月的租金。

3.6.3 一手房交易的相关税费

1. 出售一手房需要支付的税费

开发商出售一手住房需要支付的税费如下：

（1）营业税，按销售价的 5%，地税部门收取。

（2）营业税附加，按销售价的 1% 以内，地税部门收取。

（3）印花税，按销售价的 0.05%，国土部门代收。

（4）企业所得税，按所得额的 15% ~ 20%，国税部门收取。

2. 购买一手房需要支付的税费

（1）在交易过程中所需支付的税费。

1）契税为买方缴纳房价款的 1.5% ~ 3%。

2）交易手续费，一般为几百元。

3）买卖合同印花税，买方缴纳房价款的 0.05%。

4）公共维修基金，约为购房款的 2%。

5）电话、燃气、有线电视、可视对讲及智能化，设备初装费。

（2）在申办产权过程中所需支付的税费。

1）权属登记费，一般为 100 元左右。

2）房屋所有权工本费，一般为几元至几十元。

3）房产证印花税，一般为每件 5 元。

（3）办理按揭贷款过程中所需支付的费用。

1）买卖合同公证费（自愿），一般按成交价的 3% 计收，由公证处收取。

2）按揭合同公证费，按贷款额的 0.3% 计收，一般为几百元，由公证处收取。

3）保险费，保险费 = 贷款额 × 年费率 × 年限系数，年费率按成交价的 0.5‰ ~ 1‰ 计收，贷款时间越长年费率越低，由保险公司收取。

4）律师费，一般为 500 ~ 1000 元，由律师事务所收取。

5）抵押登记及他项权证办理费，视贷款银行而定，一般为 100 元左右。

（4）办理公积金贷款需另外支付的费用。

1）评估费，评估价格 100 万元以下部分收取评估结果的 0.5%，以上部分收取 0.25%。

2）综合险，保险费＝贷款人年限对应系数×贷款额。

3.6.4　二手房交易及相关税费

1. 二手房交易的相关概念

（1）**二手房**，即旧房。新建的商品房进行第一次交易时为"一手"，第二次交易则为"二手"。已购公房和经济适用房上市也属二手房市场。

（2）**二手房交易**。它是指在房地产交易中心备过案、完成初始登记和总登记的房屋，再次上市进行交易。

2. 二手房交易的相关问题解答

（1）如何知道欲购买的二手房能否办理产权证？

如果二手房现在的使用人没有产权证，则不能办理房产转让过户手续；如果已具备产权证，通过向市国土房产局综合服务大厅查询，确认该套房屋不存在抵押、查封或者其他权利限制情况，一般情况下可以办理过户、产权登记手续。

（2）购买二手房可以办理按揭吗？

可以。产权登记机关对二手房按揭双方主体无特别要求，主要是注意银行对按揭申请人的要求。

（3）按揭购买二手房，如何办理抵押登记？

先由买卖双方签订房地产买卖合同并经公证后，办理买方的"房地产证"，由买方按房地产抵押登记的规定办理现楼抵押登记。

（4）申请二手房按揭需要什么费用，办理手续需要多长时间？

登记机关收取的费用同抵押登记，为抵押价值的 1‰，但每项不低于 100 元，核准登记的时间为 15 天内。此外，还应根据银行的要求缴纳其他费用，如公证费、保险费等。

（5）非按揭付款购买二手房所需的费用有哪些？

非按揭付款购买二手房所需的费用如下：

1）契税为买方缴纳房价款的 1.5%～3%。

2）交易手续费，一般为几百元。

3）买卖合同印花税，买方缴纳房价款的 5‰。

4）权属登记费，一般为 100 元左右。

5）房屋所有权工本费，一般为几元至几十元。

6）房产证印花税，一般为每件 5 元。

（6）按揭付款购买二手房所需的费用有哪些？

除非按揭付款购买二手房所需的费用外，按揭付款购买二手房所需的费用如下：

1）买卖合同公证费（自愿），一般按成交价的 3‰计收，由公证处收取。

2）按揭合同公证费，按贷款额的 3‰计收，一般为几百元，由公证处收取。

3）保险费，保险费 = 贷款额×年费率×年限系数，年费率按成交价的 0.5‰~1‰计收，贷款时间越长年费率越低，由保险公司收取。

4）律师费，一般为 500~1000 元，由律师事务所收取。

5）抵押登记及他项权证办理费视贷款银行而定，一般为 100 元左右。

6）评估费，评估价格 100 万元以下部分收取评估结果的 0.5%，以上部分为 0.25%。

7）综合险，保险费 = 贷款人年限对应系数×贷款额。

8）第三者提供担保的，需缴纳阶段性担保费，约为成交价的 1.5%。

3. 二手房交易的相关税费

（1）出售二手房需要支付的税费。

二手住房出售者需要支付的税费如下：

1）买卖合同印花税，按房价款的 5‰交纳。

2）原土地性质属于行政划拨的，需要交纳土地出让金，一般按成交额的 1% 计算。

3）营业税及其营业税附加，分以下两种情况。

① 普通住房，购买满五年的免征；购买未满五年的，按转让收入×5.5% 交纳。

② 非普通住房，购买满五年的，按（转让收入 – 上手发票价）×5.5% 交纳；购买未满五年的，按转让收入×5.5% 交纳。

4）个人所得税，不区别是否为普通住房，按以下三种情况交纳。

① 属于自用五年以上且是家庭唯一生活用房的免征个人所得税。根据《关于调整房地产市场若干税收政策的通知》规定，自 2010 年 10 月 1 日起，出售自有住房并在 1 年内重新购房者不再减免个人所得税。

② 能提供购房合同、房产原值发票及其他有关费用的，据实征收个人所得税 =（转让收入 – 房产原值 – 合理费用）×20%。

③ 不能提供购房合同、房产原值发票及其他有关费用的，核定征收个人所得税 = 转让收入×5%×20% = 转让收入×1%。

（2）购买二手房需要支付的税费。

与一手房购买者相比，二手房购买者少了公共维修基金及设备初装费，其他税费均一样。

3.7　房地产中介服务

1. 房地产中介的相关概念

（1）**代理商**。狭义且日常所指的代理商也称为销售代理商，是指负责销售策划和销售具体工作并以此赚取佣金的房地产中介机构。

广义的代理商是指经政府批准成立，从事房地产的咨询、经纪、评估等业务的中介服务机构，接受委托，提供房地产的出售、购买、出租、承租及物业咨询评估、销售等有偿

服务。

（2）**房地产中介服务**。它是指在房地产投资、建设、交易、消费等各个环节中为当事人提供居间服务的经营活动，是房地产咨询、房地产价格评估、房地产经纪等活动的总称。

（3）**房地产中介服务机构**。它是指按国家及地方有关法律、法规注册的具有独立法人资格的经济组织。房地产中介服务机构包括房地产咨询机构、房地产价格评估机构、房地产经纪机构等。

（4）**房地产中介**。它是连接房地产生产经营者与消费者以及房地产经济内部的各种社会经济关系的纽带。

（5）**房地产咨询**。它是指为房地产活动当事人提供法律、法规、政策、信息、技术等方面服务的经营活动。

（6）**房地产经纪**。它是指房地产经纪机构和房地产经纪人员为促成房地产交易，向委托人提供房地产居间、代理等服务并收取佣金的行为。

（7）**房地产经纪人员**。它是指从事房地产经纪活动的房地产经纪人和房地产经纪人协理。

（8）**房地产经纪机构**。它是指依法设立，从事房地产经纪活动的中介服务机构。

（9）**居间中保**。它是指在二手房中介市场中，为保证买卖双方合法权益、保证房屋交易正常所进行的中间担保业务。具体步骤是：按双方买卖合同的规定，将买方的资金如数如期划给卖方，将卖方的房屋产权手续和腾退的房屋如期移交给买方，使双方各得其所，避免互不信任甚至诉诸法律的情况发生。

（10）**产权置换**。它是指居民之间以自身原有产权房进行置换的一种业务。一般是在中介的撮合下进行，并可由中介代办置换手续。

（11）**佣金**。它是指中介机构完成一宗房地产经纪业务后获取的报酬。它是一种劳动收益、风险收益和经营收益的结果，一般佣金为房价的 1% ~ 3% 或一个月房租的一半到全部。

2. 房地产中介的相关问题解答

（1）中介机构代理销售预售房时应当明示哪些内容？

受委托房地产中介服务机构销售商品房时，应当向买受人明示以下内容。

1）中介机构的资质证书和营业执照。

2）代理人的资格证书。

3）预售人出具给代理人的销售委托书。

4）预售项目的有关证明文件：预售人的名称、注册地址、联系电话和法定代表人；"商品房预售许可证"或其经发证机关确认的复印件；项目开发进度和竣工交付使用时间；项目及其配套设施的平面示意图；商品房的结构类型、户型、装修标准；公共和公用建筑面积的分摊方法；预售商品房的价格和付款办法；商品房预售的专用账户；物业管理事项；法律、法规规定的其他事项。

（2）由经纪人代理的房地产，当不能登记或不能在规定时间内获准登记时，该如何处理？

经纪人代理房地产转让时，应当对转让当事人的资格、房地产产权的合法性进行查验。由于经纪人的过错，经纪人代销的房地产不能登记或者不能在规定的时间内获准登记，造成受让人损失的，经纪人应当赔偿责任。

（3）如何获得房地产经纪人员职业资格证书？

国家对房地产经纪人员实行职业资格制度，纳入全国专业技术人员职业资格制度统一规划和管理。房地产经纪人实行全国统一大纲、统一命题、统一组织的考试制度，由国务院住房和城乡建设主管部门、人力资源和社会保障主管部门共同组织实施，原则上每年举行一次。

房地产经纪人协理实行全国统一大纲，由各省、自治区、直辖市人民政府建设（房地产）主管部门、人力资源和社会保障主管部门命题并组织考试的制度，每年的考试次数根据行业发展需要确定。

房地产经纪人员职业资格考试和房地产经纪人协理职业资格考试的难度都比较高。比较简单的是，目前国内许多一、二级城市地方政府均有举办地方房地产经纪从业人员培训，通过培训的房地产从业人员可获得相应的地方房地产经纪从业人员证书，获得该证书的人员可在当地进行房地产经纪活动。

（4）房地产经纪人员能否不经过房地产经纪机构以个人名义进行房地产经纪活动？

房地产经纪人员不得以个人名义承接房地产经纪业务和收取费用。根据 2010 年《房地产经纪管理办法》规定，房地产经纪业务应当由房地产经纪机构统一承接，服务报酬由房地产经纪机构统一收取。分支机构应当以设立该分支机构的房地产经纪机构名义承揽业务。

房地产经纪机构和分支机构与其招用的房地产经纪人员，要按照《中华人民共和国劳动合同法》的规定签订劳动合同。

（5）房地产经纪机构和执业人员禁止哪些行为？

房地产经纪机构和房地产经纪人员不得有下列行为：

1）捏造散布涨价信息，或者与房地产开发经营单位串通捂盘惜售、炒卖房号，操纵市场价格。

2）对交易当事人隐瞒真实的房屋交易信息，低价收进高价卖（租）出房屋赚取差价。

3）以隐瞒、欺诈、胁迫、贿赂等不正当手段招揽业务，诱骗消费者交易或者强制交易。

4）采取内部认购、雇人排队等手段制造销售旺盛的虚假氛围，误导和欺骗当事人。

5）泄露或者不当使用委托人的个人信息或者商业秘密，谋取不正当利益。

6）为交易当事人规避房屋交易税费等非法目的，就同一房屋签订不同交易价款的合同提供便利。

7）改变房屋内部结构分割出租。

8）侵占、挪用房地产交易资金。

9）承购、承租自己提供经纪服务的房屋。

10）为不符合交易条件的保障性住房和禁止交易的房屋提供经纪服务。

11）通过签订"阴阳合同"违规交易。

12）法律、法规禁止的其他行为。

（6）房地产经纪服务如何施行明码标价？

1）房地产经纪机构应当在经营场所醒目位置标明房地产经纪服务项目、服务内容、收费标准以及相关房地产价格和信息。

2）房地产经纪机构不得收取任何未予标明的费用。

3）房地产经纪机构不得利用虚假或者使人误解的标价内容和标价方式进行价格欺诈。

4）房地产经纪机构一项服务可以分解为多个项目和标准的，应当明确标示每一个项目和标准，不得混合标价、捆绑标价。

（7）什么情况下房地产经纪机构不得收取佣金？

房地产经纪机构未完成房地产经纪服务合同约定事项，或者服务未达到房地产经纪服务合同约定标准的，不得收取佣金。

3.8　房屋租赁

1. 房屋租赁的相关概念

（1）**房屋租赁**。它是指房屋所有权人作为出租人将其房屋出租给承租人使用，由承租人向出租人支付租金的行为。

（2）**房屋租赁合同**。它是指房屋出租人将房屋提供给承租人使用，承租人定期给付约定租金，并于合同终止时将房屋完好的归还出租人的协议。

（3）**承租方**。它是指在租赁合同中，享有租赁财产使用权，并按约定向对方支付租金的当事人。

2. 房屋租赁的相关问题解答

（1）房屋租赁关系是否需要登记不进行合同登记，应承担什么责任？

房屋租赁关系需要登记。房屋租赁关系的设立、变更，当事人应自签订租赁合同之日起十日内到区主管机关登记。

租赁当事人出租房屋而不进行登记的，对出租人或者转租人处以月租金的 1～2 倍罚款，并追缴管理费和滞纳金；对有过错的承租人或受转租人处以一倍以下罚款。

（2）房屋出租需缴纳哪些税费？

属私人出租房屋的，需缴纳以下税费：①房产税，按租金的 4％；②营业税，按租金的 3％；③个人所得税，租金不超过 4 000 元的，按（租金 - 已纳税金 - 800 元）的 10％；租金超过 4 000 元（含 4 000 元）的，按［租金 - 已纳税金 ×（1 - 20％）］的 10％；④教育附加费，按营业税的 3%；⑤城市建设维护税，按营业税的 1%；⑥印花税，按租金的 0.1%；⑦房屋租赁管理费，按租金的 2%。

属企业出租房屋的，需缴纳以下税费：①房产税，按租金的 12%，按年度缴纳；②营业税，按租金的 5%；③教育附加费，按营业税的 3%；④城市建设维护税，按营业税的 1%；⑤印花税，按租金的 0.1%；⑥房屋租赁管理费，按租金的 2%；⑦属行政划拨、减免地价款的房屋出租人，按租金的 6% 补地价款。

属行政、事业、团体出租房屋的，需缴纳以下税费：①房产税，按（房产原值 × 70%）的 1.2%，按年度缴纳；②营业税，按租金的 5%；③企业所得税，按（租金 - 已纳税金 - 费用）的 15%；④教育附加费，按营业税的 3%；⑤城市建设维护税，按营业税的 1%；⑥印花税，按租金的 0.1%；⑦房屋租赁管理费，按租金的 2%。

（3）住房出租有哪些税收优惠政策？

住房出租有以下税收优惠政策：

1）对个人出租住房取得的所得减按 10% 的税率征收个人所得税。

2）对个人出租、承租住房签订的租赁合同，免征印花税。

3）对个人出租住房，不区分用途，在 3% 税率的基础上减半征收营业税，按 4% 的税率征收房产税，免征城镇土地使用税。

4）对企事业单位、社会团体以及其他组织按市场价格向个人出租用于居住的住房，减按 4% 的税率征收房产税。

（4）对房屋的租赁年期有什么规定？

房屋的租赁年限，住宅不超过八年，其他用房不超过十五年。因特殊情况需超过上述期限的，须经市主管机关批准。

（5）出租人是否可以收取房屋租赁保证金？

出租人可按租赁合同约定向承租人收取不超过三个月租金数额的租赁保证金。保证金的返还方式，由当事人在合同中约定。

（6）出租人未能在约定时间内提供房屋或提供的房屋与合同约定不符时，应承担什么责任？

出租人应按租赁合同约定的时间向承租人提供房屋。

出租人未按租赁合同约定时间向承租人提供房屋，或所提供的房屋不符合合同约定的，应向承租人支付合同约定的违约金，违约金不足以赔偿由此造成承租人损失的，出租人应就不足部分进行补偿。

（7）对共有房屋的出租，有什么规定？

共有房屋出租时，首先应征得房屋共有人的同意；其次在同等条件下，其他共有人有优先承租权。

（8）除租金外，出租人是否可以向承租人收取其他费用？

出租人不得因房屋租赁向承租人收取租金以外的其他费用。

（9）承租人是否可以对租住房屋改变用途或进行装修？

承租人应按租赁合同的约定，合理使用房屋，不得擅自改变房屋的结构和用途。

承租人确需改变房屋用途或进行装修，应征得出租人同意；按规定须经有关部门批准的，应报请批准。由此发生的费用，由承租人承担。

（10）承租人是否可以转租房屋，擅自转租房屋，应承担什么责任？

经出租人同意，承租人可将租赁房屋的一部分或全部转租给第三人；未经出租人同意，承租人不得将房屋转租。

承租人未经出租人同意，擅自转租房屋或受转租人再行转租的，没收其违法所得，并处以违法所得一倍以下的罚款。

3.9 房地产价格

3.9.1 房地产价格的相关概念

（1）**均价**。它是指将各单元的销售价格相加之后的和数除以单元建筑面积的和数，即得出每平方米的均价。

（2）**基价**，又称基础价。它是指经过核算而确定的每平方米商品房的基本价格。商品房的销售价一般以基价为基数增减楼层、朝向差价后而得出。

（3）**起价**，又称起步价或最低价。它是指某物业各楼层销售价格中的最低价格。多层住宅，一般以一楼或顶楼的销售价为起价；高层物业，以最低层的销售价为起步价。房产广告中常以较低的起价来引起消费者的注意。

（4）**最高价**。它是指目前销售单元中最高的单价。

（5）**一口价**。它是特价的一种形式，一般是指抛开原来的定价，针对市场的接受能力而对楼盘的某些单元进行个别定价。一口价的单元不享受其他折扣优惠。

（6）**房产价格**。房产价格按取得所有权（使用权）的方式分为房屋销售价格和房屋租赁价格两种形式。

1）**房屋销售价格**，是指房产所有权转移时买卖双方实际成交的价格。房产买卖时，买房人购买的是房产的所有权和土地使用权，卖房人将房产所有权出让，同时要获得房产所有权出让的价值补偿。

2）**房屋租赁价格**，是指房屋的所有人出租房屋时取得的实际租金。在此种流通形式中，房屋所有权不变，承租者支付房租，获得一定时期内的房屋使用权；出租者放弃或出让一定时期内的房屋使用权。它包括住宅租赁、办公用房租赁、商业用房租赁和厂房仓库租赁四部分。

（7）**商品房销售价格**。它是指具有经营资格的房地产开发公司出售的住宅、写字楼、商业用房以及其他建筑物的市场实际成交价格，其价格由成本、税金、利润、代收费用等组成。它受地段、层次、朝向、质量、材料差价等多种因素的影响。

（8）**楼面价**。它是土地出让价的表示方法。楼面价是按建筑面积（也有按土地面积）

计算的。楼面价＝土地总价/总建筑面积或土地单价/容积率。

3.9.2 房地产价格的种类

1. 市场价格、理论价格、评估价格

（1）市场价格。房地产的**市场价格**，简称市价，是房地产交易双方的实际成交价格。它是已经完成了的事实。这种价格通常随着时间、供求关系的变化及交易双方的心态、偏好、素质的不同而经常波动。

（2）理论价格。房地产的**理论价格**，是指如果将房地产放在合理的市场上交易，它应该实现的价格。理论价格不是事实，但又是客观存在的。

（3）评估价格。房地产的**评估价格**，简称评估价，是估价人员对房地产客观合理价格作出的一种估计、推测或判断。评估价格也不是事实。

评估价还可根据评估时采用的评估方法不同而有不同的称呼。例如，用市场比较法评估求得的价格称为比准价格，用成本法评估求得的价格称为**积算价格**，用收益法评估求得的价格称为**收益价格**。

2. 土地价格、建筑物价格、房地价格

房地产的存在形态有下列三种：土地、建筑物、房地。房地产价格通常有土地价格、建筑物价格、房地价格之分。这是一组按照房地产的存在形态来划分的价格。

（1）**土地价格**，简称地价。如果是一块无建筑物的空地，此价格即指该块土地的价格；如果是一块附有建筑物的土地，此价格是指该宗房地产中纯土地部分的价格。

同一块土地，在估价时考虑（或假设）的"生熟"程度不同，会有不同的价格。土地的"生熟"程度主要有以下六种：①未征用补偿的农地。购此土地者需进行征用补偿，支付征地补偿费。②已征用补偿但未做"三通一平"的土地。所谓**"三通一平"**，通常是指路通、水通、电通和场地平整。③已做"三通一平"的土地。④已做三通一平以上的开发土地，如已做**"七通一平"**的土地。"七通"是指具备了道路、给水、排水、电力、通信、燃气、热力等设施和条件；"一平"是指土地平整。⑤在现有城区内附有待拆迁建筑物的土地。购此土地者需进行拆迁安置，支付拆迁补偿安置费。⑥已做拆迁安置的城市空地。

（2）**建筑物价格**。它是指建筑物部分的价格，不包含其占用的土地的价格。人们平常所说的房价，如购买一套商品房的价格，购买一栋别墅的价格，通常是含有该建筑物占用的土地在内的价格，与这里的建筑物价格的含义不同。

（3）**房地价格**又称房地混合价。它是指建筑物连同其占用的土地的价格，往往同于上述人们平常所说的房价。对于同一宗房地产来说，房地价格＝土地价格＋建筑物价格。

3. 总价格、单位价格、楼面地价

这是一组按照房地产价格的表示单位来划分的价格。

（1）总价格。房地产的**总价格**，简称总价，是指一宗房地产的整体价格。

（2）单位价格。房地产的**单位价格**，简称单价。对土地的单位价格来说，是指单位土

地面积的土地价格；对建筑物的单位价格来说，是指单位建筑物面积的建筑物价格；对房地的单位价格来说，是指单位建筑物面积的房地价格。房地产的单位价格可以反映房地产价格水平的高低。

（3）楼面地价。**楼面地价**，又称单位建筑面积地价，是平均到每单位建筑面积上的土地价格。楼面地价与土地总价格的关系为：楼面地价 = 土地总价格/建筑总面积。

由此公式可以得出楼面地价、土地单价、容积率三者之间的关系，即楼面地价 = 土地单价/容积率。

弄清楼面地价的作用有着十分重要的意义。在现实生活中，楼面地价往往比土地单价更能说明土地价格水平的高低。

4. 买卖价格、租赁价格、抵押价格、课税价格、征用价格

（1）**买卖价格**。它是指以买卖方式支付或收取的实物或其他有价物的货币额，简称买卖价或买价、卖价。

（2）**租赁价格**，常称租金。它在土地场合称地租，在房地混合场合俗称房租。我国目前的房租有市场租金（或称协议租金）、商品租金、成本租金、准成本租金和福利租金。

（3）**抵押价格**。它是指为抵押贷款而评估的房地产价格。从理论上讲，抵押价格评估是一种预期价格的评估；避免贷款人承担任何不必要的风险，所以抵押价格应是扣除强制处置税费后的价值，即抵押价格 = 预期价值 – 处置税费。

（4）**课税价格**。它是指政府为课征赋税，由估价人员估定的作为房地产课税基础的价格。具体的课税如何，要视课税政策而定。

（5）**征用价格**。它是指为政府征收房地产补偿而评定的价格。

5. 基准地价、标定地价、房屋重置价格

这是《中华人民共和国城市房地产管理法》中提到的三种价格。该法第三十二条规定："基准地价、标定地价和各类房屋的重置价格应当定期确定并公布。"

（1）基准地价。城市**基准地价**是指在某一城市的一定区域范围内，根据用途相似、地段相连、地价相近的原则划分地价区段，然后调查评估出的某个地价区段在某一时点的平均水平价格。

（2）标定地价。**标定地价**是指在一定时期和一定条件下，能代表不同区位、不同用途地价水平的标志性宗地的价格。

（3）房屋重置价格。**房屋重置价格**，简单地说，是假设房屋在估价时点重新建造时，必要的建造费用加平均利润。具体地说，是指按照估价时点当时的社会正常的建筑技术、工艺水平、建筑材料价格、人工和机械费用等，重新建造同类结构、式样、质量及功能的新房屋所需要的费用加平均利润。

6. 底价、期望价、补地价

（1）**底价**。它是指政府、企业或私人出售（尤其是拍卖）房地产时确定的最低价格，亦称起叫价格（简称起价），若低于这个价格则可不出售。

（2）**期望价**。它一般是指政府、企业或私人出售房地产时希望卖出的满意价格，如在底价基础上上涨 15%，即可视为期望价。

（3）**补地价**。它是指在更改政府原出让土地使用权时规定的用途，或增加容积率，或转让、出租、抵押划拨土地使用权，或出让的土地使用权续期等时需要交给政府的一笔地价。

对于改变用途来说，补地价的数额通常等于改变用途后与改变用途前地价的差额，即补地价 = 改变用途后的地价 − 改变用途前的地价。

对于增加容积率来说，补地价的数额可用下列公式计算：补地价 = 〔（增加后的容积率 − 原容积率)/原容积率〕× 原容积率下的地价。

3.9.3 房地产价格的影响因素

1. 供求状况

供给和需求是形成价格的两个最终因素。其他一切因素，要么通过影响供给，要么通过影响需求来影响价格。房地产的价格也是由供给和需求决定的，与需求成正相关，与供给成负相关。供给一定，需求增加，则价格上升；需求减少，则价格下跌。需求一定，供给增加，则价格下跌；供给减少，则价格上升。

2. 自身条件

房地产自身条件的好坏，直接关系到其价格高低。所谓自身条件，是指那些反映房地产本身的自然物理性状态的因素。这些因素分别如下：

（1）地块位置。

（2）地块地质。

（3）地形地势。

（4）土地面积。

（5）土地形状。

（6）日照。

（7）通风、风向、风力。

（8）气温、湿度、降水量。

（9）天然周期性灾害。

（10）建筑物外观。

（11）建筑物朝向、建筑结构、内部格局、设备配置状况、施工质量等。

3. 人口因素

房地产的需求主体是人，人的数量、素质如何，对房地产价格有着很大的影响。人口因素对房地产价格的影响，具体可分为人口数量、人口素质、家庭规模三个方面。

（1）人口数量。人口数量主要通过影响房地产的需求来影响房地产的价格。一般而言，人口高密度地区，房地产求多于供，供给相对匮乏，因而价格趋高。

（2）人口素质。如果一个地区中的居民素质低，组成复杂，秩序欠佳，人们多不愿在

此居住，房地产价格必然低落。

（3）家庭规模。家庭规模是指全社会或某一地区的家庭平均人口数。一般而言，随着家庭规模小型化，即家庭平均人口数的下降，房地产价格有上涨的趋势。

4. 经济因素

影响房地产价格的经济因素主要有：经济发展状况，物价（特别是建筑材料价格），居民收入，房地产投机。

（1）经济发展状况。经济发展，预示着投资、生产活动活跃，对厂房、办公室、商场、住宅和各种文娱设施等的需求增加，引起房地产价格上涨，尤其是引起地价上涨。

（2）物价。房地产价格与物价的关系非常复杂。通常物价普遍波动，房地产价格也将随之变动；如果其他条件不变，则物价变动的百分比相当于房地产价格变动的百分比，而两者的动向也应一致。

从一段较长时期来看，房地产价格的上涨率要高于一般物价的上涨率和国民收入的增长率。

（3）居民收入。通常居民收入的真正增加显示人们的生活水平将随之提高，从而促使其对房地产的需求增多，导致房地产价格上涨。如果居民收入的增加是中、低等收入水平者的收入增加，对居住房地产的需求增加，促使居住房地产的价格上涨。如果居民收入的增加是高收入水平者的收入增加，对房地产价格的影响不大。不过，如果利用剩余的收入从事房地产投资（尤其是投机），则必然会引起房地产价格变动。

（4）房地产投机。房地产投机，简言之就是投准时机，是指利用房地产价格的涨落变化，通过在不同时期买卖房地产，从价差中获取利润的行为。

当房地产价格节节上升时，那些预计房地产价格还会进一步上涨的投机者纷纷抢购，造成一种虚假需求，无疑会促使房地产价格进一步上涨。而当情况相反时，那些预计房地产价格还会进一步下跌的投机者纷纷抛售房地产，则会促使房地产价格进一步下跌。当房地产价格低落时，怀有日后房地产价格会上涨心理的投机者购置房地产，以待日后房地产价格上涨时抛出。这样，就会出现当房地产需求小的时候，投机者购置房地产，造成房地产需求增加；而在房地产价格上涨时投机者抛出房地产，增加房地产供给，从而平抑房地产价格。

5. 环境因素

影响房地产价格的环境因素，是指那些对房地产价格有影响的房地产周围的物理性因素。这方面的因素有：

（1）声觉环境。

（2）大气环境。

（3）水文环境。

（4）视觉环境。

（5）卫生环境。

6. 社会因素

（1）政治安定状况。

（2）社会治安程度。

（3）城市化。

7. 行政因素

影响房地产价格的行政因素，是指影响房地产价格的制度、政策、法规、行政措施等方面的因素。其主要有：

（1）土地制度。

（2）住房制度。

（3）房地产价格政策。

（4）城市发展战略、城市规划、土地利用规划。

（5）税收政策。

8. 心理因素

心理因素对房地产价格的影响有时是一个不可忽视的因素。影响房地产价格的心理因素主要有下列七个：①购买或出售心态；②个人偏好；③时尚风气；④接近名家住宅心理；⑤讲究门牌号码，楼层数字或土地号数；⑥讲究风水；⑦价值观的变化。

9. 国际因素

国际经济、军事、政治等环境如何，对房地产价格也有很大影响。影响房地产价格的国际主要因素有以下四个：

（1）经济状况发展良好，一般有利于房地产价格上涨。

（2）军事冲突情况。一旦发生战争，则战争地区的房地产价格会陡然下落，而那些受到战争威胁或影响的地区，其房地产价格也有所下降。

（3）政治对立状况。如若国与国之间发生政治对立，则不免会出现实行经济封锁、冻结贷款、终止往来等，这些一般会导致房地产价格下跌。

（4）国际竞争状况。这主要是国与国之间为吸引外资而进行的竞争，竞争激烈时，房地产价格一般较低落。

3.10 房地产市场营销

3.10.1 房地产市场营销的相关概念

（1）**市场**。它是指具有特定需要和欲望，而且愿意并能够通过交换来满足这种需要或欲望的全部潜在顾客。市场的三要素是人口（即消费者）、购买力（即消费能力）和购买动机（即消费者的需要）。

（2）**买方市场**。它是指商品供过于求，买方掌握市场主动权，对买者有利的市场。

（3）**卖方市场**。它是指商品供不应求，买方争相购买，对卖方有利的市场。

（4）**供求规律**。它是指商品生产和商品交换的经济规律，其实质是市场供求和市场价格相互影响制约。

（5）**市场竞争**。它是指商品生产者、经营者、消费者在市场上为争取有力的交换条件获得更大的经济利益而进行的斗争。

（6）**需要**。它是指没有得到某些满足的感受状态。

（7）**欲望**。它是指想得到某些需要的具体满足物的愿望，即需要＋具体满足物＝欲望。

（8）**需求**。它是指对有能力购买并愿意购买某一个具体的产品的欲望，当具有购买能力时，欲望便转化为需求，即欲望＋购买力＝需求。

（9）**刚性需求**，相对于弹性需求。它是指商品供求关系中受价格影响较小的需求，这些商品包括日常生活用品、家用耐耗品等，也可以理解为人们日常生活中常见的商品和必需品。同时，刚性需求可以理解为绝对需求，这种需求不因市场价格高而对需求有绝对的抑制作用。例如，一个人一天消费的粮食为0.5kg，他不会因为粮食的价格高低而有太大的变化。这个词语在近几年的房地产市场中使用较多。

（10）**弹性需求**。它是指当产品或服务的价格有所变动时，市场对该产品或服务的需求也发生明显变动的状况。具备弹性需求的产品或服务通常面临市场竞争激励、替代产品较多、非生产生活必需品等特征。例如消费类电子产品，对于同一功能品质的数码相机，如果价格有一定幅度下调，通常会激发更大规模的销量增长。如果这种调价是由一家或个别厂商发起，则这种弹性需求产生的增量会被首先降价的厂商获取。所以，有弹性需求特征的行业里经常会受价格战的困扰。良性的弹性需求状况是产品或服务的降价，是靠有效降低成本带来的，而非低价竞争，刺激需求。

（11）**营销**。它是指个人和集体通过创造提供、出售并同别人交换产品和价值以获得其所需所欲之物的过程。营销不创造需要，但可发现和影响需要；营销能影响人们的欲望。

（12）**市场营销**，以字面理解，就是市场（市场调查、市场/预测分析、市场定位）＋营（产品定位、概念设计、采购土地、规划设计、施工服务）＋销（价格、促销、卖场、发售、销售服务）。

市场营销，就是以顾客为导向，以"顾客需要什么"为核心问题，以市场调研和预测为基础的产品开发、设计、施工、销售、服务等活动。

（13）**房地产市场营销**。它是促进房地产产品从开发商到业主或使用人转移的实现过程，是贯穿于市场调查、产品定位、建设开发、价格制定、渠道选择和销售促进的一系列活动。

（14）**顾客让渡价值**。它是指顾客总价值与顾客总成本之间的差额。

顾客总价值，是指顾客购买某一产品或服务所期望获得的一组利益。它包括产品价值、服务价值、人员价值和形象价值等。

顾客总成本，是指顾客为购买某一产品所耗费的时间、精神、体力以及所支付的货币资金等。因此，顾客总成本包括货币成本、时间成本、精神成本和体力成本等。

（15）**营销组合**。它是指企业为了在目标市场制造它想要的反应而组合采用的一组可

控制的战术营销手段。现代营销的核心理论是以产品、价格、渠道和促销为内容的组合与管理。

（16）**4P 营销策略**。它是指产品、价格、渠道、促销构成的营销组合。

（17）**市场营销实施**。它是指为实现营销战略目标而把营销计划转变为营销行动的过程。

（18）**市场营销控制**。它是指包括估计市场营销战略和计划的成果，并采取正确的行动以保证实现目标。

（19）**关系营销**。它是指企业与消费者、代理商和供应商建立一种长期、信任、互惠的关系，而为了要做到这一点，企业必须向这些个人和组织承诺和提供优质的产品、良好的服务以及适当的价格，从而与这些个人和组织建立和保持一种长期的经济、技术和社会的关系纽带。

（20）**区别营销**。它是指公司根据不同顾客、品牌特点，利用差异化策略，抓住一部分高利润消费者，与他们建立更多的信赖和忠诚，销售一小部分高利润消费者的产品。

（21）**定制营销**。它是指根据顾客的个性特点和差异化需求，为顾客"量体裁衣"，提供差异化需求商品和服务需求。

（22）**整合营销**是营销组合的升级和发展。它是指整合所有可利用的资源开展销售工作，是对各种营销工具和手段的系统化整合，并根据环境的变化进行即时性的动态修改。

（23）**房地产整合营销**。它是指围绕项目租售这一核心目的，除了通过广告促销、活动促销、现场包装、人员销售、价格定位、优惠促销、销售执行和销售服务等营销手段外，还要不断地对房地产市场进行调查和分析，并根据市场的需求和竞争态势对项目进行定位和产品修改，最终实现项目成功租售的目的。

（24）**目标市场**。它是指企业要为之服务的消费者市场。目标市场有三个特点：可占领性，可发展性，可盈利性。

目标市场战略，是指房地产企业在确定目标市场之后针对目标市场而制订的措施和方法，主要有以下三种定位战略，即无差异化市场营销、差异化市场营销和集中化市场营销。目前，房地产企业采取的大多是差异化市场营销。

（25）**差异化营销**。它是指企业根据市场细分原则，通过差异分析方法对总体市场环境和个体市场环境的分析和比较，找出对自己企业最有利的差别利益。

（26）**形象差异化**。它是指企业实施通常所说的品牌战略和 CI 战略而产生的差异，是广告和包装推广的结果。

（27）**市场差异化**。它是指由产品的销售条件、销售环境等具体的市场操作因素而生成的差异，大体包括销售价格差异、售后服务差异等。

3.10.2　房地产市场调查与细分

1. 房地产市场调查与细分的相关概念

（1）**房地产市场调查**。它是以房地产为特定的商品对象，对相关的市场信息进行系统

地收集、整理、记录和分析，进而对房地产市场进行研究与预测，为决策者了解房地产市场的变动趋势，制订公司营业计划，拟订经营策略提供参考与建议。

（2）**市场细分**。它是指企业根据市场调查所得出的结论，将消费者市场以不同的需求分类，划分为若干子市场的过程。

2. 房地产市场调查的主要内容

房地产市场调查的主要内容如下：

1）政治法律环境调查。

2）区域经济环境调查。

3）楼盘周边环境与配套调查。

4）房地产市场需求和消费行为调查。

5）房地产市场现有产品调查。

6）房地产价格调查。

7）房地产促销媒体与效果调查。

8）房地产营销渠道调查。

9）房地产竞争对手情况调查。

3. 房地产市场调查资料的获取途径

房地产市场调查资料的获取途径主要有以下八种：

（1）交易双方当事人。访问市场上曾经发生交易行为的买方或卖方，应着重查访成交标的物的位置、面积、交易价格、交易当时的状况和其他条件等。

（2）促成房地产交易行为的代理商。房地产市场上的代理商，具有促进交易行为的作用，在房地产市场上十分活跃。一般而言，他们不但参与许多交易行为，且对于地方市场具有相当程度的了解，经常提供资料给买卖双方参考，以促进交易成功。

（3）房地产公司公开推出的各种销售广告或出租广告。房地产公司公开推出销售或出租单元之前都会预先做好市场调查工作，因此其在报刊、售楼书、邮寄广告等各类广告中公开推出的销售或出租的报价具有很大的参考价值。一个成功的租售个案更能代表市场的接受力，其代表性和参考价值更为肯定，这种资料的可靠程度更高。但应注意其中的销售或租赁标的物的状况等基本条件。

（4）熟悉房地产市场的人士。如房地产估价师，可向其探询交易资料作为再进一步查证的依据。

（5）同业间资料的交流。房地产同业间若能秉持合作的态度，用经过整理分析的二手资料进行交流，则大有裨益。

（6）准交易资料的收集。所谓准交易资料，是当事人拟出售（购买）房地产的单方面意愿的报价资料。凡处于未成为供、需双方一致意愿阶段的资料都称为准交易资料。地方市场上的准交易资料具有及时反映市场行情的功能，因为准交易行为者拟定价格必须预先到该地方市场了解交易情况，参考当时的成交价格后才能初步决定价格。

（7）向房地产租售经办人员讨教。参加房地产交易展示会、展览会，了解各类信息、行情、索取有关资料。

（8）各类二手资料。二手资料主要包括：政府各类统计资料中有关房地产的数据和分析材料；与房地产业相关的银行、消费者协会、咨询机构以及新闻媒体所提供的资料；来自上级主管部门和行业管理机构、行业协调机构的资料；一些专业和非专业研究机构提供的相关资料，以及来自本企业各部门的数据材料。

4. 市场细分的依据

（1）地理细分。按照消费者所在的地理位置划分。

（2）人口细分。按照人口变量，包括年龄、性别、收入、职业、教育水平、家庭规模、家庭生命阶段、宗教、种族、国籍等因素划分。

（3）心理细分。按照消费者的生活方式（活动、兴趣、意见）和个性划分。

（4）行为细分。按照消费者购买或使用某种产品的时机、所追求的利益、使用者情况、对某种产品的使用率、对某种品牌的忠诚度、消费者待购阶段和对产品的态度等行为变量来细分消费者市场。

3.10.3 房地产项目定位

1. 房地产项目定位的相关概念

（1）**房地产项目定位**。它是指从各个方面去界定房地产开发商将要在土地上营造的产品以及提供的服务。

（2）**市场定位**。它是指企业根据目标市场上同类产品的竞争状况，针对顾客对该产品的重视程度，为该企业塑造与众不同的形象，以求得顾客的认同。

（3）**产品定位**。产品定位主要是为设计、工程部门提供设计、工程依据，一般要先由营销人员根据市场定位来提出设计要求，这个过程就是产品定位。产品定位主要是将产品的设计、生产环节与市场结合起来。产品定位直接导致产品是否适应市场（顾客）需求。

（4）**产品定位策略**。它是指企业对经营的产品赋予某些特色使产品在用户中树立某种特定形象。

（5）**产品生命周期**。它是指产品的市场寿命，一般分为四个阶段，即市场介绍阶段、增长阶段、成熟阶段、衰退阶段。掌握生命周期理论的目的：①尽快推广自己的产品，缩短产品介绍阶段；②尽可能保持增长阶段；③减慢被淘汰的速度。

（6）**价格定位**。它是指营销者把产品、服务的价格定在一个什么样的水平上，这个水平是与竞争者相比较而言的。

（7）**品牌定位**。它是以产品定位为基础的品牌诉求方式。

（8）**项目定位**。它是指通过市场调查研究，确定项目所面向的市场范围，并围绕这一市场而将项目的功能、形象做特别有针对性的规定。项目定位基本包含功能、客户、形象定位，更深一步延伸，包括服务定位和技术定位。

（9）**功能定位**。它是指确定房地产项目的用途及发挥的作用。

（10）**客户定位**。它是指确定谁是房地产项目的投资者、使用者、运营者、物业管理者和消费者。

2. 房地产项目定位的考虑因素

在对房地产项目进行定位时，主要考虑以下七个因素：

（1）现金流测算与把握。房地产开发企业根据自身现金流的测算和把握，确定项目定位追求方向。例如，就具体地块而言，开发大众化普通住宅与开发联排别墅同样可行，后者可能利润空间更大，但风险也更大。作为资金相对薄弱的企业，无疑应该考虑资金的快速回笼，而不是最大的利润空间。

（2）土地条件。土地自身条件是项目定位的根本基础，地块自然条件的综合利用是项目物业增值的前提。错误定位，优势变劣势的现象在房地产开发过程中普遍存在。例如，在京北有一个项目，地块中间有一个较大的天然湖泊。为了增加开发面积，开发商进行了大规模整治填湖工作。然而在增加面积的同时，造成自然景观条件的下降，造成项目产品品质下降。在众多开发商人工造湖的今天，该地块的湖泊应该是不可多得的优势，却因项目定位的问题而成为劣势。

（3）预期销售速度。销售速度也是项目定位的重要因素，尤其是在价格定位与营销推广定位方面是要注意的。销售速度与销售周期直接影响到项目的回款速度，开发周期对于开发企业项目间的整体资金运作有直接影响。

（4）客户群体。客户群体需求特征是项目定位的决定因素，在房地产开发竞争日益激烈的今天，对客户群体的准确把握是项目开发成功的前提条件。

（5）房屋的单价、总价构成。现在市场上有不少项目单位售价很低，但由于产品户型较大所以总价很高，形成严重的滞销。在确定了自身项目目标客群的基础上，客户群体对户型的需求及单套总价格的考虑是项目进行产品定位特别需要注意的问题。

（6）企业擅长开发类型。在项目的硬性、软性各项指标都很明确的情况下，开发企业自身优势的充分考虑是必不可少的，尤其是高端产品的开发，更需要开发企业综合考虑自身的条件。

（7）企业要求的利润和品牌。在项目定位过程中，除了市场和地块特征等因素，开发企业自身对项目的利润要求是决定项目定位的主观因素，也是最能影响项目定位准确性的因素。

3. 房地产目标客户群定位

由于房地产项目整合营销的最终目的是促使交易，因此客户群定位是众多定位中的重点，只有确定的有效目标群，项目的营销推广才能有源头之水。所谓**目标客户群定位**，就是根据项目自身的特征、品质为载体而进行的对目标接受人群以及购买对象的界定。

（1）目标客户群的界定。它是指在充分分析项目自身的优劣势的基础上，针对项目特性确定目标客户群。对于一些非单一类型的房地产项目，应针对不同类型的物业确定各自的目标群体。

（2）目标客户群构成分析。它是指在明确了项目的目标客户群后，应根据这一群体进行细分，从而进一步明确目标客户群的具体构成，如细分主力客户、补充客户、潜在客户等。

（3）目标客户群的特性分析。特性分析的内容主要包括基本特征和心理状况两方面。基本特征包括客户的区域来源、年龄、职业、教育程度、婚姻状况、家庭结构等；心理状况主要包括客户的消费心理、购买动机、所在区域的消费观念、传统文化等。

3.10.4 房地产价格策略

1. 房地产价格策略的相关概念

（1）**价格策略**。它是指企业为实现销售目标给自己的产品和服务制定一个价格幅度。

（2）**房地产定价策略**。它是指房地产企业针对项目的特性来制订合理的产品定价方案，从而实现销售目标，获取企业最大利润。

（3）**房地产调价策略**。它是指房地产企业在产品营销过程中，基于市场情况的变化以及企业自身目标的调整，从而制订合理的房地产价格调整方案。

2. 房地产产品定价方法

（1）**成本导向定价**。成本导向定价是以成本为中心，是一种按卖方意图定价的方法。其基本思路是：在定价时，首先考虑收回企业在生产经营中投入的全部成本，然后加上一定的利润。成本导向定价法应用得最多的是成本加成定价法。

成本加成定价法是一种最简单的定价方法，就是在单位产品成本的基础上，加上一定比例的预期利润作为产品的售价。售价与成本之间的差额即为利润。这里所指的成本，包含了税金。由于利润的多少是按成本的一定比例计算的，习惯上将这种比例称为"几成"。它的计算公式为：

$$单位产品价格 = 单位产品成本 \times (1 + 加成率)$$

式中　加成率——由于利润的多少是按成本的一定比例计算的，因此加成率即利润与成本的比例。

（2）**竞争导向定价法**。竞争导向定价法是企业为了应付市场竞争的需要而采取的特殊定价方法。它是以竞争者的价格为基础，根据竞争双方的力量等情况，制定较竞争者价格为低、高或相同的价格，以达到增加利润，提高销售量或提高市场占有率等目标的定价方法。对于房地产企业而言，当本企业所开发的项目在市场上有较多的竞争者时，适宜采用竞争导向定价确定楼盘售价，以促进销售，尽快收回投资，减少风险。竞争导向定价有随行就市定价法和可比楼盘量化定价法两种。

1）**随行就市定价法**。随行就市定价法就是企业使自己的商品价格跟上同行的平均水平。一般来说，在基于产品成本预测比较困难，竞争对手不确定，以及企业希望得到一种公平的报酬和不愿打乱市场现有正常秩序的情况下，这种定价方法较为行之有效。在竞争激烈而产品弹性较小或供需基本平衡的市场上，这是一种比较稳妥的定价方法，在房地产业应用比较普遍。因为在竞争的现代市场条件下，销售同样商品房的各个房地产企业在定价时实际上没有选择的余地，只能按现行市场价格来定价。若价格定得太高，其商品房将

难以售出；而价格定得过低，一方面企业自己的目标利润难以实现，另一方面会促使其他房地产企业降价，从而引发价格战。因此，这种定价方法比较受一些中、小房地产企业的欢迎。

2）可比楼盘量化定价法。可比楼盘量化定价法也称**市场比较法**，是将本项目与周边楼盘及可比性较强的楼盘根据比较因素、比较因素的权重以及比较楼盘对本项目的可比性权重进行的量化定价法，比较过程是定价人员站在消费者的角度进行评比打分的，是竞争导向定价法与需求导向定价法的结合。每个楼盘定级因素的具体指标及等级划分是不尽相同的，常用的定级因素有 18 个，具体为：位置、价格、配套、物业管理、建筑质量、交通、城市规划、楼盘规模、朝向、外观、室内装饰、环境、开发商信誉、付款方式、户型设计、销售情况、广告、停车位数量。

（3）**需求导向定价法**。需求导向定价法是指以需求为中心，依据买方对产品价值的理解和需求强度来定价，而非依据卖方的成本定价。其主要方法是理解值定法和区分需求定价法。

1）理解值定价法。**理解值**也称"感受价值"或"认识价值"，是消费者对于商品的一种价值观念，这种价值观念实际上是消费者对商品的质量、用途、款式以及服务质量的评估。理解值定价法的基本指导思想是认为决定商品价格的关键因素是消费者对商品价值的认识水平，而非卖方的成本。房地产企业在运用理解值定价法定价时，企业首先要估计和测量在营销组合中的非价格因素变量在消费者心目中建立起来的认识价值，然后按消费者的可接受程度来确定楼盘的售价，由于理解值定价法可以与现代产品定位思路很好地结合起来，成为市场经济条件下的一种全新的定价方法，因此为越来越多的企业所接受。

2）区分需求定价法。区分需求定价法又称**差别定价法**，是指某一产品可根据不同需求强度、不同购买力，不同购买地点和不同购买时间等因素，采取不同的售价。对于房地产来说，同一种标准、同一种规格、同一种外部环境的商品房，可以根据楼层数的相应变化而使销售价相应变化。区分需求定价法的主要形式有：以消费群体的差异为基础的差别定价；以数量差异为基础的差别定价；以产品外观、式样、花色等差异为基础的差别定价；以地域差异或时间差异为基础的差别定价等。

3. 房地产产品定价策略

（1）价格折扣与折让策略。

1）现金折扣。它是指购买者如能及时付现或提早付现，公司则给予现金折扣。在房地产产品销售过程中，一次性付款可以给予优惠就是这种策略的具体表现。这种策略可以增加买方在付款方式上选择的灵活性，同时卖方可降低发生呆账的风险。

2）数量折扣。它是指顾客大量购买时，则予以价格上的优待。这是公司薄利多销原则的体现，可以缩短销售周期，降低投资利息和经营成本，及早收回投资。

（2）单一价格与变动价格策略。

单一价格即不二价，无论谁来购买都是同样价格。若有折扣、优惠、赠品，则对每一位顾客皆一视同仁。

变动价格则对每一顾客的成交价皆有所差异。这主要来自买卖双方的讨价还价，或者由买方与卖方的特殊关系造成。房屋价格能达到不二价的公司很少，一般几乎都是"变动价格"，尽管有时这种变动从单位价格来看可能并不高，但从总价来看，情况就不一样了。

（3）"特价品"定价策略。它是指使少数产品以非常廉价的姿态出现，来吸引消费者购买。所谓"特价品"在房屋营销中往往只有一户或少数几户，即所谓"广告户"，如广告中常见的所谓"起价××元"。

（4）心理定价策略。传统的心理定价策略亦称奇数定价。根据心理学家对消费者购买心理的研究调查，同一件产品当标价 49 元时，不但销量远大于标价 50 元的产品，甚至还比标价 48 元的销路还要好。这种策略也可以用于房地产定价。现代心理定价还有其他一些新的表现，如吉祥数字、吉祥门牌号定价策略，如每平方米 1998 元这类定价。

（5）非价格竞争策略。价格竞争是市场竞争的基本策略，但在房地产营销中，也有在竞争中突破价格竞争而自主定价的策略，如在相邻同档次的项目中，一方不通过价格调整，而通过提供比竞争者更优惠的其他条件来竞争的情况，如提供良好的后期物业管理、较低的物业管理费等来吸引顾客。

3.10.5　房地产销售策略与控制

1. 房地产销售策略的相关概念

（1）**房地产销售渠道**。它既指销售执行者的选择（开发商自己销售或请销售代理商代理销售），又指销售地址的选择（一般是在楼盘工地盖售楼部，或前期选择在市区繁华地段租设展示介绍厅）。

（2）**促销**。广义上的促销是指能刺激目标客户购买产品的各种市场营销活动，包括广告、人员推销、宣传、包装、公关和销售促进等内容。狭义上的促销是指销售促进。

（3）**SP 活动**。SP 是英文"Sales Promotion"的缩写，中文翻译即销售促进或营业推广、销售推广，是指在给定的时间和预算内，在某一目标市场中所采用的能够迅速产生激励作用，刺激需求，达成交易目的的促销手段和措施。

（4）**销售控制**就是控制销售。简单来说，它是指对顾客购买房屋的时间、速度、户型、楼层等进行引导控制。如果任由顾客挑选，就是没有控制。

（5）**销售策略**。它是指根据影响实施销售计划的各种因素，如产品、价格、广告、渠道、促销等条件，从而制定达成销售目的的各种手段的最适组合。

2. 销售控制中要主推或保留的单元

（1）主推单元。

1）主推户型较差的单元。

2）主推户型朝向较差的单元。

3）主推户型同期广告的主打户型。

4）主推剩余货量较多的单元。

5）主推楼层较偏的单元。

（2）保留单元。

1）保留较为热卖的单元。

2）保留楼盘的特色单元。

3）保留楼层较好的单元。

4）保留剩余货量较少的单元。

5）保留价格较低的单元。

3. 销售控制中的价格走势策略

楼盘价格策略的制定一般来说有两种：一是低开高走；二是高开低走。这两种价格制定策略是针对不同的物业来制定的。

（1）低开高走。价格制定策略采用低开高走的楼盘，应分时间段制定出不断上升的价格走势，价格控制的原则为逐步走高，并留有升值空间，这样既能吸引投资，又能吸引消费。同时，楼层差价的变化也并非是直线型的成比例变化，而是按心理需求曲线变化，它随着心理需求的变化呈不规则变化。以时间为基础根据不同的时间段进行时间控制，确定与之对应的销量和价格，并且围绕该时间段的诉求重点进行营销，从而掌握什么时间该控制什么，如何去控制，以产生协同效益。

（2）高开低走。高开低走属于撇脂定价模式，市场定位为需求弹性较小的高收入人群。它的特点是阶段性高额利润，速战速决地回收资金，其适用范围为实力信誉颇佳的大公司，有"新、奇、特"概念的高附加值的物业，如写字楼、商铺等就经常会采用这一战术。

4. 销售控制中的折扣策略

（1）低定价，低折扣。这种定价较为接近实际价格，给人的第一感觉是较为实际，即价格能够体现出价值，所含水分较少，容易给客户留下好印象。这一策略为后期销售留下较大的变化余地，当需要价格上调时，可直接标高定价，当原定价过高销售不利时，可不用直接调低定价，而只需加大折扣幅度就可以了。这种方式符合明升暗降的调价原则。

（2）高定价，低折扣。这种价格和折扣组合不易处理，当价格上扬时拉高原有的价格，显然会增加销售阻力，而销售不畅时，加大原有已经很大折扣幅度，效果并不明显，而且还会带来众多的负面影响；且违背明升暗降原则。

（3）中定价，中折扣。这是一种折中的销售控制组合，优缺点它兼而有之，在此不详述。

通常情况下采用低定价、低折扣的方式比较适宜。

3.10.6　房地产广告

1. 房地产广告的载体

（1）**报纸广告**。报纸广告分为以图片为主的硬性广告（简称硬广）和以文字为主的软性广告（软文），是房地产广告最常使用的载体。

（2）**广播广告**。广播广告主要针对出租车乘车者、私家车主。

（3）**杂志广告**。房地产广告中，杂志广告的内容与报纸广告的内容相类似。

（4）**网络广告**。利用网络做房地产商品广告，其内容可以多样化，可以做成网页形式，内容翔实，信息丰富，图文并茂，以激发客户潜在购买欲望为目的。

（5）**灯箱广告**。灯箱广告在房地产广告中只作为一种补充广告，多用于售楼处内部、外部及公交车站台。

（6）**电视广告**。电视广告一般配合三维动画，将楼盘的优点和形象展示出来，但电视广告的投放费用较高。

（7）**展示会**。在大型的展示会中设展示台，展示台的设计可与楼盘的风格一致，附以外观立面效果图等大量图片信息，现场配备销售人员的介绍。展示会上还可以派发一些小礼品，可扩大知名度，挖掘潜在客源。

（8）**接待中心**。它是一种综合性的房地产广告媒体。首先，接待中心配有房地产商品的各种详细图表及说明，并由专职人员进行讲解。其次，接待中心通常放置房地产商品的模型，供来访者参观。再次，接待中心也是一种散发说明书广告的理想场所。最后，接待中心可以有专人详细回答来访者提出的各种问题，消除他们的疑问。

（9）**样板房和示范单位**。样板房和示范单位一般是以实际户型尺寸做成的带精装修或交楼标准的供看楼者体验真实入住美好生活场景的地方，以促使该种户型的销售。

（10）**楼盘外观效果图**。它是将各楼盘外观立面以美化写意的方式，从不同角度表达，广泛用于平面媒体或销售现场。

（11）**模型**。模型也称沙盘，具体分为楼盘总规划模型；各期或各组团模型；楼盘在城市中的位置的区域模型；以及各户户型模型。

模型就是依照某一实物的形状和结构按比例缩小（或放大）的仿制品。房地产模型给观看人提供俯瞰房地产全景的机会，同时精美的房地产模型广告是很有诱惑力的。

（12）**户型家具配置图**。它是根据户型对其进行家具装饰的配置，以供购房者参考，更主要的目的是让购房者身临其境感受交付后的样子，帮助成交。

（13）**楼宇平面图**。它是楼盘各层平面，特别是标准层平面的平面图，可以反映楼层平面各户型的组合和朝向等情况。

（14）**交通动线图**。它是对楼盘附近的街路布线、公交车线路及附近各生活机能的综合平面图，客户可以通过它了解房地产整个区域的环境情况及交通的方便性。

（15）**区域规划图**。它主要反映的是楼盘周边的环境在近段时间内将要发生的改变，可以让客户了解到这块地段将会带来的升值潜力。

（16）**销售海报**简称销海或**海报**。它是商品现场销售的必备品，内容包括楼盘的全貌、户型图及文字说明，主要突出其商品的特点，内容丰富，供购房者作出决策分析，研究参考。

海报的形式可以是单张单面、单张双面，还可以是几张折页相连。

（17）**夹报**。它是全页海报广告做成报纸的形式，夹在报纸中被一起发行出去的传播载体。

（18）**售楼书**。它是有关房地产的详细介绍材料，这类材料通常由开发商或代理商直接寄送给那些对广告、邮寄宣传材料有反应的客户，或直接寄送给那些已知的对租买该房地产有兴趣的人。购房者也可以在开发商的售楼处得到售楼书。售楼书一般是请专业设计师设计的，印刷成精美考究的小册子，图文并茂，富于吸引力。

（19）**直接邮寄广告**简称**直邮**。它是对广告的散发方式而言的，被邮寄的可能是海报、说明书或类似的印刷品。直接邮寄广告也是房地产促销活动常用的形式。

（20）**销售点广告**。它是指售楼部内外的包装和广告，以及样板房、销售通道包装和工地广告等。

（21）**现场广告牌**。现在大多数房地产施工现场都树立一块或若干块广告牌来介绍正在施工的项目的情况。广告牌的内容通常包括项目规划图、位置图、项目介绍以及经过精心选择的具有宣传性的广告词。

（22）**公交车身广告**。它是房地产普遍采用的一种广告媒体形式，多为将楼盘的名称、外观效果图和主打广告语喷绘在车身上，以此扩大知名度。

（23）**罗马旗**也称道旗。它是指销售中心内外，或沿街飘挂的宣传旗帜。其上可印有外观效果图及代表性的标志或字样，罗马旗多挂于销售中心的街路边，不但有宣传作用，也可用于引导客户至售楼处。

（24）**小赠品**。销售中心现场多准备一些小礼品，如纸杯、纸袋、圆珠笔、笔记本、台历等。每逢大型活动时，赠送T恤衫、台历、雨伞给客户。赠品上面印有楼盘图案及字样，可以作为礼品拉近与客户的感情，在使用上让人加深记忆，增加对产品的认识。

（25）**房地产交易展示会**。房地产交易展示会一般由房地产行政管理部门或大型房地产代理公司举办，会上展示交易的房地产项目数量较多，一般还有行政主管部门和专家接待购房者的咨询并处理相关业务。而购房者参加房地产展示会可以获得较多的房源信息和书面材料，在会上购房者可对参会的各家房地产公司和代理公司的资源情况进行调查、比较、从中选择信誉好、实力强的房地产开发项目。

（26）**楼盘标志（Logo）**。其多见于广告幅、旗、板牌以及外墙、售楼处，一般表现为图案、美术字和字母等。

（27）**户外广告**。一般把设置在户外的广告叫做户外广告。常见的户外广告媒体有：户外广告灯箱、高速路上的路边广告牌、霓虹灯广告牌、LED看板等，现在甚至有升空气球、飞艇等新型的户外广告媒体形式。21世纪，户外广告早已突破了形式单一的店招式广告牌类型，出现了更多的新型户外广告形式——汽车车身广告、候车亭广告、地铁站广告、电梯广告、高立柱广告、三面翻广告、墙体广告、楼顶广告、霓虹灯广告、LED显示屏广告等。

2. 房地产广告的相关规定

（1）房地产广告不得含有风水、占卜等封建迷信内容，对项目情况进行说明、渲染，不得有损社会良好风尚。

（2）房地产广告中涉及所有权或者使用权的，所有或者使用的基本单位应当具有实际意义的完整的生产、生活空间。

（3）房地产广告中对价格有标示的，应清楚地标示实际的销售价格，明示价格的有效期限。

（4）房地产广告中表现项目位置，应以从该项目到达某一具体参照物的现有交通干道的实际距离表示，不得以所需时间来表示距离。房地产广告中的项目位置示意图，应当准确、清楚，比例恰当。

（5）房地产广告中涉及的交通、商业、文化教育设施及其他市政条件等，如在规划或者建设中，应当在广告中注明。

（6）房地产广告中涉及面积的，应当表明是建筑面积或者使用面积。

（7）房地产广告涉及内部结构、装修装饰的，应当真实、准确。预售、预租商品房广告，不得涉及装修装饰内容。

（8）房地产广告中不得利用其他项目的形象、环境作为本项目的效果。

（9）房地产广告中使用建筑设计效果图或者模型照片的，应当在广告中注明。

（10）房地产广告中不得出现融资或变相融资的内容，不得含有升值或投资回报的承诺。

（11）房地产广告中涉及贷款服务的，应当载明提供贷款的银行名称及贷款额度、年期。

（12）房地产广告中不得含有广告主能够为入住者办理户口、就业、升学等事项的承诺。

（13）房地产广告中涉及物业管理内容的，应当符合国家有关规定；涉及尚未实现的物业管理内容，应当在广告中注明。

（14）房地产广告中涉及资产评估的，应当表明评估单位、估价师和评价时间；使用其他数据、统计资料、文摘、引用语的，应当真实、准确，表明出处。

（15）房地产广告不得含有升值或者投资回报的承诺；不得出现返本销售或变相返本销售的内容；不得出现售后包租或变相售后包租的内容。

（16）售楼资料上明示的房屋装修标准、材料、设备、竣工交付使用时间等应当真实、准确、清楚。

（17）预售商品房广告中出现各种评奖、排名、国家或省示范工程等称号的，必须符合国家有关法律、法规的规定，并明示评奖机关、奖励种类、有效年份。对列入实施计划但未经验收获得奖励称号的，不得使用该称号。

（18）对未取得商品房预售许可证而以"内部认购""内部认订""内部登记"等方

法刊登广告的，建设、房管和工商管理部门要加强检查监督，及时查处。

（19）房地产广告对价格有表示的，应当清楚表示为实际的销售价格，明示价格的有效期限。预售商品房按套（单元）出售的，价格以套内面积计算；整栋出售的，以该栋房屋建筑面积计算房价。销售已建成的商品房以及二、三级市场的各类房屋交易，广告中要注明交易总价。

FangDiChan

第 4 章

房地产规划与建筑工程基础知识

4.1　房地产规划

4.1.1　房地产规划设计的相关概念

1. 城市规划与小区划分

（1）**城市规划**。它是对一定时期内城市的经济和社会发展、土地利用、空间布局以及各项建设的综合部署、具体安排和实施管理。

（2）**规划区**。它是指城市、镇和村庄的建成区以及因城乡建设和发展需要，必须实行规划控制的区域。规划区的具体范围由有关人民政府在组织编制的城市总体规划、镇总体规划、乡规划和村庄规划中，根据城乡经济社会发展水平和统筹城乡发展的需要划定。

（3）**城市居住区**。城市居住区一般又称居住区，泛指不同居住人口规模的居住生活聚居地和特指被城市干道或自然分界线所围合，并与居住人口规模 30 000 ~ 50 000 人相对应，配建有一整套较完善的、能满足该区居民物质与文化生活所需的公共服务设施的居住生活聚居地。

（4）**居住小区**。居住小区一般又称小区，是指被居住区级道路或自然分界线所围合，并与居住人口规模 7 000 ~ 15 000 人相对应，配建有一套能满足该区居民基本的物质与文化生活所需的公共服务设施的居住生活聚居地。

（5）**居住组团**。居住组团一般又称组团，是指一般被小区道路分隔，并与居住人口规模 1 000 ~ 3 000 人相对应，配建有居民所需的基层公共服务设施的居住生活聚居地。

（6）**住宅小区**。它是由城市道路以及自然界线（如河流）划分并不为交通干道所越的完整居住的地段，一般设置一整套可满足居民日常生活需要的公共服务设施和管理机构。

2. 小区规划的基本指标

（1）**用地性质**。它是指规划用地的使用功能。

（2）**用地面积**。它是指规划地块划定的面积。

（3）**用地红线**。它是指经城市规划行政主管部门批准的建设用范围的界线。在规划图中一般用红线标示，故称之为用地红线。

（4）**道路红线**。它是指城市道路（含居住区级道路）用地的规划控制线。

（5）**建筑线**。建筑线一般又称建筑控制线，是建筑物基底位置（外墙、台阶等）的控制线。

（6）**规划形态**。它是指这一项目的具体建筑构成。譬如一个项目一共由几栋楼宇组成，每栋楼宇的使用性质是什么，单栋楼宇的地上有几层，地下有几层，每一层的具体用途是什么。

（7）**房屋平均层数**。它是指房屋总建筑面积与房屋基底总面积的比值。

（8）**拆建比**。它是指新建的建筑总面积与拆除的原有建筑总面积的比值。

（9）**建设用地面积**。建设用地面积又称**总占地面积**，是指城市规划行政主管部门确定的建设用地位置和界线所围合的用地之水平投影面积，不包括代征的面积。

（10）**总建筑面积**。总建筑面积又称**建筑展开面积**，是建筑物各层水平投影面积的总和，包括使用面积、辅助面积和结构面积三项。使用面积是指建筑物各层平面中直接为生产或生活使用的净面积的总和。在居住建筑中的使用面积也称"居住面积"。辅助面积是指建筑物各层平面为辅助生产或生活活动所占的净面积的总和，如居住建筑中的楼梯、走道、厕所、厨房等。使用面积与辅助面积的总和称为"有效面积"。结构面积是指建筑物各层平面中的墙、柱等结构所占面积的总和。

（11）**建筑基底面积**。它是指建筑物首层的建筑面积。

（12）**套型建筑面积**。它是指单套住房的建筑面积，由套内建筑面积和分摊的共有建筑面积组成。

（13）**小区总建筑面积**。它是指小区内住宅、公共建筑和人防地下室的面积总和。

（14）**公用建筑面积**。它是指不包括任何作为独立使用空间租、售的地下室、车棚等面积，作为人防工程的地下室也不计入公用建筑面积。一般公用建筑面积按以下方法计算：整栋建筑物的面积扣除整栋建筑物各套（单元）套内建筑面积之和，并扣除已作为独立使用空间销售或出租的地下室、车棚及人防工程等建筑面积，为整栋建筑的公用建筑面积。

（15）**绿地面积**。它是指能够用于绿化的土地面积，包括公共绿地、宅旁绿地、公共服务设施所属绿地和道路绿地（即道路红线内的绿地），不包括屋顶绿化、晒台垂直绿化和覆土小于 2m 的土地。

（16）**容积率**。它是指建设用地内的总建筑面积与建设用地面积之比，一般用小数表示。地下停车库、架空开放的建筑底层等建筑面积在计算容积率时可不计入。容积率越小，意味着居住生活质量越高。

（17）**建筑密度即建筑覆盖率**。它是指建筑基底面积占建设用地面积的百分比。它可以反映出一定用地范围内的空地率和建筑密集程度。

（18）**建筑高度**。它是指建筑物室外地平面至外墙面顶部的总高度。

（19）**绿地率**。它是指城市一定地区内各类绿化用地总面积占该地区总面积的比例。在居住区用地范围内指各类绿地的总和占居住区用地的比例，不包括屋顶、晒台的人工绿地。通常新区绿地率不低于 30%，旧区绿地率不低于 25%。

（20）**绿化率即绿化覆盖率**。它是指在建设用地范围内全部绿化种植物水平投影面积之和与建设用地面积的比率（%）。绿化率一般要大于绿地率。

3. 小区规划的基本设施

（1）**城市基础设施**。它是城市生存和发展所必须具备的工程性基础设施和社会性基础设施的总称。工程性基础设施一般指能源供应、给水排水、交通运输、邮电通信、环境保护、防灾安全等工程设施。社会性基础设施则指文化教育、医疗卫生等设施。我国一般讲城市基础设施多指工程性基础设施。

（2）**配建设施**。它是指与住宅规模或与人口规模相对应配套建设的公共服务设施、道路和公共绿地总称。

（3）**配套设施**。它是指为方便生活而提供的各种设施，如水、电、暖气、煤气、通信、入网、有线电视、交通车站、学校、医院、广场、超市、邮电、公园等。

（4）**住宅配套设施**。它是指为城镇居民创造卫生、安全、宁静、舒适的居住环境而必需的住宅附属设施。

（5）**市政公用设施**。它是指在城市范围内与住宅配套的设施，包括城市公用事业和城市公用设施。前者指城市自来水、煤气、供热、公共交通；后者指市政工程设施、园林绿化设施、公共卫生设施等。

（6）**会所**。它是指以所在物业业主为主要服务对象的综合性高级康体娱乐服务设施。会所具备的软硬件条件：康体设施包括泳池、网球或羽毛球场、高尔夫练习馆、保龄球馆、健身房等娱乐健身场所；中西餐厅、酒吧、咖啡厅等餐饮与待客的社交场所；还应具有网吧、阅览室等其他服务设施。以上一般都是对业主免费或少量收费开放。

（7）**公共活动中心**。它是指配套公建相对集中的居住区中心、小区中心和组团中心等。

（8）**建筑小品**。它是指既有功能要求，又具有点缀、装饰和美化作用的，从属于某一建筑空间环境的小体量建筑、游憩观赏设施和指示性标志物等的统称。

（9）**停车场**。它是指在建设用地内为停放机动车和非机动车须配置的场地。停车场面积小型汽车按每车位 $25m^2$ 计算，自行车按每车位 $1.2m^2$ 计算。

4. 小区规划的基本用地

（1）**居住区用地**。它是房屋用地、公建用地、道路用地和公共绿地等四项用地的总称。

（2）**住宅用地**。它是住宅建筑基底占地及其四周合理间距内的用地（含宅间绿地和宅间小路等）的总称。

（3）**市政公用设施用地**。它是指自来水厂、泵站、污水处理厂、变电（所）站、煤气站、供热中心、环卫所、公共厕所、火葬场、消防队、邮电局（所）及各种管线工程专用地段等用地。

（4）**公共服务设施用地**又称公建用地。它是与居住人口规模相对应配建的、为居民服务和使用的各类设施的用地，应包括建筑基底占地及其所属场院、绿地和配建停车场等。

（5）**道路用地**。它是指居住区道路、小区路、组团路及非公建配建的居民小汽车、单位通勤车等停放场地。

（6）**公共绿地**。它是指满足规定的日照要求，适合于安排游憩活动设施的、供居民共享的游憩绿地，应包括居住区公园、小游园和组团绿地及其他块状、带状绿地等。

公共绿地总指标应根据居住人口规模分别达到：组团不小于 $0.5m^2$/人，小区（含组团）不小于 $1m^2$/人，居住区（含小区与组团）不小于 $1.5m^2$/人，并应根据居住区规划组织结构类型统一安排、灵活使用，旧区改造不得低于相应指标的 50%。

（7）**其他用地**。它是指规划范围内除居住区用地以外的各种用地，应包括非直接为本区居民配建的道路用地、其他单位用地、保留的自然村或不可建设用地等。

5. 小区规划的基本参数

（1）**住宅建筑套密度**。它是指每公顷住宅用地上拥有的住宅套数。

（2）**住宅建筑套毛密度**。它是指每公顷居住区用地上拥有的住宅建筑套数。

（3）**住宅建筑套净密度**。它是指每公顷住宅用地上拥有的住宅建筑套数。

（4）**住宅面积毛密度**。它是指每公顷居住区用地上拥有的住宅建筑面积。

（5）**住宅面积净密度**又称**住宅容积率**。它是指每公顷住宅用地上拥有的住宅建筑面积（m^2/hm^2）或以住宅建筑总面积（万 m^2）与住宅用地（万 m^2）的比值表示，见表4-1。

表4-1　住宅容积率的划分

住宅层数	Ⅰ、Ⅱ、Ⅵ、Ⅶ建筑气候区划	Ⅲ、Ⅴ建筑气候区划	Ⅳ建筑气候区划
低层	1.10	1.20	1.30
多层	1.70	1.80	1.90
中高层	2.00	2.20	2.40
高层	3.50	3.50	3.50

注：混合层数取两者的指标值作为控制指标的上、下限值；本表不计入地下层面积。

（6）**建筑面积毛密度**又称**容积率**。它是指每公顷居住区用地上拥有的各类建筑的建筑面积（m^2/hm^2）或以总建筑面积（万 m^2）与居住区用地（万 m^2）的比值表示。

（7）**住宅建筑净密度**。它是指住宅建筑基底总面积与住宅用地的比率。住宅建筑净密度最大值不得超过表4-2中相对应的值。

表4-2　住宅建筑净密度最大值

住宅层数	Ⅰ、Ⅱ、Ⅵ、Ⅶ建筑气候区划	Ⅲ、Ⅴ建筑气候区划	Ⅳ建筑气候区划
低层	35%	40%	43%
多层	28%	30%	32%
中高层	25%	28%	30%
高层	20%	20%	22%

注：混合层取两者的指标值作为控制指标的上下限值。

（8）**日照间距**。它是指建筑物自身高度与北邻建筑物之间的距离之比。

（9）**日照间距系数**。它是指根据日照标准确定的房屋间距与遮挡房屋檐高的比值。

（10）**建筑间距**。它是指两栋建筑物外墙之间的水平距离。住宅侧面间距应符合下列规定：

1）板式住宅，多层之间不宜小于6m，高层与各种层数住宅之间不宜小于13m。

2）高层塔式住宅，多层和中高层点式住宅与侧面有窗的各种层数住宅之间应考虑视线干扰因素，适当加大间距。

（11）**居住区级道路**。它是指一般用以划分小区的道路，在大城市中通常与城市支路同级。

（12）**小区级路**。它是指一般用以划分组团的道路。

（13）**组团级路**。它是指上接小区路，下连宅间小路的道路。

（14）**宅间小路**。它是指房屋建筑之间连接各房屋入口的道路。

（15）道路宽度规定。

1）居住区道路：红线宽度不宜小于20m。

2）小区道路：路面宽5～8m，建筑控制线之间的宽度，采暖区不宜小于14m，非采暖区不宜小于10m。

3）组团路：路面宽3～5m，建筑控制线之间的宽度，采暖区不宜小于10m，非采暖区不宜小于8m。

4）宅间小路：路面宽不宜小于2.5m。

（16）居住区内道路设置规定。

1）小区内道路至少应有两个出入口，机动车道对外出入口的间距不应小于150m，人行出口的间距不宜超过80m。

2）居住区内道路与城市道路相接时，其交角不宜小于75°。

3）居住区内尽端式道路的长度不宜大于120m，并设不小于12m×12m的回车场地。

4.1.2　城乡规划实施的相关问题解答

（1）城乡规划包括哪些规划内容？

城乡规划，包括城镇体系规划、城市规划、镇规划、乡规划和村庄规划。

城市规划、镇规划分为总体规划和详细规划。详细规划分为控制性详细规划和修建性详细规划。

（2）城市和镇总体规划包括哪些内容，规划期限多长？

城市总体规划、镇总体规划的内容包括城市、镇的发展布局，功能分区，用地布局，综合交通体系，禁止、限制和适宜建设的地域范围，各类专项规划等。

规划区范围、规划区内建设用地规模、基础设施和公共服务设施用地、水源地和水系、基本农田和绿化用地、环境保护、自然与历史文化遗产保护以及防灾减灾等内容，作为城市总体规划、镇总体规划的强制性内容。

城市总体规划、镇总体规划的规划期限一般为20年。城市总体规划还应当对城市更长远的发展作出预测性安排。

（3）城市和镇控制性详细规划包括哪些内容？

城市和镇控制性详细规划应当包括下列基本内容：

1）土地使用性质及其兼容性等用地功能控制要求。

2）容积率、建筑高度、建筑密度、绿地率等用地指标。

3）基础设施、公共服务设施、公共安全设施的用地规模、范围及具体控制要求，地下管线控制要求。

4）基础设施用地的控制界线（黄线）、各类绿地范围的控制线（绿线）、历史文化街区和历史建筑的保护范围界线（紫线）、地表水体保护和控制的地域界线（蓝线）"四线"及控制要求。

（4）城乡规划中确定的各类土地用途可以擅自改变吗？

城乡规划中确定的各类土地用途不可以擅自改变。根据 2008 年《中华人民共和国城乡规划法》规定，城乡规划确定的铁路、公路、港口、机场、道路、绿地、输配电设施及输电线路走廊、通信设施、广播电视设施、管道设施、河道、水库、水源地、自然保护区、防汛通道、消防通道、核电站、垃圾填埋场及焚烧厂、污水处理厂和公共服务设施的用地以及其他需要依法保护的用地，禁止擅自改变用途。

4.1.3 住房建设结构比例的相关问题解答

（1）在审批新开工的商品住房中，套型建筑面积 90m² 以下住房面积占住房总面积的比重是多大？

根据 2006 年《关于落实新建住房结构比例要求的若干意见》规定，自 2006 年 6 月 1 日起，各城市（包括县城）年度（从 2006 年 6 月 1 日起计算）新审批、新开工的商品住房总面积中，套型建筑面积 90m² 以下住房（含经济适用住房）面积所占比重，必须达到 70% 以上。

（2）哪些居住用地应当用于 90m² 以下的住房建设？

2006 年年度土地供应计划中已明确用于中低价位、中小套型普通商品住房用地和依法收回土地使用权的居住用地，应当主要用于安排 90m² 以下的住房建设。

（3）新建或改造住房建设项目的居住用地必须明确哪些指标？

根据规定，新建或改造住房建设项目的居住用地应当明确提出住宅建筑套密度（每公顷住宅用地上拥有的住宅套数）、住宅面积净密度（每公顷住宅用地上拥有的住宅建筑面积）两项强制性指标，指标的确定必须符合住房建设规划关于住房套型结构比例的规定；依据控制性详细规划，出具套型结构比例和容积率、建筑高度、绿地率等规划设计条件。

（4）新建商品住房项目是否可以突破规划设计条件中的套型结构比例？

2006 年《关于落实新建住房结构比例要求的若干意见》明确规定，落实新建商品住房项目的规划设计条件，确定套型结构比例要求，且不得擅自突破。

对擅自突破的，城市规划主管部门不得核发"建设工程规划许可证"；对不符合规划许可内容的，施工图设计文件审查机构不得出具"审查合格书"，建设主管部门不得核发"建筑工程施工许可证"，房地产主管部门不得核发"商品房预售许可证"。

（5）建设单位或个人违反或规避套型结构要求的违法违规行为会受到哪些处罚？

根据有关法律、法规的规定，各地建设、规划、房地产主管部门要加强市场监管，严肃查处违反或规避套型结构要求的违法违规行为。对情节恶劣、性质严重的违法违规行为，要公开曝光、从严处罚。对违规建设的住房，依法该没收的，要坚决予以没收，所没收的住房主要用于解决低收入家庭居住困难。

（6）开发建设单位、设计单位和施工单位的哪些行为被作为查处违法违规行为的重点？

根据规定，下列行为会被作为查处违法违规行为的重点：

1）开发建设单位。

① 开发建设单位不按照批准的规划设计条件委托设计。

② 开发建设单位明示或暗示设计单位违反设计规范中住宅层高、套内基本空间的规定，规避套型结构要求。

③ 开发建设单位在建设过程中擅自变更设计，违反套型结构要求等行为。

2）设计单位。

① 设计单位接受开发建设单位明示或暗示。

② 设计单位不严格按照国家法律、法规、技术标准进行设计。

③ 设计单位采用不正当技术手段规避有关规划控制性要求。

④ 向建设单位提供与审查合格的施工图设计文件不符的图纸，擅自改变套型建筑面积的行为。

3）施工单位。

① 施工单位不按审查合格的施工图设计文件进行施工。

② 施工单位擅自更改设计、预留空间，改变套型建筑面积的行为。

4.2 房屋建筑学

4.2.1 房屋建筑的相关概念

（1）**建筑物**。广义的建筑物是指人工建筑而成的所有东西；狭义的建筑物是指房屋，指有基础、墙、顶、门窗等，能够遮风挡雨，供人们在内居住、工作、娱乐、储藏物品、纪念或其他活动的空间场所，不包含构筑物。

（2）**构筑物**。它是指房屋以外的建筑，人们一般不直接在内进行生产和生活活动，如烟囱、水塔、水井、隧道等。

（3）**低层房屋**。它是指高度低于或等于10m的建筑物，一般是1~3层建筑物，包括平房、别墅等。

（4）**多层房屋**。它是指高于10m、低于或等于24m的建筑物。多层房屋一般为4~8层，一般采用砖混结构，少数采用钢筋混凝土结构。

（5）**高层房屋**。它是指高于24m、8层以上（可含8层）的建筑体，一般可分为小高

层、高层和超高层。

（6）**小高层房屋**。它是指8～12层的建筑。

（7）**高层房屋**。它是指13层以上、24层以下的建筑体。

（8）**超高层房屋**。它是指超过24层或100m以上的建筑体。

（9）**板楼**。它是指由许多单元组成，每个单元用自己单独的楼梯和电梯，但从其外观看不一定都呈一字形，也可以是拐角、围合等形状。

（10）**裙房**。它是指与高层建筑紧密连接组成一个整体的多层、低层建筑物，群房高度不得超过24m，超过则算高层建筑。

（11）**房屋总层数**。它是地上层数加地下层数之和。房屋所在层数是指房屋的层次，采光窗在室外地坪以上的层数用自然数表示，地下的层数用负数表示。房屋层高在2.20m（含）以上的计算层数。

（12）**房屋地上层数的计算方法**，一般按室内地坪以上计算。采光窗在室外地坪以上的半地下室，其室内层高在2.20m（含）以上的，计算地上层数。

（13）**房屋地下层数**是指采光窗在室外地坪以下的，其室内层高在2.20m（含）以上的地下室的层数。

（14）**自然层**。它是指楼层高度在2.2m以上的标准层及在2.70m以上的住宅。

（15）**技术层**。它是指建筑物的自然层内，用作水、电、暖、卫生等设备安装的局部层次。

（16）**地下室**。它是指房屋全部或部分在室外地坪以下的部分（包括层高在2.2m以下的半地下室），房间地面低于室外地平面的高度超过该房间净高的1/2者。

（17）**半地下室**。它是指其地面低于室外地平面的高度超过该房间净高的1/3，且不超过1/2者。

（18）**假层**。它是指建房时建造的，一般比较低矮的楼层，其前后沿的高度大于1.7m，面积不足底层的1/2的部分。假层不计层数，如屋顶层。

（19）**附属层即夹层**。它是房屋内部空间的局部层次。

（20）**阁楼**。它是指对于房屋坡屋顶下部的房间。

（21）**建筑小品**。它是指既有功能要求，又具有点缀、装饰和美化作用的，从属于某一建筑空间环境的小体量建筑、游憩观赏设施和指示性标志物等的统称。

（22）**门厅**。它是公共建筑物的大门至内部房间或通道的连接空间或专用通道。根据使用要求不同，可兼作门房收发、临时接待来客或其他用途。

（23）**过厅**。它是室内几个走道与楼梯交接的地方，或是走道与使用人数较多的大房间连接的地方。实际是过道的扩大空间，主要起交通缓冲作用。

（24）**大厅**。它是人群聚会活动或招待宾客所用的大房间。根据使用的要求不同，有不同的名称，如餐厅、展览厅、舞厅、休息厅等。

（25）**女儿墙**（压檐墙）。它是指房屋外墙高出屋面的矮墙。它是屋面与外墙交接处理的一种方式，也是作为屋顶上栏杆或房屋外形处理的一种措施。

（26）**防火墙**。它是用非燃烧材料砌筑的墙，设在建筑物的两端或在建筑物内将建筑物分隔成区段，以防止火灾蔓延。防火墙上一般不设门窗，如属必需时应以非燃烧材料制成。高出屋面的防火墙又称封火墙或风火墙。

（27）**架空房屋**。它是指底层架空，以支撑物体承重的房屋，其架空部位一般为通道、水域或斜坡。

（28）**骑楼**。它是指建在马路旁，底层的一部分是人行道的楼房。

（29）**幢**。它是指一座独立的、同一结构的、包括不同层次的房屋。

（30）**廊**。它泛指连接房屋墙体以外，有围护结构和台面，作为通道的建筑物。一般不具备构成"房屋"的相应条件。

4.2.2　住宅建筑的相关概念

（1）**住宅**。它是指供家庭居住使用的建筑。

（2）**住宅的层数**。它一般按自然层计算，但应符合以下规定：

1）住宅中间层有直通室外地面出入口时，其层数由该层起计算。

2）住宅出入口层位于建筑物底部公共用房的屋顶平台上，并具有疏散通道时，其层数由该层起计算。

3）顶层为两层一套跃层住宅，其跃层部分不计算层数。

4）采光窗在室外地坪以上的半地下室，其室内层高在 2.20m 以上（不含 2.20m）的，计算自然层数。房屋总层数为房屋地上层数与地下层数之和。

5）假层、附层（夹层）、插层、阁楼（暗楼）、装饰性塔楼，以及突出屋面的楼梯间、水箱间不计层数。

（3）**错层**。它是指室内不同功能区楼地面不在同一平面，高度差约为 400～600mm，以实现动静、公私的分离。

（4）**住宅的层高**。它是指住宅高度以"层"为单位计量，每一层的高度国家在设计上有要求，这个高度就叫做层高。它通常包括下层地板面或楼板面到上层楼板面之间的距离。

（5）**住宅的净高**。它是指下层地板面或楼板上表面到上层楼板下表面之间的距离。净高和层高的关系可以用公式来表示：净高 = 层高 - 楼板厚度，即层高和楼板厚度的差叫做净高。

（6）层高和净高的要求。

1）普通住宅层高不宜高于 2.8m。

2）卧室、起居室（厅）的室内净高不应低于 2.4m，局部净高不应低于 2.1m，且其面积不应大于室内使用面积的 1/3。

3）利用坡屋顶内空间作卧室、起居室（厅）时，其 1/2 面积的室内净高不应低于 2.1m。

4）厨房、卫生间的室内净高不应低于 2.2m。

5）厨房、卫生间内排水横管下表面与楼面、地面净高不得低于 1.90m，且不得影响门、窗扇的开启。

（7）**住宅平均层数**。它是指住宅总建筑面积与住宅基底总面积的比值，单位为层。

（8）**平台**。它是指供居住者进行室外活动的上人屋面或由住宅底层地面伸出室外的部分。

（9）**走廊**。它是指住宅套外使用的水平交通空间。

（10）**户型**即房型、套型。它是指一套住宅由多少卧、厅、卫、阳台组成，俗称几室几厅几卫几阳台。

（11）**套**。它是指一个家庭独立使用的居住空间范围。通俗地讲，是指每家所用的住宅单元的面积大小。住宅的套型也就是满足不同户型家庭生活的居住空间类型。

（12）**室**。它一般是居住建筑中的居室和起居室。在新的住宅设计规范未实行之前，住宅户型面积指标是以室来划分的。通常来说，住宅中不少于 $12m^2$ 的房间称为一个"一室"，$6 \sim 12m^2$ 的房间称为"半室"，小于 $6m^2$，一般不算"间"数或"室"数。因而，住宅户型又可分为一室户、一室半户、二室户、二室半户、三室户、多室户等。

（13）**面积配比**。它是指各种面积范围的单元在某一楼盘单元总数中各自所占比例的多少。

（14）**户型配比**又称格局配比。它是指各种户型在总户数中所占的百分比，反映到住宅设计上，就是体现在一定数量住宅建筑中，各种不同户型住宅占住宅总套数的比重。

（15）**开间**就是房间的宽度。它是指一间房屋内一面墙皮到另一面墙皮之间的实际距离。住宅开间一般不超过 $3.0 \sim 3.9m$，砖混结构住宅开间一般不超过 $3.3m$。规定较小的开间尺度，可缩短楼板的空间跨度，增强住宅结构整体性、稳定性和抗震性。

开间 5m 以上，进深 7m 以上的大开间住宅可为住户提供一个 $40 \sim 50m^2$ 甚至更大的居住空间，与同样建筑面积的小开间住宅相比，承重墙减少一半，使用面积增加 2%，便于灵活隔断、装修改造。

（16）**进深**就是房间的长度。它是指一间独立的房屋或一幢居住建筑从前墙皮到后墙壁之间的实际长度。进深大的住宅可以有效地节约用地，但为了保证建成的住宅可以有良好的自然采光和通风条件，住宅的进深在设计上有一定的要求，不宜过大。目前，我国大量城镇住宅房间的进深一般要限定在 5m 左右，不能任意扩大。

（17）**玄关**。它是登堂入室第一步所在的位置，可以有放雨伞、挂雨衣、换鞋、搁包、接收邮件、简单会客等功能。

（18）**隔断**。它是指专门作为分隔室内空间的不到顶的半截立面。

（19）**过道**。它是指住宅套内使用的水平交通空间。

（20）**居住空间**。它是指卧室、起居室、客厅的使用空间。

（21）**卧室**。它是指供居住者睡眠、休息的空间。卧室的设计从使用的角度来看，其要点如下：

1）双人卧室不小于 $10m^2$，净宽不宜小于 4m；单人卧室为 $6m^2$，净宽不宜小于 2.4m，净长不宜小于 2.5m；兼起居室的卧室为 12m²，净宽不宜小于 3m，净长不宜小于 4m。

2）卧室要有足够的采光，其应符合 1：7 的窗地比。主卧室平面以规则长方形且带阳台为佳，净长与净宽比一般为 3：2 或 8：5。

（22）**起居室**即**客厅**。它是指供居住者会客、娱乐、团聚等的活动空间。起居室的设计从使用的角度来看，其要点如下：

1）起居室的使用面积不应小于 12m²，宜有直接采光，自然通风，应综合考虑使用功能要求；减少直接开向起居室门的数量，但应与入户门相连。

2）起居室内布置家具的墙面直线长度不应小于 3m；无直接采光的厅其使用面积不应大于 10m²；客厅平面以规则的矩形为宜，且至少有一面墙上无门、无窗。

（23）**厨房**。它是指供居住者进行炊事活动的空间。使用面积在 45m² 以内的户型中，厨房面积不应小于 4m²，使用面积在 68m² 以内的户型中，厨房面积不应小于 5m²。厨房应有直接采光，自然通风，并宜布置在套内近入口处。

厨房应设置洗涤池、案台、炉灶及排油烟机等设施或预留位置，按炊事操作流程排列，操作面净长不应小于 2.1m。单排布置设备的厨房净宽不应小于 1.5m，双排布置设备的厨房其两排设备的净距不应小于 0.9m。厨房净长不宜小于 3m，厨房可外带阳台，平面形状宜为长方形，净长与净宽之比一般不宜超过 2：1。厨房一般布置在北面的次要位置，宜远离卧室，尤其是主卧。

（24）**餐厅**。它是供居住者就餐的活动空间。餐厅的设计从使用的角度来看，其要点如下：

1）独立餐厅面积不宜小于 6m²，净宽不宜小于 2.4m，应与厨房紧密相连。

2）无独立餐厅时可与客厅或厨房相连，利用软隔断将一个空间分为两个空间，但其在面积上应满足基本的使用要求。

（25）**卫生间**。它是指供居住者进行洗浴、盥洗等活动的空间。卫生间的设计从使用的角度来看，其要点如下：

1）设大便器、洗浴器、洗面器三件卫生洁具，不小于 3m²，其净宽不小于 1.5m，净长不小于 2m；设大便器、洗浴器两件卫生洁具，不小于 2m²；只设大便器不小于 1.10m²。

2）卫生间不应直接布置在下层住户的卧室、起居室（厅）和厨房的上层，且应有防水、隔声和便于检修的措施。

3）宜有直接采光的外窗，以达到良好的采光和通风作用。无外窗的卫生间应设通气道及通气的百叶窗。

（26）**门**。它是提供人们进出房屋或房间以及搬运家具、设备等的建筑配件。有的门兼有采光、通风的作用。门的设计从使用的角度来看，其要点如下：

入户门洞口宽不小于 0.9m，高不小于 2.0m；起居室、卧室门洞口宽不小于 0.9m，洞口高不小于 2.0m；卧室与阳台之间的外墙宜设门连窗，封闭阳台可设推拉门；厨房门洞口宽不小于 0.8m，洞口高不小于 2.0m；卫生间门及单扇阳台门洞口宽不小于 0.7m，高不小于 2.0m。

（27）**窗**的主要作用是通风、采光、观景。窗的设计从使用的角度来看，其要点如下：

窗台距地面一般为 0.9m，若设低窗且外部无其他构件时应设防护措施，面临走廊或凹口的窗，应避免视线干扰，向走廊开启的窗扇不应妨碍交通，窗应布置在墙居中的位置，卧室与客厅的窗洞口宽度不得小于卧室净宽的 1/3，一般窗宽宜采用 1 200mm、1 500mm，次卧室窗宽 900mm，厨房外窗宽不宜小于 900mm，卫生间外窗窗宽不应小于 600mm。

（28）**外飘窗**又称为**飘窗**。它是指房屋窗子呈矩形或梯形向室外凸起的窗户。窗子三面为玻璃，从而使人们拥有更广阔的视野，通常它的窗台较低甚至为落地窗。

（29）**阳台**。阳台泛指有永久性上盖、有围护结构、有台面、与房屋相连、可以活动和利用的房屋附属设施，供居住者进行室外活动、晾晒衣物等的空间。根据其封闭情况分为非封闭阳台和封闭阳台；根据其与主墙体的关系分为凹阳台和凸阳台；根据其空间位置分为底阳台和挑阳台。阳台的设计从使用的角度来看，其要点如下：

南向阳台一般设于主卧室或客厅外，宽度方向与卧室或客厅的开间相同，长度因结构和需要不同可设置为 1.2m、1.5m、1.8m，栏杆垂直杆件间净距应大于 0.11m。北方地区目前在建工程中一般为封闭阳台，北向阳台一般为全封闭作为厨房使用，生活阳台应设洗衣机位、晒衣架及配件。

（30）**楼梯**。它是指楼层间的垂直交通通道，是房屋各层之间交通连接的设施，一般设置在建筑物的出入口附近，也有一些楼梯设置在室外。楼梯由楼梯段、平台和中间平台、扶手、栏杆（或栏板）组成。楼梯的形式有直跑式和双跑式等。楼梯的设计从使用的角度来看，其要点如下：

梯段净宽不小于 1.10m，踏步宽度应不小于 0.26m，高度应不大于 0.175m，扶手高度应不小于 0.9m。水平段栏杆长度大于 0.5m 时其扶手高度应不小于 1.05m，栏杆杆件间净距应不大于 0.11m，休息平台净宽应不小于楼梯梯段净宽，且应不小于 1.20m；7 层以上住宅应设电梯，12 层以上住宅每栋楼应设置两部以上电梯，楼梯间宜布置在北面且应设有外墙外窗，底层楼梯间作为单元出入口时可设楼宇对讲防盗门或预留洞口。

4.2.3 房屋构造的相关概念

房屋构成部分由地基与基础、墙和柱、楼板与地面、门窗、楼梯、屋顶等组成。

一般来说，基础、墙和柱、楼板、地面、屋顶等是建筑物的主要部分；门、窗、楼梯等则是建筑物的附属部件。

（1）**地基**。它是指基础下面的土层。它的作用是承受基础传来的全部荷载。

（2）**基础**。它是指建筑物埋在地面以下的承重构件，是建筑物的重要组成部分。它的作用是承受建筑物传下来的全部荷载，并将这些荷载连同自重传给下面的土层。

基础按使用的材料分为灰土基础、砖基础、毛石基础、混凝土基础、钢筋混凝土基础。

基础按埋置深度可分为浅基础和深基础。埋置深度不超过 5m 者称为浅基础，大于 5m

者称为深基础。

（3）**墙体**。它可以是围护分割构件，也可以是承重构件。在一般砖混结构房屋中，墙体是主要的承重构件。

1）墙体的分类。按其在平面中的位置可分为内墙和外墙。凡位于房屋四周的墙称为**外墙**，其中位于房屋两端的墙称为**山墙**。凡位于房屋内部的墙称为**内墙**。外墙主要起围护的作用；内墙主要起分隔房间的作用。

另外，沿建筑物短轴布置的墙称为横墙，沿建筑物长轴布置的称为纵墙。

按其受力情况可分为承重墙和非承重墙。直接承受上部传来荷载的墙称为**承重墙**，而不承受外来荷载的墙称为**非承重墙**。

2）砖墙的厚度。砖墙的厚度符合砖的规格。砖墙的厚度一般以砖长表示，如半砖墙、3/4 砖墙、1 砖墙、2 砖墙等，其相应厚度为 115mm（称 12 墙）、178mm（称 18 墙）、240mm（称 24 墙）、365mm（称 37 墙）、490mm（称 50 墙）。

（4）梁。梁的种类按受力状态分为以下几种：

1）简支梁：单跨梁一般为简支梁，如过梁、托墙梁。

过梁，是指门窗洞口上方的横梁，其作用是承受门窗洞口上部的荷载，并把它传到门窗两侧的墙上，以免门窗框被压坏或变形。过梁按使用的材料可分为以下几种：

① 钢筋混凝土过梁：当洞口较宽（大于 1.5m），上部荷载较大时，宜采用钢筋混凝土过梁，两端深入墙内长度不应小于 240mm。

② 砖砌过梁：常见的有平拱砖过梁和弧拱砖过梁。

③ 钢筋砖过梁，是指在门窗洞口上方的砌体中，配置适量的钢筋，形成能够承受弯矩的加筋砖砌体。

圈梁又称"腰箍"，是指在墙身上设置的处于同一水平面的连续封闭梁。它的作用是加强整个建筑物的整体性和空间刚度，抵抗房屋的不均匀沉降，提高建筑物的抗震能力。圈梁一般设在外墙、内纵墙和主要内横墙上，并在平面内形成封闭系统。圈梁的位置和数量根据楼层高度、层数、地基等状况确定。

2）连续梁：两跨以上的梁为连续梁。

3）悬臂梁，如阳台梁、雨篷梁等。

（5）**柱**。它是建筑物垂直承重构件。它承受屋顶、楼板层传来的荷载，连同自重一起传给基础。

（6）**楼板**。它是水平承重构件，主要承受作用在它上面的竖向荷载，并将它们连同自重一起传给墙或柱，同时将建筑物分为若干层。楼板对墙身还起着水平支撑的作用。底层房间的地面贴近地基土，承受作用在它上面的竖向荷载，并将它们连同自重直接传给地基。

（7）**屋顶**。它是建筑物最上层的覆盖构造层。它既是承重构件，又是围护构件，它承受作用在其上的各种荷载并连同屋顶结构自重一起传给墙或柱；同时又起到保温、防水等作用。

（8）**地面**。它是指建筑物底层的地坪，其基本组成有面层、垫层和基层三部分。对于有特殊要求的地面，还设有防潮层、保温层、找平层等构造层次。每层楼板上的面层通常叫做楼面，楼板所起的作用类似地面中的垫层和基层。

1）面层，是人们日常生活、工作、生产直接接触的地方，是直接承受各种物理和化学作用的地面与楼面表层。

2）垫层，是在面层之下、基层之上，承受由面层传来的荷载，并将荷载均匀地传至基层。

3）基层，是在垫层下面的土层。

（9）**楼板**是分隔承重构件。它将房屋垂直方向分隔为若干层，并把人和家具等竖向荷载及楼板自重通过墙体、梁或柱传给基础。按其使用的材料可分为木楼板和钢筋混凝土楼板。木楼板自重轻，构造简单，保温性能好，但耐久和耐火性差，一般较少采用。钢筋混凝土楼板具有强度高，刚性好，耐久、防火、防水性能好，又便于工业化生产等优点，是现在广为使用的楼板类型。钢筋混凝土楼板按照施工方法可分为现浇和预制两种。

（10）**窗**。窗有采光作用，且窗的采光作用主要取决于窗的面积。窗洞口面积与该房间地面面积之比称为窗地比。此比值越大，采光性能越好。一般居住房间的窗地比为 1∶7 左右。

（11）**门的宽度、类型与构造**。

1）门的宽度。门的宽度按使用要求可做成单扇、双扇及四扇等多种。当宽度在 1m 以内时为单扇门，1.2～1.8m 时为双扇门，宽度大于 2.4m 时为四扇门。

2）门的类型。门的种类很多，按使用材料划分，有木门、钢门、钢筋混凝土门、铝合金门、塑料门等。各种木门使用仍然比较广泛，钢门在工业建筑中普遍应用。

门按用途可分为普通门、纱门、百叶门以及特殊用途的保温门、隔声门、防火门、防盗门、防爆门、防射线门等。

门按开启方式分为平开门、弹簧门、折叠门、推拉门、转门、卷帘门等。

3）门的构造。平开木门是当前民用建筑中应用最广的一种形式。它是由门框、门扇、亮子及五金零件所组成的。

（12）**楼梯**。它是房屋各层之间交通连接的设施，一般设置在建筑物的出入口附近，也有一些楼梯设置在室外。室外楼梯的优点是不占室内使用面积，但在寒冷地区易积雪结冰，不宜采用。

1）楼梯的分类。

楼梯按使用性质的分类：室内有主要楼梯和辅助楼梯，室外有安全楼梯和防火楼梯。

楼梯按使用材料分为木楼梯、钢筋混凝土楼梯和钢楼梯。

楼梯按布置方式可分为单跑楼梯、双跑楼梯、三跑楼梯和双分、双合式楼梯。

2）楼梯的组成。楼梯是由楼梯段、休息平台、栏杆和扶手等部分组成的。

楼梯段是联系两个不同标高平台的倾斜构件，由连续的一组踏步所构成，其宽度应根据人流量的大小、家具和设备的搬运以及安全疏散的原则确定，其最大坡度不宜超过 38°，以 26°～33°较为适宜。

休息平台又称**中间平台**，是两层楼面之间的平台。当楼梯踏步超过 18 步时，应在中间设置休息平台，起缓冲休息的作用。休息平台由台梁和台板组成。平台的深度应使在安装暖气片以后的净宽度不小于楼梯段的宽度，以便于人流通行和搬运家具。

栏杆、栏板和扶手：栏杆和栏板是布置在楼梯段和平台边缘有一定刚度和安全度的拦隔设施。通常楼梯段一侧靠墙一侧临空。在栏板上面安置扶手，扶手的高度应高出踏步 900mm 左右。

（13）**屋顶**。屋顶是房屋最上层的覆盖物，由屋面和支撑结构组成。

1）屋顶的作用和要求。屋顶的围护作用是防止自然界雨、雪和风沙的侵袭及太阳辐射的影响。另外，还要承受屋顶上部的荷载，包括雨雪荷载、屋顶自重及可能出现的构件和人群的重量，并把它传给墙体。因此，对屋顶的要求是坚固耐久，自重要轻，具有防水、防火、保温及隔热的性能，同时要求构件简单、施工方便，并能与建筑物整体配合，具有良好的外观。

2）屋顶的类型。按屋面形式大体可分为四类：平屋顶、坡屋顶、曲面屋顶及多波式折板屋顶。

① 平屋顶屋面的最大坡度不超过 10%，民用建筑常用坡度为 1%～3%。一般是用现浇和预制的钢筋混凝土梁板做承重结构，屋面上做防水及保温处理。

② 坡屋顶屋面坡度较大，在 10% 以上。有单坡、双坡、四坡和歇山等多种形式。单坡用于小跨度的房屋，双坡和四坡用于跨度较大的房屋。常用屋架做承重结构，用瓦材做屋面。

③ 曲面屋顶屋面形状为各种曲面，如球面、双曲抛物面等。承重结构有网架、钢筋混凝土整体薄壳、悬索结构等。

④ 多波式折板屋顶是由钢筋混凝土薄板制成的一种多波式屋顶。折板的厚度约为 60mm，折板的波长为 2～3m，跨度为 9～15m，折板的倾角在 30°～38°。按每个波的截面形状又有三角形及梯形两种。

4.2.4　房屋建筑图识读

1. 建筑施工图的识读

建筑施工图，是用正投影原理绘制出来的，用立面图及屋顶平面图表示建筑的外部，用平面图及剖面图表示其内部，用大样图表示细部做法。

一幢建筑物从施工到建成，需要有全套的建筑施工图纸作指导，一般一套图纸有几十张到几百张。阅读这些施工图纸要先从大方面看，然后再阅读细小部分，先粗看，再细看，平面图、立面图、剖面图和详图结合看。具体来讲，要先从建筑平面图看起，若建筑施工图第一张是总平面图，要看清楚新建建筑物的具体位置和朝向，以及其周边建筑物、构筑物、设施、道路、绿地等的分布或布置情况，以及各单元户型情况；平面图与立面图对照，看外观及材料做法；配合剖面图看内部分层结构；最后看详图了解必要的细部构造

和具体尺寸与做法。

2. 建筑总平面图的识读

建筑总平面图，是在绘有等高线或加上坐标方格网的地形图上，画原有的和拟建的建筑物及构筑物的外轮廓的水平投影。它表明工程的总体布局，主要包括原有和拟建建筑物及构筑物的位置、标高、层数、平面形状、朝向、相互关系以及道路布置、地形、地貌、地上地下管网等，是建筑物及构筑物定位放线、土石方工程施工以及施工总平面布置的依据。

3. 平面图的识读

假想用一水平面在建筑的窗台以上距地约 1m 处切开，去掉建筑上部，余下部分的水平投影就叫平面图，切断部分用粗线，可见部分用细线表示。每层建筑布置都不一样时，则每层都要画平面图。

如果有许多层平面布置相同，可用一个平面图表示，这叫**标准层平面图**。

平面图可以俯视也可以仰视，如要表示顶棚装修的做法就可用仰视平面图。

底层平面图又称首层平面图，表示第一层各房间的布置、建筑入口、门厅以及楼梯的布置等情况。

4. 立面图的识读

立面图，就是建筑四个面的正投影图，以建筑各个面的朝向命名，如南立面图就是指建筑朝南一面的正投影图。建筑立面图的内容如下：

（1）表明建筑物的立面形式和外貌。

（2）表示室外台阶、花池、勒脚、窗台、雨篷、阳台、屋顶以及雨水管等位置、立面形状及材料做法。

（3）反映立面上门窗的布置、外形及开启方向。

（4）用标高表示出建筑物总高度、各楼层高度以及门窗洞口等细部高度。

（5）表明外饰面所用材料、色彩及分格等。

（6）注明墙身详图位置及编号等。

5. 剖面图的识读

假想用一铅垂面，沿建筑的垂直方向切开，去掉一部分，余留部分的正投影图就叫做**剖面图**。切断部分用粗线表示，可见部分用细线表示。按剖切方向不同分横剖面图和纵剖面图。平面图上要画出剖切符号以示剖切位置。剖切可以转折，但只允许转一次并用剖切符号在平面图上标明。

6. 构造详图

（1）**墙身详图**。它是用比较大的比例尺详细、准确地表示墙身的防潮层和屋顶等各个节点的材料及构造做法。墙身详图配合平面图就可以详细了解墙、内外装修、门窗的做法。

（2）**详图**。它还包括楼梯图、特殊房间详图、局部构造或建筑构件详图、特殊装修房间详图等。

4.3　房屋面积计算

4.3.1　房屋面积的相关概念

（1）**建筑面积**。它是指房屋外墙（柱）勒脚以上各层的外围水平投影面积，包括阳台、挑廊、地下室、室外楼梯等，且具备上盖，结构牢固，层高 2.20m 以上（含 2.20m）的永久性建筑。

对于一幢楼来说，房屋的建筑面积＝居住面积＋辅助面积＋结构面积，也可表示为：房屋的建筑面积＝使用面积＋结构面积。当然房屋的公共面积包含在房屋建筑面积之中时，其是由部分辅助面积和部分结构面积构成的。

（2）**居住面积**。它是指住宅中供日常生活起居用的卧室、起居室等净面积的总和。

（3）**辅助面积**。它是指住宅建筑各层中不直接供住户生活的净面积，包括楼梯过道、厨房、卫生间、厕所、阳台、储藏室等。

（4）**结构面积**。它是指建筑物各层中外墙、内墙、间壁墙、垃圾道、通风道、烟囱（均包括管道面积）等所占面积的总和。

（5）**使用面积**。它是指各层平面中直接供使用者生产或生活使用的净面积之和。

（6）**套内建筑面积**。它是指房屋按单元计算的建筑面积，为单元门内范围的建筑面积，是套（单元）内的使用面积、套内墙体面积和阳台建筑面积之和。

套内建筑面积是计算实用率的分子，也称为实用面积，完全属于业主私有的面积。与套内使用面积相比，套内建筑面积更能反映业主私有部分的产权，因此目前房地产买卖合同基本以套内建筑面积作为计价方式。

（7）**套内使用面积**。它是指室内实际能使用的面积，不包括墙体、柱子等结构面积。套内使用面积是套内房屋使用空间的面积，以水平投影面积计算。套内使用面积是计算使用率的分子，也称为地砖面积、地毯面积或计租面积。

（8）**套内墙体面积**。它是指商品房各套内使用空间周围的维护或承重墙体。商品房的套内墙体分为共用墙及非共用墙两种。共用墙墙体水平投影面积的一半计入套内墙体面积，非共用墙墙体水平投影面积全部计入套内墙体面积。

（9）**套内阳台建筑面积**。它均按阳台外围与房屋外墙之间的水平投影面积计算。其中封闭的阳台（内阳台）按水平投影全部计算建筑面积，未封闭的阳台（外阳台）按水平投影的一半计算建筑面积。

（10）**共有建筑面积**。它是指由整栋楼的产权人共同所有的整栋楼公用部分的建筑面积。

（11）**分摊的共有建筑面积**，简称**公摊面积**。它是指每套（单元）商品房依法应当分摊的共有建筑面积。

（12）**套型建筑面积**，即**商品房的建筑面积**，又称分户建筑面积，通常简称为建筑面

积。它等于套内建筑面积加分摊的公用建筑面积，即套型建筑面积 = 套内使用面积 + 套内墙体面积 + 阳台建筑面积 + 公摊面积。

（13）商品房的销售面积。商品房按"套"或"单元"出售，**商品房的销售面积**即为购房者所购买的套内或单元内建筑面积（以下简称"套内建筑面积"）与应分摊的公用建筑面积之和。商品房销售面积 = 套内建筑面积 + 分摊的公用建筑面积，即套内建筑面积。目前的商品房买卖合同一般以套内建筑面积作为计价面积，逐步替代以套型建筑面积作为计价面积。

（14）**使用率**，即套内使用面积系数。它是套内使用面积与套型建筑面积之比，一般高层塔楼在70%～72%，板楼在78%～80%。

（15）**实用率即得房率**。它是套内建筑面积与套型建筑面积之比。实用率要大于使用率。

（16）**计租面积**，作为计算房租的面积。在住房制度改革中，作出统一规定，住宅用房按套内使用面积计算，包括居室、客厅、卫生间、厨房、过道、楼梯、阳台（封闭式阳台按阳台面积的一半计算）、壁橱等。非住宅用房按套内建筑面积计算。

4.3.2 房屋面积计算的相关规定

1. 套内使用面积计算的规定

（1）室内使用面积按结构墙体内表面尺寸计算，墙体有复合保温、隔热层，按复合层内皮尺寸计算。

（2）不包括在结构面积内的套内烟囱、通风道、管道井均计入使用面积。

（3）非公用楼梯（包括跃层住宅中的套内楼梯）按自然层数的使用面积总和计入使用面积。

（4）住宅使用面积包括卧室、起居室、厨房、卫生间、餐厅、过厅、过道、前室、贮藏室等。

（5）利用坡屋顶内空间时净高超过2.1m的部位应计算全面积，净高在1.20～2.1m的部位应计算1/2面积，净高不足1.20m的部位不应计算面积。

2. 阳台面积计算的规定

（1）封闭式的阳台，按其外围水平投影面积计算建筑面积。

（2）挑阳台（底阳台）按其底板水平投影面积的一半计算建筑面积。

（3）凹阳台按其净面积（含挡板墙墙体面积）的一半计算建筑面积。

（4）半挑半凹阳台，挑出部分按其底板水平投影面积的一半计算建筑面积，凹进部分按其净面积的一半计算建筑面积。

3. 计算全部建筑面积的范围

（1）永久性结构的单层房屋，按一层计算建筑面积；多层房屋按各层建筑面积的总和计算。

（2）房屋内的夹层、插层、技术层及其梯间、电梯间等其高度在2.20m以上部位计

算建筑面积。

（3）穿过房屋的通道，房屋内的门厅、大厅，均按一层计算面积。门厅、大厅内的回廊部分，层高在 2.20m 以上的，按其水平投影面积计算。

（4）楼梯间、电梯（观光梯）井、提物井、垃圾道、管道井等均按房屋自然层计算面积，高度在 2.20m 以上计算全面积。

（5）房屋在天面上，属永久性建筑，层高在 2.20m 以上的楼梯间、水箱间、电梯机房及斜面结构屋顶高度在 2.20m 以上的部位，按其外围水平投影面积计算。层高不足 2.20m 的按外围水平投影面积的 1/2 计算。

（6）挑楼、全封闭的阳台按其外围水平投影面积计算，高度在 2.20m 以上计算全面积。

（7）属永久性结构有上盖的室外楼梯，按各层水平投影面积计算。属永久性结构有上盖的室外楼梯，按各层水平投影面积的 1/2 计算。

（8）与房屋相连的有柱走廊，两房屋间有上盖和柱的走廊，均按其柱的外围水平投影面积计算，高度在 2.20m 以上计算全面积。

（9）房屋间永久性的封闭的架空通廊，按外围水平投影面积计算，高度在 2.20m 以上计算全面积。

（10）地下室、半地下室及其相应出入口，层高在 2.20m 以上的，按其外墙（不包括采光井、防潮层及保护墙）外围水平投影面积计算。

（11）有柱或有围护结构的门廊、门斗，按其柱或围护结构的外围水平投影面积计算，高度在 2.20m 以上计算全面积。

（12）玻璃幕墙等作为房屋外墙的，按其外围水平投影面积计算。

（13）属永久性建筑有柱的车棚、货棚等按柱的外围水平投影面积计算，高度在 2.20m 以上计算全面积。

（14）依坡地建筑的房屋，利用吊脚做架空层，设计加以利用、有围护结构的，按其高度在 2.20m 以上部位的外围水平面积计算。

（15）有伸缩缝的房屋，若其与室内相通的，伸缩缝计算建筑面积。

4. 计算一半建筑面积的范围

（1）与房屋相连有上盖无柱有围护结构的走廊、檐廊按其围护结构外围水平投影面积的一半计算。

（2）有独立柱、单排柱的门廊、车棚、货棚等属永久性建筑面积，按顶盖水平投影面积的一半计算。

（3）未封闭的阳台、挑廊，按其维护结构外围水平投影面积的一半计算。

（4）无顶盖的室外楼梯按各层水平投影面积的一半计算。

（5）有顶盖不封闭的永久性的架空通廊，按其外围水平投影面积的一半计算。

5. 不计算建筑面积的范围

（1）层高小于 2.20m 以下的夹层、插层、技术层和层高小于 2.20m 的地下室和半地

下室。

（2）突出房屋墙面的构件、配件、装饰柱、装饰性的玻璃幕墙、垛、勒脚、台阶、无柱雨篷等。

（3）房屋之间无上盖的架空通廊。

（4）房屋的天面、挑台，天面上的花园、泳池。

（5）建筑物内的操作平台、上料平台及利用建筑物的空间安置箱、罐的平台。

（6）骑楼、过街楼的底层用作道路街巷通行的部分。

（7）利用引桥、高架路、高架桥、路面作为顶盖建造的房屋。

（8）活动房屋、临时房屋、简易房屋。

（9）独立烟囱、亭、塔、罐、池、地下人防干支线。

（10）与房屋室内不相通的房屋间伸缩缝。

6. 成套房屋的建筑面积测算

成套房屋的套内建筑面积由套内房屋的使用面积、套内墙体面积、套内阳台建筑面积三部分组成。

（1）套内房屋使用面积。套内房屋使用面积为套内房屋使用空间的面积，以水平投影面积按以下规定计算：

1）套内使用面积为套内卧室、起居室、过厅、过道、厨房、卫生间、厕所、贮藏室、壁柜等空间面积的总和。

2）套内楼梯按自然层数的面积总和计入使用面积。

3）不包括在结构面积内的套内烟囱、通风道、管道井均计入使用面积。

4）内墙面装饰厚度计入使用面积。

（2）套内墙体面积。套内墙体面积是套内使用空间周围的维护或承重墙体或其他承重支撑体所占的面积，其中各套之间的分隔墙和套与公共建筑空间的分隔墙以及外墙（包括山墙）等共有墙，均按水平投影面积的一半计入套内墙体面积。套内自有墙体按水平投影面积全部计入套内墙体面积。

（3）套内阳台建筑面积。套内阳台建筑面积均按阳台外围与房屋外墙之间的水平投影面积计算。其中封闭的阳台按水平投影全部计算建筑面积，未封闭的阳台按水平投影的一半计算建筑面积。

7. 共有共用面积的处理和分摊公式

（1）共有共用面积的内容。共有共用面积包括共有的房屋建筑面积和共用的房屋用地面积。

（2）共有共用面积的处理原则。

1）产权各方有合法权属分割文件或协议的，按文件或协议规定执行。

2）无产权分割文件或协议的，可按相关房屋的建筑面积按比例进行分摊。

（3）共有共用面积按比例分摊的计算公式。

按相关建筑面积进行共有或共用面积分摊，按下式计算

$$\delta S_i = KS_i$$

$$K = \sum \delta S_i / \sum S_i$$

式中　K——共有或共用建筑面积的分摊系数；

　　　S_i——各单元参加分摊的建筑面积，m^2；

　　　δS_i——各单元参加分摊所得的分摊面积，m^2；

　$\sum \delta S_i$——需要分摊的分摊面积总和，m^2；

　$\sum S_i$——参加分摊的各单元建筑面积总和，m^2。

8. 共有建筑面积的分摊

（1）共有建筑面积的内容如下：

1）电梯井、管道井、楼梯间、垃圾道、变电室、设备间、公共门厅、过道、地下室、值班警卫室。

2）为整幢服务的公共用房和管理用房的建筑面积，以水平投影面积计算。

3）套与公共建筑之间的分隔墙以及外墙（包括山墙），以水平投影面积一半的建筑面积计算。

4）独立使用的地下室、车棚、车库不计入共有建筑面积。

5）为多幢服务的警卫室、管理用房和作为人防工程的地下室都不计入共有建筑面积。

（2）应分摊的共有建筑面积包括套（单元）门以外的室内外楼梯、内外廊、公共门厅、通道、电梯、配电房、设备层、设备用房、结构转换层、技术层、空调机房、消防控制室、为整栋楼层服务的值班室、建筑物内的垃圾以及突出屋面有围护结构的楼梯间、电梯机房、水箱间等。套（单元）与共有建筑空间之间的分隔墙以及外墙（包括山墙）墙体水平投影面积的一半。

（3）不能分摊的共有面积为底层架空层中作为公共使用的机动车库、非机动车库、公共开放空间、城市公共通道、沿街的骑楼作为公共开放使用的建筑面积；多栋建筑物使用的配电房、管理用房、警卫房；人防工程地下室；独立使用的地下室；车棚和车库等。

（4）共有建筑面积的计算方法。整幢建筑物的建筑面积扣除整幢建筑物各套套内建筑面积之和，并扣除已作为独立使用的地下室、车棚、车库、为多幢服务的警卫室、管理用房以及人防工程等建筑面积，即为整幢建筑物的共有建筑面积。

（5）住宅楼共有建筑面积的分摊方法。住宅楼以幢为单元，依照共有共用面积的处理和分摊公式，根据各套房屋的套内建筑面积，求得各套房屋分摊所得的共有建筑分摊面积。

（6）商住楼共有建筑面积的分摊方法。首先根据住宅和商业等的不同使用功能按各自的建筑面积将全幢的共有建筑面积分摊成住宅和商业两部分，即住宅部分分摊得到的全幢共有建筑面积和商业部分分摊得到的全幢共有建筑面积，然后住宅和商业部分将所得的分摊面积再各自进行分摊。住宅部分：将分摊得到的幢共有建筑面积，加上住宅部分本身的共有建筑面积，依照共有共用面积的处理和分摊公式，按各套的建筑面积分摊计算各套房

屋的分摊面积。商业部分：将分摊得到的幢共有建筑面积，加上本身的共有建筑面积，按各层套内的建筑面积依比例分摊至各层，作为各层共有建筑面积的一部分，加至各层的共有建筑面积中，得到各层总的共有建筑面积，然后再根据层内各套房屋的套内建筑面积按比例分摊至各套，求出各套房屋分摊得到的共有建筑面积。

（7）多功能综合楼共有建筑面积的分摊方法。多功能综合楼共有建筑面积按照各自的功能，参照商住楼的分摊计算方法进行分摊。

（8）共有建筑面积的计算公式：共有建筑面积 = 全幢建筑面积 – 全幢各套内建筑面积之和 – 单独具备使用功能的独立使用空间（如地下车库、仓库、人防工程等）。

（9）共有建筑面积的分摊计算公式：分摊的共有建筑面积 = 套内建筑面积 × 共有建筑面积分摊系数。

（10）共有建筑面积分摊系数计算公式：共有建筑面积分摊系数 = 整栋建筑物的共有建筑面积/整栋建筑物各套内建筑面积之和。

4.3.3 房屋面积计算的相关问题解答

（1）与房屋相连无柱有上盖有围护结构的走廊、檐廊面积如何计算？

按其围护结构外围水平投影面积的一半计算。

（2）有顶盖的独立柱、单排柱的门廊、车棚、货棚等属永久性建筑面积如何计算？

按顶盖水平投影面积的一半计算。

（3）有顶盖的不封闭的永久性架空通廊面积如何计算？

按外围水平投影面积的一半计算。

（4）阳台的上口水平投影面积小于底板水平投影面积的如何计算？

阳台的上口水平投影面积与底板水平投影面积不一致的按少者计算。

（5）上有阳台、具有围护结构的底层平台，是否算作阳台？

视为底层有阳台。

（6）同一楼层外墙，既有主墙，又有玻璃幕墙的，以什么墙体计算建筑面积？

以主墙为准计算建筑面积，墙厚按主墙体厚度计算。

（7）同幢房屋各楼层墙体厚度不同时如何计算建筑面积？

按层分别计算。

（8）倾斜、弧状等非垂直墙体的房屋如何计算建筑面积？

层高在 2.20m 以上的部位计算建筑面积。

（9）与房屋相连的有柱走廊面积如何计算？

按其柱的外围水平投影面积计算。

（10）两房屋间有上盖和柱的走廊面积如何计算？

按其柱的外围水平投影面积计算。

（11）房屋间永久性的封闭的架空通廊面积如何计算？

按外围水平投影面积计算。

（12）有柱或有围护结构的门廊、门斗面积如何计算？

按其柱或围护结构的外围水平投影面积计算。

（13）有伸缩缝的房屋，若其与室内相通的，伸缩缝如何计算面积？

与室内任意一边相通，具备房屋的一般条件，并能正常利用的伸缩缝、沉降缝计算全部建筑面积。

（14）高低联跨的建筑物的变形缝如何计算面积？

高低联跨的建筑物应以高跨结构外边线为界分别计算建筑面积；其高低跨内部连通时，其变形缝应计算在低跨部分的面积内。建筑物内的变形缝应按其自然层合并在建筑物面积内计算。

（15）假层、附层（夹层）插层、阁楼、装饰性塔楼可否计算房屋层数？

当层高小于 2.2m 时不算房屋层数，但层高大于 2.2m 时应算房屋层数。

（16）房屋的楼梯间、电梯（观光梯）井、提物井、垃圾道、管道井怎样计算建筑面积？

均按房屋自然层计算建筑面积。如遇跃层建筑，其共用的室内楼梯应按自然层计算面积；上下错层户室共用的室内楼梯，应选上一层的自然层计算面积。

（17）房屋天面上属永久性建筑的楼梯间、水箱间电梯机房如何计算建筑面积？

层高在 2.2m 以上的部位，按其外围水平投影计算面积；层高小于 2.2m 的部位，计算一半的建筑面积。无维护结构不计算建筑面积。

（18）坡屋顶内空间如何计算面积？

单（多）层建筑物的坡屋顶内空间，当设计加以利用时，层高在过 2.1m 以上的部位，按其外围水平投影计算面积；层高在 1.2～2.1m 的部位，计算 1/2 面积；净高不足 1.2m 的部位不应计算面积。

（19）地下室、半地下室如何计算面积？

地下室、半地下室（包括相应的有永久性顶盖的出入口）建筑面积，应按其外墙上口（不包括采光井、外墙防潮层及其保护墙）外边线所围水平面积计算。层高在 2.2m 及以上者应计算全面积；层高不足 2.2m 者应计算 1/2 面积。

房间地平面低于室外地平面的高度超过该房间净高的 1/2 者为地下室；房间地平面低于室外地平面的高度超过该房间净高的 1/3，且不超过 1/2 者为半地下室。

（20）架空层如何计算建筑面积？

坡地建筑物吊脚架空层和深基础架空层的建筑面积，设计加以利用并有围护结构的，按围护结构外围水平面积计算。层高在 2.2m 及以上者应计算全面积；层高不足 2.2m 者应计算 1/2 面积。

设计加以利用、无围护结构的建筑吊脚架空层，应按其利用部位水平面积的 1/2 计算；设计不利用的建筑吊脚架空层和深基础架空层，不应计算面积。

（21）作为人防工程的地下室可否计入共用面积？

不可以。

（22）为多幢房屋、小区服务的设备用房可否作为共用面积进行分摊？

要作为共用建筑面积计算分摊。

（23）连接商场各层的自动扶梯如何计算分摊？

原来计算时是作为一个整体分摊到商场各层的。但根据 2005 年施行的《建筑工程建筑面积计算规范》的相关规定，自动扶梯是不计算面积的。

（24）不封闭的阳台、挑廊怎样计算面积？

按其围护结构外围水平投影面积的一半计算。

但是广州市规定，居住建筑的阳台、入户花园、设备间以及非居住建筑的阳台、空中花园、活动平台等半开敞空间，按照其水平投影面积计算建筑面积。

（25）临街楼房、挑廊下的底层作为公共道路街巷通行的，不论其是否有柱，是否有维护结构，建筑面积计算如何规定？

不计算建筑面积。

（26）利用屋面空间四周设置围护结构的晒台、露台是否计算建筑面积？

不计算建筑面积。

4.4　建筑材料与建筑设备

4.4.1　建筑材料

（1）**建筑材料**。它是建筑物的物质基础，其性质、质量、品种和价格等直接关系到建筑物的结构形式、建筑功能质量和建筑造价。

（2）**大三材**。它是指钢材、水泥和木材。

（3）**四小材**。它是指汽油柴油、玻璃、沥青和油毡。

（4）建筑材料结构状态的主要参数。

1）**密度**，材料在绝对密实状态（不含孔隙或空隙）下单位体积的质量。

2）**体积密度**，材料在自然状态下单位体积的质量。松散材料的体积密度一般称为堆积密度。

3）**孔隙率**，固体材料体积内孔隙体积所占的比例。

4）**密实度**，材料体积内被固体物质充实的程度，即材料的绝对密实体积与其总体积之比。

密度和体积密度主要反映材料的轻重，而孔隙率和密实度主要反映材料中孔隙的多少。一般情况下，材料的孔隙率越高（密实度越低），则材料的保温隔热性能、吸声性能和吸湿性能越好，而材料的强度降低，抗渗透性能、耐磨性能、抗冻性能、耐腐蚀性能、耐久性能越低。

（5）水泥。

1）常见水泥的种类有：硅酸盐水泥、普通硅酸盐水泥、矿渣硅酸盐水泥、火山灰质硅酸盐水泥及粉煤灰硅酸盐水泥五种。

2）**水泥强度等级**，是指表示水泥硬化后的抗压能力。常用水泥强度等级有 32.5、42.5、52.5、62.5 等。

（6）钢筋。

1）**钢筋**是钢锭经热轧而成的，故又称热轧钢筋，是建筑工程中用量最大的钢材品种。

2）按外形可分为光圆钢筋和带肋钢筋。

3）按钢种可分为碳素钢钢筋和普通低合金钢钢筋。

4）按强度可分为Ⅰ、Ⅱ、Ⅲ、Ⅳ四个级别。其中，Ⅰ级钢筋为低碳钢钢筋，Ⅱ、Ⅲ、Ⅳ级为低合金钢钢筋。

（7）混凝土。**普通混凝土**，主要是由水泥、普通碎石、砂和水配置而成的混凝土。其中石子和砂子起骨架作用，称为集料。石子为粗集料，砂为细集料。水泥加水后形成水泥浆，包裹在集料表面并填满集料间的空隙，作为集料之间的润滑材料，使混凝土混合物具有适于施工的和易性，水泥水化硬化后将集料胶结在一起形成坚固整体。

（8）**黏土砖**。黏土砖，是以黏土为主要原料，经搅拌成可塑性，用机械挤压成型的。挤压成型的土块称为砖坯，经风干后送入窑内，在 900 ~ 1 000℃ 的高温下煅烧即成砖。黏土砖的种类：

1）标准砖。标准砖是建筑工程中最常用的砖，其广泛使用于砖承重的墙体中，也用于非承重的填充墙。黏土砖的尺寸为 240mm × 115mm × 53mm。每块砖干燥时约重 2.5kg，吸水后约为 3kg。

2）空心砖和多孔砖。空心砖的规格为 190mm × 190mm × 90mm，每立方米约重 1100kg。多孔砖的规格为 240mm × 115mm × 90mm，每立方米约重 1 400kg。

（9）墙砖与地砖。

1）外墙砖：常见规格为 200mm × 100mm 及 150mm × 75mm，其优点是强度高、耐磨抗冻、防水、易清洗，保护墙体。

2）内墙砖：规格为 108mm × 108mm、152mm × 152mm，200mm × 200mm，200mm × 300mm，300mm × 300mm，其特点是表面平整、防水、抗腐蚀、热稳定性能好、易清洗、美观。

3）地砖：规格为 150mm × 150mm，100mm × 200mm，200mm × 300mm，300mm × 300mm，300mm × 400mm，其特点是质坚、耐磨、抗折强度高。

4.4.2　建筑设备

（1）给水、排水系统。

给水的方式有：直接供水（在水压、水量稳定的情况下采用），设置水箱供水（水压在一天内定期高低变化的情况下采用），设置水泵、水箱供水（水压经常性的低于所需水压的情况下采用），分区分压供水（即二次供水或变频供水，多用于多层、高层建筑）。当室外的配水管网的水压仅能供低层楼层用水，不能满足上面楼层用水时，通常分成两个

供水区，下层直接供水，上层采用设置水泵水箱供水。

给水的管材目前多采用 PVC 管、铝塑管。

排水系统主要是指排放生活污水、废水及雨水，多采用直径 100～150mm 的铸铁管或 PVC 管材。

（2）集中采暖。采暖系统可以分为两类：一类是独立采暖；另一类是集中采暖。集中采暖又可以分为以下两种：

1）热水供暖。采用热水进行供暖，供水温度一般为 95℃，回水温度一般为 70℃。这种方式的特点是热得慢，凉得也慢，多用于住宅等不间歇采暖。

2）蒸汽采暖。采用水蒸气进行供暖。这种方式的特点是热得快，凉得也快，多用于间歇性采暖建筑，如剧院等。

（3）地暖。地暖即采用低温热水地板辐射采暖。

1）地暖的主要材料是聚丁烯（PB）管、四季使用交联聚乙烯（XPE）管。它的特点是质软、无毒、耐腐蚀，使用寿命长达 50 年。

2）敷设过程。如果是毛坯房须打入地面 0.2m，再起高 0.4m 共 0.6m。底面敷设苯板，再敷设三张铝铂板，然后再铺聚丁烯管，在管子上面盖一层铁网，上面铺上混凝土，保护管子不受损坏，又可起到聚热作用。

3）管道敷设方式：单蛇型、双蛇型、交错双蛇型、单回型、等密度双回型（常用）、对开双回型。

（4）采暖炉。

1）功能：采暖和生活热水。

2）种类。

① 平衡式，专用烟囱，从室外进气，直排室外。

② 烟道式，燃烧空气从室内取，废气排室外。

（5）户式中央空调。它适合安装的地方：一个主机，多个末端，能同时满足多个房间的需求（能量损失小）。户式中央空调比较适用于 100～1 000m² 的别墅、公寓、宾馆、写字楼，净高在 2.7～2.8m 适宜，要做吊顶。压缩机适宜启动温度为 -10～43℃。

（6）燃气供应系统。燃气供应目前常用的有以下三种：

1）人工煤气。它是工业尤其是炼钢及石油加工产业的副产品，其主要成分是 CO，密度与空气相近，使用不当极易发生煤气中毒，现价约为 1 元/m³。

2）天然气。它是蕴藏于地下的可燃气体，主要成分是 CH_4，比空气轻，一旦发生泄漏，天然气会飘于上层，不会发生煤气中毒的现象。而且天然气燃烧后不会产生污染性气体，属绿色环保燃料，全国正大力推广，现价约为 2 元/m³。

3）液化石油气。它是石油产品，成分较复杂，热值高。现价约为 8.5～9.5 元/m³。液化石油气与上述两种燃气的供应系统不同，液化石油气是一个居住区一套加压系统。液化石油气一般用于市政燃气管网尚未达到的地区。

（7）自动化系统。

1）小区管理方面。

① 安全自动化（Safety Automation，SA）包括遥控监视、楼宇管理、自动报警、自动灭火、漏电防止、停电对策、停车场管理等。

② 消防自动化（Fire Automation，FA）。

③ 停车管理自动化（Park Automation，PA）。

④ 信息管理自动化（Maintenance Automation，MA）包括水电气三表记录、维修申报、住户投诉、人员车辆进出、保安巡视、住户及房屋相关信息等。

2）办公方面。

① 办公自动化（Office Automation，OA）。

② 通信自动化（Communication Automation，CA）。

（8）安全智能化系统。

1）红外线防盗保安系统。它是小区的第一道安全系统，在小区的围墙和出入口等地方，设置红外线对射和电视监控系统，全天候运作，任何人翻越围墙都会立即报警并进行录像，同时将有情况地区的画面切换为主画面。

2）保安巡更电子监测系统。为了确保小区的每一个角落都处于保安人员的监控之中，保安人员定时到巡更点用遥控器报到，任何巡更信息都能及时而又准确无误地传送到保安中心控制室，确保小区各个段落 24 小时得到巡视和保卫。

3）磁控门窗安全监控系统。如果外人破损玻璃门窗都会激发警报，并主动报警通知保安中心。

4）楼宇对讲保安系统。每户设有与楼房单元门访客对讲的电话，可以方便辨别访客的身份，一切其他人员均会被拒之门外。主人通过对话了解来访者的身份后，才能允许其进入单元大门。

5）室内智能紧急求助系统。在家里如果遇上紧急情况，住户可按动此按钮直接指示保安员救援，报警器安装在隐蔽顺手的位置。

6）灾害自动报警系统。在住户家中一旦出现异常火苗或者煤气浓度超标，系统将自动报警并通知保安监控中心，将一切可能的危险消灭在萌芽之中。

（9）其他系统。

1）通信和空调系统，包括电话系统、网络系统、有线电视系统等。

2）电气设备系统，包括导线、配电箱、电开关、电表、防雷装置（避雷针、避雷带、避雷网、引下线、接地装置）。电压一般为220V。对各户的用电容量，以各户的建筑面积计算：

① 户内建筑面积小于$80m^2$（含$80m^2$）为4kW/户，单相供电。

② 80（不含$80m^2$）～$200m^2$（不含$200m^2$）为6kW/户，单相供电。

③ $200m^2$（含）以上及复式住宅为10kW/户，三相供电。

④ 别墅为30kW/户，三相供电。